ÉLÉMENS

DE LA
LANGUE ESPAGNOLE,

A L'USAGE DES FRANÇAIS,

Rédigés d'après le Dictionnaire, la Grammaire et l'Orthographe de l'Académie royale espagnole,

Enrichis d'un ample Supplément où l'on trouvera tout ce qui est nécessaire pour commencer à parler l'espagnol.

Par JOSEPH MOLAS, *Bachelier en philosophie de l'Université de Huesca en Aragon, et Professeur de langue espagnole et italienne dans la ville de Marseille.*

> . . . . Si quid novisti rectius istis
> Candidus imperti : si non, his utere mecum.
> Hor. lib. 1. cp. 6. v. 67.

A MARSEILLE,

DE L'IMPRIMERIE D'AUG. GUION, RUE D'AUBAGNE.
Et se vend chez l'Auteur, rue St. Ferreol, n.° 24.

1808.

L'AUTEUR A SES ÉLÈVES.

MESSIEURS,

La beauté, la richesse et la majesté qui caractérisent la langue espagnole, son utilité surtout dans le commerce, en font très-justement desirer depuis longtems une bonne grammaire. Les principales qui ont paru jusqu'à présent sont celles de *Sobrino*, de *Pellizer*, de *Ramirez*, de *Rueda-Leon* et de *Cormon*. Celle de *Sobrino* est un ouvrage très-défectueux, sans ordre, sans orthographe, plein de barbarismes, d'expressions surannées et de faux principes. Celle de *Pellizer* est très-défectueuse dans toutes ses parties, et pleine de faux principes sur l'orthographe. Pour celle de *Ramirez*, il suffit de dire qu'il considère la grammaire comme *inutile* pour apprendre les langues, et il établit ses principes en consequence. Celle de *Rueda-Léon* est rédigée par un homme d'esprit, qui ayant voulu trop s'amuser à subtiliser sur des questions superflues, n'a donné sur les parties du discours que des détails imparfaits, et l'a rendue insuffisante pour apprendre cette belle langue. Celle de *Cormon* qui est sans contredit la meilleure de toutes est encore fort defectueuse dans ses parties; il a pour maxime *peu de préceptes et beaucoup de pratique*, c'est l'épigraphe de son ouvrage; en effet, on y voit par-tout l'esprit de cette maxime. Je ne crois pas que ceux qui savent ce que c'est que de bien posséder une langue, partagent son opinion; quant à moi j'avoue franchement que je ne suis pas de cet avis, parce que ceux de mes écoliers qui, malgré mes conseils, ont voulu *beaucoup de pratique*, pour ne pas se donner la peine d'étudier les *préceptes nécessaires*, n'ont pas fait en deux ans autant de progrès qu'en ont fait en six mois ceux, même d'un talent inférieur, qui ont bien voulu s'assujettir à étudier la théorie nécessaire avant que de se livrer à la pratique.

Dans l'ouvrage que je vous présente, MESSIEURS, les matières sont distribuées méthodiquement, et comme on doit les étudier. Les parties du discours et les difficultés de la grammaire espagnole y sont detaillées et expliquées au long, ou démontrées par des exemples très-clairs : chaque règle est appuyée au moins d'un exemple. On y trouvera les adverbes, les prépositions, les conjonctions et les interjections les plus nécessaires à savoir: ces parties essentielles du discours qui ont été negligées par la plus grande partie des grammairiens, dans cet ouvrage sont accompagnees d'exemples et d'explications là où il y a quelque chose de remarquable. La bonté

de ces principes tirés du dictionnaire, de la
grammaire et de l'orthographe de l'Académie
royale espagnole , ne saurait être mieux at-
testée que par le grand nombre d'élèves que
j'ai formés dans cette ville de Marseille , et
dont on trouvera la liste dans mon cabinet
d'étude. D'ailleurs l'expérience journalière que
j'ai acquise pendant un exercice continuel de
dix-huit années d'enseignement , m'a encore
mis en état de faire une quantité d'observations très-importantes , qui ne se trouvent
dans aucune grammaire , pas même dans celle
de l'Académie royale.

Jaloux de ne rien laisser à désirer aux amateurs , et une longue expérience m'ayant appris
la marche qu'il faut suivre pour apprendre
une langue, j'ai enrichi cette grammaire d'un
ample *supplément*, contenant des remarques
très-essentielles sur l'analogie des mots français
et espagnols , que les deux langues ont conser-
vés de la langue latine , et très-utiles pour
aider la mémoire à retenir en peu de tems un
grand nombre de mots espagnols : un recueil
des noms adjectifs les plus usités , suivi des
règles précises pour en former les adverbes
de manière , et des substantifs abstraits qui en
sont dérivés : deux autres recueils, divisés par
chapitres , où l'on trouve les noms substantifs
et les verbes les plus en usage, et les plus nécessaires à savoir pour parler avec propriété , et
pour ne pas perdre le tems à feuilleter deux ou
trois cent fois le dictionnaire, pour faire la traduction de deux ou trois pages: un quatrième recueil
où l'on voit les phrases les plus usuelles, dont les

idées et les régimes varient dans les deux langues, ainsi que les phrases métaphoriques, et les proverbes qu'on emploie le plus fréquemment, tant dans la conversation que dans les écrits ; chaque chapitre par ordre alphabétique: vingt-quatre dialogues choisis sur différens sujets, avec les tournures les plus coulantes pour soutenir une conversation. L'ouvrage est enfin terminé par des modèles de lettres de civilité et de commerce, et par des formules de connaissemens, de billets à ordre et sous seing privé, et de lettres-de-change, suivant le style moderne, où j'ai fait entrer les expressions les plus familières du style épistolaire et du langage commercial.

Ceux qui n'ont jamais étudié les élémens d'aucune langue, trouveront au commencement les détails nécessaires pour se mettre en état de commencer l'étude d'une langue quelconque.

Néanmoins, comme la langue française n'est pas ma langue naturelle, je réclame l'indulgence des lecteurs pour quelques phrases peu françaises qui, malgré mes soins, se seront peut-être glissées dans mon ouvrage.

ABRÉGÉ

DES PRINCIPES GÉNÉRAUX

DE LA GRAMMAIRE UNIVERSELLE.(1)

DIVISION DES MOTS.

IL y a généralement dans les langues huit espèces différentes de mots, que les grammairiens appellent *Nom* , *Article* , *Pronom* , *Verbe* , *Adverbe* , *Préposition* , *Conjonction et Interjection* (2). Il n'y a aucun mot qui ne soit rangé dans une de ces huit classes , dont les principales étant le *nom* et le *verbe* , nous les détaillerons plus particuliérement, en donnant une idée des autres.

(1) Cette introduction faite en faveur de ceux qui , n'ayant jamais étudié les élémens d'aucune langue , désirent en apprendre une par principes , donnera une idée suffisante des termes généraux de la grammaire universelle. J'ai tâché de me servir d'un langage à la portée de tout le monde. Si on vient à bout de les bien concevoir , on aura franchi une des difficultés , qui paraissant des plus épineuses , rebute souvent bien des personnes d'entreprendre le cours d'une grammaire. L'étude ennuyeuse de ces principes dédommage bien vîte des peines qu'on éprouve en les étudiant , par la satisfaction qu'ils donnent non seulement d'être à portée de pouvoir connaître la langue maternelle, dont l'étude n'est malheureusement que trop négligée , mais encore d'être à même de pouvoir facilement apprendre une langue étrangère quelconque , toutes les langues étant fondées à-peu-près sur ces mêmes bases. Un abrégé ne comportant pas de longues discussions, je n'approfondis ici que légérement ces principes ; c'est au précepteur éclairé de lever adroitement, et même de savoir prévenir les difficultés qui peuvent arrêter l'écolier. Un plus long détail , en voulant approfondir tout ce qu'on peut dire sur les parties du discours, ne serait peut-être qu'un vain étalage d'érudition , qui au lieu d'instruire le commençant , ne servirait qu'à confondre ses idées.

(2) Le *participe actif* n'étant en espagnol qu'un nom substantif ou adjectif , et le *participe passif* étant compris dans le détail du verbe, il m'a paru inutile de le compter au nombre des parties du discours.

N O M.

Le nom est une parole qui sert à *nommer* les choses. Si l'on demande *comment appelez-vous ceci?* le mot qu'on donnera en réponse sera nécessairement un *nom*. On le divise en *substantif* et en *adjectif*. Le nom substantif est une parole qui signifie une substance matérielle ou immatérielle capable de qualités. Les mots *homme*, *Pierre*, *arbre*, *livre*, *mouchoir*, *fleur*, etc. sont des noms substantifs, parce que ce sont des êtres matériels que nous pouvons voir et toucher. Les mots *Dieu*, *ange*, *ame*, *esprit*, etc. sont aussi des noms substantifs, parce que ce sont des êtres réels, malgré que nous ne puissions les voir, ni les toucher. Le nom *adjectif* est une parole qui marque les *qualités* du nom substantif. Les mots *grand*, *petit*, *beau*, *laid*, *large*, *long*, *noir*, *blanc*, *facile*, *habile*, etc. sont des noms adjectifs, parce que ce sont des mots qui marquent les qualités de la *grandeur*, de la *petitesse*, de la *beauté*, de la *laideur*, de la *largeur*, de la *longueur*, de la *noirceur*, de la *blancheur*, de la *facilité*, de l'*habileté*, etc., que l'on trouve dans plusieurs personnes ou choses. Les mots *grandeur*, *petitesse*, etc., n'étant que des êtres imaginaires, sont appelés par les grammairiens noms substantifs *abstraits*, c'est-à-dire, tirés ou formés des adjectifs, pour les distinguer des autres substantifs matériels ou immatériels, qui sont des êtres qui existent réellement. — Tout nom *substantif*, sans être accompagné d'un nom adjectif, peut rendre une proposition claire, parfaite et intelligible; lorsqu'on dit : les *soldats* ont gagné la *victoire*, on comprend clairement ce que l'on veut dire. Le nom *adjectif*, sans être accompagné d'un substantif ne peut rendre la proposition claire ni intelligible ; si l'on disait : les *bons* ont gagné la *grande*, on ne saurait deviner ce que c'est que ces *bons*, ni quelle est cette *grande* chose qui a été gagnée : ajoutez un substantif à chaque adjectif en disant: les *bons soldats* ont gagné la *grande victoire*, la proposition devient alors claire et intelligible.

ACCIDENS DES NOMS.

Tout nom soit substantif, soit adjectif, a trois accidens, le *genre*, le *nombre* et le *cas*.

G E N R E.

Il n'y a que deux genres, le *masculin* et le *féminin*. On connaît que le nom est du genre masculin par le mot ou article *le* qui le précède, comme *le mari*, *le soleil*, *le livre*, *le mouchoir* , *le couteau* , etc. , car on ne pourra jamais dire *la mari* , *la soleil* , etc. On connaît que le nom est du genre féminin par le mot ou article *la* qui le précède , comme *la femme* , *la lune* , *la plume* , *la jupe* , *la fourchette* , etc., car on ne pourra jamais dire *le femme* , *le lune* , etc. Le nom substantif n'est communément que de l'un de ces deux genres. Le nom adjectif doit toujours être des deux genres , car étant essentiellement destiné à marquer les qualités du substantif , il faut qu'il prenne le genre de celui-ci , dont il est comme le valet , c'est-à-dire, qu'il soit masculin si le substantif est masculin , et qu'il devienne féminin si le substantif est féminin ; c'est ce qu'on appelle en terme de grammaire *concordance*. On dit : un homme *beau* , *bon* , *prudent*, *gros* , *petit* , *constant* , *vertueux* , *laid* , etc., et l'on doit dire : une femme *belle* , *bonne* , *prudente* , *grosse* , *petite* , *constante* , *vertueuse* , *laide* , etc. Les dictionnaires des langues vulgaires ne donnant ordinairement que le genre *masculin* du nom adjectif, la grammaire de chaque langue donne les règles pour le rendre *féminin*.

NOMBRE.

Tout nom soit substantif ou adjectif, masculin ou féminin, a deux nombres , le *singulier* et le *pluriel*. Le nom qui signifie ou qui parle d'*un* seulement, appartient au nombre *singulier*. Les noms *homme joli*, *femme belle* , *grand prince*, *gros cheval* , etc. , sont au singulier , parce qu'on n'entend parler que d'un seul homme , d'une seule femme , d'un seul prince et d'un seul cheval. Le nom qui signifie ou qui parle de *deux* ou de *plusieurs* , appartient au nombre *pluriel*. Les noms *hommes jolis* , *femmes belles* , *grands princes* , *gros chevaux* , etc. sont au pluriel , parce que l'on veut parler de plusieurs hommes , de plusieurs femmes , etc. Les dictionnaires des langues vulgaires ne donnant ordinairement que le nombre *singulier* des noms , la grammaire de chaque langue donne les règles pour les rendre *pluriels*.

CAS.

Les noms sont souvent précédés par de certains mono-syllabes qu'on appelle *articles* : or ces monosyllabes ou ces articles , qui par eux-mêmes ne signifient rien , joints avec les noms , forment ce que les grammairiens appellent *déclinaison des cas* : ces cas sont au nombre de six , savoir : le *nominatif* , le *génitif* , le *datif* , l'*accusatif* , le *vocatif* et l'*ablatif*. On dit qu'un nom est dans un tel cas , suivant le monosyllabe ou l'article qui le précède. Voici l'exemple d'une déclinaison au masculin et au féminin , au singulier et au pluriel :

S I N G U L I E R.   P L U R I E L.

Nom. . . *le frère* , *la sœur*. . . . . . *les frères* , *les sœurs*.
Gén. . . *du frère*, *de la sœur*. . . *des frères* , *des sœurs*.
Dat. . . *au frère*, *à la sœur* . . . . *aux frères* , *aux sœurs*.
Acc. . . *le frère* , *la sœur* . . . . . *les frères* , *les sœurs*.
Voc. . . *ó frère* , *ó sœur*. . . . . . . *ó frères* , *ó sœurs*.
Abl. . . *du frère* , *de la sœur*. . . . *des frères* , *des sœurs*.

Ces *cas* servent à marquer les différens rapports que les personnes ou les choses peuvent avoir entr'elles.

Explication du Nominatif et de l'Accusatif.

On appelle le nominatif *personne active* du mot latin *agere* qui signifie *agir* ou *faire*, parce que c'est toujours la personne qui, dans une proposition quelconque, agit ou fait la chose ou l'action dont on parle. On appelle, par la même raison l'accusatif *personne passive* du mot latin *patior* qui signifie *pâtir*, parce que c'est toujours la personne qui dans une proposition quelconque reçoit *sur soi* l'action faite par le nominatif ou personne active. Dans ces propositions : *le* médecin console *le* malade : *la* mère conseille *la* fille : les noms *médecin* et *mère* sont des nominatifs ou des personnes actives, parce que ce sont les personnes qui font, qui agissent ; le *médecin* fait l'action de consoler, la consolation sort de lui, c'est le consolateur ; la *mère* fait l'action de conseiller, le conseil sort d'elle , c'est celle qui conseille : les noms *malade* et *fille* sont des accusatifs ou des personnes passives , parce que ce sont des personnes sur qui tombe l'action faite par le médecin et par la mère ; le *malade* reçoit l'action de la consolation , la consolation tombe sur lui, c'est la personne consolée ; la fille reçoit le conseil , le conseil tombe sur elle , c'est la personne conseillée.

Explication du Génitif et de l'Ablatif.

Le *génitif* marque un rapport de *possession* , et il est toujours précédé par un nom qui est la chose possédée. Lorsqu'on dit : la maison *du* gouverneur : la coiffe *de la* servante : les noms *gouverneur* et *servante* sont au génitif marqué par les articles *du* , *de la* , parce que ce sont les *possesseurs* de la maison et de la coiffe , la maison et la coiffe leur appartiennent. L'*ablatif* marque un rapport de *séparation* et il est toujours précédé par un verbe ou par un autre mot qui signifie *éloignement* ; on l'appelle *ablatif* du mot latin *auferre* qui signifie *ôter*. Dans ces propositions:

je sors *de la* salle : l'eau tombe *du* rocher : les noms *salle* et *rocher* , sont des ablatifs marqués par les articles *du* , *de la* qui signifient l'*éloignement* , la *séparation* , puisqu'on ne peut sortir de la salle sans s'en *éloigner* , et que l'eau ne peut tomber du rocher sans qu'elle s'en *sépare*. Si le verbe qui précède ne signifiait pas *éloignement* , on devrait considérer le nom au *génitif* , comme lorsqu'on dit : je parle *de la* chambre ; on peut parler de la chambre sans s'en éloigner, y étant dedans. Dans quelques langues, comme dans l'espagnole , on considère à l'ablatif les noms qui sont placés après quelques prépositions , comme lorsqu'on dit : *avec le livre : sur la table : par le Général : contre le criminel* , etc. où les noms *livre* , *table* , *Général* , et *criminel* sont considérés à l'ablatif , parce qu'ils sont régis des prépositions *avec* , *sur* , *par* , et *contre*.

EXPLICATION DU DATIF.

Le datif est ainsi appelé du mot latin *dare* qui signifie *donner* ; il marque un rapport d'*attribution* ; c'est la per-, sonne à la quelle il vient quelque profit ou dommage. On ne peut le confondre avec les autres cas, moyennant l'article spécial qui le distingue. Dans ces propositions : Pierre écrit une lettre *au* secrétaire : donnez le verre *à la* servante : découvrez la vérité *au* juge , etc. les noms *secrétaire* , *servante* , et *juge* sont des datifs régis par les articles *au* , *à la*.

EXPLICATION DU VOCATIF.

Le vocatif est ainsi nommé du mot latin *vocari* qui signifie *appeler*. On place le nom dans ce cas, lorsqu'on veut appeler quelqu'un qui est loin, ou qu'on le nomme quand on lui parle , comme : *Pierre , venez ici : Marie , avez - vous fini ? : Savez - vous cela , mon ami ! Monsieur , vous êtes bien honnête* , où les noms *Pierre* , *Marie* , *ami* , et *Monsieur* sont des vocatifs, parce qu'on les appelle, ou qu'on les nomme tout en leur parlant. On pourrait connaître le vocatif par l'article ou interjection *ô* qui devrait le précéder, comme étant son signe spécial , mais on le supprime ordinairement dans toutes les langues de l'Europe.

ARTICLES.

Les articles , comme nous avons dit ci-dessus , sont ces monosyllabes qui précèdent les noms , et qui sans rien signifier par eux - mêmes , marquent le *genre* , le *nombre* et les *cas* des noms , comme on le voit dans la déclinaison des noms *frère* et *sœur* , car par les seuls monosyllabes *le* , *du* , *au* : *la* , *de la* , *à la* : *les* , *des* , *aux* , on doit connaître si le nom est masculin ou féminin , s'il est singulier ou pluriel , et dans lequel des six cas il se trouve ; c'est pour cela qu'on les appelle *articles définis* comme si l'on disait *déterminatifs* du genre , du nombre , et du cas. Ces deux mots ou prépositions DE et *À*, qui servent à décliner les noms *propres* des personnes , des villes , etc. ainsi que plusieurs espèces de pronoms , s'appellent *articles indéfinis* , parce qu'on ne pourrait connaître par eux seuls le genre ni le nombre des noms qu'ils précèdent , puisqu'ils servent au masculin et au féminin , au singulier et au pluriel. On dit: *Nom.* Pierre et Marie : *Gén.* de Pierre et de Marie : *Dat.* à Pierre et à Marie : *Acc.* Pierre et Marie : *Abl.* de Pierre et de Marie. On voit qu'il n'y a point d'article indéfini pour le nominatif ni pour l'accusatif.

PRONOMS.

Les pronoms sont des mots qui tiennent la place d'un nom dont on veut épargner la répétition ; c'est comme si l'on disait *vice - noms* , comme on appelle vice-rois ceux qui tiennent la place d'un roi : On les divise communément en cinq espèces , savoir: 1. *Personnels* , 2. *Possessifs* , 3. *Démonstratifs* , 4. *Relatifs* , et 5. *Impropres* ou *Indéfinis*.

1. Les pronoms *personnels* sont ceux qui signifient personne ou chose dont on veut épargner la répétition du nom. Il y en a six , savoir : *Je, tu , il* ou *elle* , pour le singulier ; *nous* , *vous* , *ils* ou *elles* pour le pluriel ; on les appelle première , seconde et troisième personne du singulier ; première , seconde et troisième personne du pluriel. Ainsi en parlant de Pierre nous disons : *il* chante bien , au lieu d'y mettre le nom *Pierre* en disant; *Pierre* chante bien.

Les voici dans tous les cas.

N. . . . . . je ; tu ; il *ou* elle ; nous ; vous ; ils *ou* elles.

G. . . . . . de moi ; de toi ; de lui *ou* d'elle ; de nous ; de vous; d'eux *ou* d'elles.

D. . . . . . me , à moi : te , à toi : lui , à lui *ou* lui à elle : nous , à nous : vous , à vous : leur , à eux *ou* leur , à elles.

Ac. . . . me , moi : te , toi : le , lui *ou* la , elle : nous : vous : les , eux *ou* les , elles.

Ab. . . . . comme le génitif , ou substituez la préposition *de* par une autre préposition.

Les mots *se* , *soi* sont des pronoms personnels qu'on appelle *réfléchis*, parce que l'action produite par la troisième personne qui précède , retombe sur elle-même , cette dé-nomination prise du jeu de la paume où le mur réfléchit ou renvoie la balle à celui qui l'a jetée ; comme lorsqu'on dit : il *se* console , elle *se* console ; ils *se* consolent , elles *se* consolent ; *se* consoler *soi*-même , etc.

2. Les pronoms *possessifs* sont de véritables noms adjectifs qu'on emploie pour désigner les *possesseurs* de quelque chose. Il y en a six qui répondent aux six pronoms *personnels*. On les divise en possessifs *absolus* et en possessifs *relatifs*. Les posses-sifs *absolus* sont ceux qui précèdent un substantif, savoir , *mon* , *ton* , *son* , *notre* , *votre* , *leur* , pour le masculin singulier; *ma* , *ta* , *sa* , *notre* , *votre* , *leur* , pour le féminin singulier ; et *mes* , *tes* , *ses* , *nos* , *vos* , *leurs* , pour le pluriel masculin et féminin. On les décline avec l'article indéfini. Les possessifs *relatifs* sont ceux qui se rapportent à un substantif dont on a déjà parlé , savoir , *mien* , *tien* , *sien* , *notre* , *votre* , *leur* , pour le masculin singulier ; *mienne* , *tienne* ; *sienne* , *nôtre* , *vôtre* , *leur* , pour le féminin singulier ; *miens* , *tiens* , *siens* , *nôtres* , *vôtres* , *leurs* , pour le masculin pluriel ; et *miennes* , *tiennes* , *siennes* , *nôtres* , *vôtres* , *leurs* , pour le féminin pluriel. On les décline avec l'article défini.

3. Les pronoms *démonstratifs* sont ceux qui servent à mettre sous les yeux , à désigner , à démontrer un objet. Il y en a quatre absolus , savoir, *ce* , *cet* , *cette* , *ces* , et huit relatifs, savoir, *celui-ci* , *celle-ci* , *ceux-ci* , et *celles-ci* pour les objets proches , et *celui-là* , *celle-là* , *ceux-là* , et *celles-là* , pour les objets éloignés. On les décline tous avec l'article indéfini.

4. Les pronoms *relatifs* sont ceux qui se rapportent au nom dont on vient de parler. Le français en a deux , *qui* et *lequel*. Voici la déclinaison du premier : *Nom.* qui : *Gen.* de qui ou dont : *Dat.* à qui : *Acc.* que : *Abl.* de qui , par qui , etc. On décline le second avec l'article défini : *Nom.* lequel , laquelle , lesquels , lesquelles : *Gen.* duquel , de laquelle , desquels, desquelles *ou* dont : *Dat.* auquel, à laquelle, auxquels, auxquelles : *Acc.* lequel , laquelle , lesquels , lesquelles : *Abl.* duquel, de laquelle, desquels, desquelles , *ou* par lequel , etc.

5. Les pronoms *impropres* , *indéfinis* , ou *indéterminés* sont de véritables noms substantifs ou adjectifs , qui mar-quent les objets d'une manière vague ou indéterminée , comme *quelqu'un* , *quelque* , *personne* , *quiconque* , *on* , *autre* , *autrui* , etc.

L'ouvrage du Télémaque commence ainsi : Calypso ne

pouvait *se* consoler du départ d'Ulisse. Dans *sa* douleur , *elle se* trouvait malheureuse d'être immortelle. *Sa* grotte ne résonnait plus de *son* chant. Les nymphes qui *la* servaient n'osaient *lui* parler. *Elle se* promenait , etc. Si la langue française eût manqué de pronoms , l'auteur aurait été obligé de dire : Calypso ne pouvait consoler *Calypso* du départ d'Ulisse. Dans la douleur de *Calypso* , *Calypso* trouvait *Calypso* malheureuse d'être immortelle. La grotte de *Calypso* ne résonnait plus du chant de *Calypso*. Les nymphes qui servaient *Calypso* n'osaient parler à *Calypso*. *Calypso* promenait *Calypso* , etc.

VERBE.

Le verbe est une parole principale du discours, qui, au moyen de ses variations, exprime distinctement toutes les actions qu'on peut faire, les personnes qui les font , et le tems où elles les font. Il se divise en conjugaison *simple* et en conjugaison *composée*. Il a premièrement trois paroles *invariables* qu'on appele *infinitif* , *gérondif* et *participe*. Il a ensuite *quinze* tems dont *huit* appartiennent à la conjugaison simple , et *sept* à la conjugaison composée. Dans la nature il n'y a que trois tems , le passé ou *prétérit* , le présent, et l'avenir ou *futur*, qui s'appellent tems *naturels*. Les *quinze* tems inventés par les grammairiens appartiennent tous à l'un ou à l'autre des *naturels*, et ils servent à exprimer clairement les différentes manières dont on peut envisager le passé, le présent, et l'avenir. Chaque tems se subdivise en six personnes qui sont les six pronoms personnels *je* , *tu* , *il* ou *elle* ; *nous* , *vous* , *ils* ou *elles* : or ces pronoms joints à la parole du verbe qui leur correspond , forment ce que les grammairiens appellent *conjugaison*. Voyez le détail entier d'un verbe à la page. 35 (1)

ADVERBE.

Les adverbes sont ainsi appelés des mots latins *ad verbum*, comme si l'on disait *près du verbe* , car ce sont des paroles

---

(1) C'est au maître à donner des exemples à l'écolier pour lui faire toucher au doigt les différences des tems qui y sont expliquées, et l'emploi de toutes les parties qui composent le verbe.

invariables simples ou composées , qui servent à *modifier* la signification du verbe exprès ou sous - entendu. Dans ces propositions : écrivez *doucement* : parlez *peu* et *bien :* travaillez *à la hâte* , etc., les mots *doucement* , *peu* , *bien* , et *à la hâte* sont des adverbes qui modifient la signification des verbes *écrire* , *parler* et *travailler.* On les divise en quelques classes que nous détaillerons dans le cours de la grammaire. Il y en a qui s'appellent adverbes de *tems* , comme: *Quand ! lorsque* , *avant-hier* , *hier* , *aujourd'hui* , *demain*, *après-demain* , *auparavant* , *ensuite* , *toujours* , *jamais* , etc. D'autres qui s'appellent adverbes de *lieu* , comme : *où ! ici* , *là* , *dedans* , *dehors* , *en haut* , *en bas* , *vis-à-vis* , etc. D'autres qui s'appellent adverbes de *quantité* , comme : *combien ! beaucoup* , *peu* , *trop* , *assez* , *plus* , *moins* , etc. D'autres qui s'appellent adverbes de *comparaison* , comme : *mieux* , *pis* , *autant* , *aussi* , etc. D'autres qui s'appellent adverbes de *manière* , tels que *comment ! bien* , *mal* , *vîte* , *ainsi* , etc. D'autres qui s'appellent adverbes *d'affirmation*, de *négation*, etc. comme : *oui* , *certainement* , *non* , *point du tout* , etc.

PRÉPOSITIONS.

Les prépositions sont ainsi appelées du mot latin *præponere* qui signifie *mettre avant* , car ce sont des paroles aussi *invariables* qu'on *place devant* les noms ou pronoms, pour marquer les différens *rapports* des uns avec les autres, comme: *à* , *avec* , *de* , *en* , *pour* , *par* , *sans* , *dès* , *vers* , *jusques* , *contre* , etc. Le mot *Pierre* , par exemple , est le nom propre de celui qui s'appelle ainsi , mais s'il est précédé de quelque préposition , cette préposition marque le rapport que Pierre a avec quelqu'autre personne ou chose. Exemple :

J'écrirai	à	
Tu étudies	avec	
C'est la maison.	de	
Il travaille	pour	
Nous le ferons	sans	PIERRE.
Vous parlez.	contre	
Elles fondent leur espoir . .	sur	
Mon frère marche.	vers	

CONJONCTIONS.

Les conjonctions sont ainsi appelées du mot latin *conjungere* qui signifie *joindre* , *unir* , car ce sont aussi des paroles *invariables* simples ou composées, dont on se sert pour *unir* ou *entrelacer* les différentes parties ou membres des propositions, les clauses et les périodes du discours. Dans ces propositions : il est grand , *mais* il est laid : je ne le ferais pas , *quand même* il me le dirait : Pierre *ou* Paul : l'un *et* l'autre, etc. , les mots *mais* , *quand même* , *ou* , *et* , sont de véritables conjonctions , comme les suivantes : *au contraire* ; *c'est-à-dire* ; *néanmoins* ; *d'ailleurs* ; *de manière que* ; *pourvu que* ; *autrement* ; *par conséquent* , etc. On ne peut jamais commencer un discours par une conjonction , parce que toute conjonction suppose qu'on a déjà dit quelque chose.

INTERJECTION.

Les interjections sont aussi des paroles *invariables* simples ou composées, qui servent à manifester les différentes affections ou passions de l'ame. Il y en a qui marquent la *douleur*, d'autres la *joie* , d'autres la *surprise* , etc. comme : *hélas !* *oh !* *eh !* *holà !* *ah !* *parbleu !* *fi !* *gare !* etc.

FIN. (1)

---

(1) Après que l'écolier aura appris cette introduction , il lui sera très-utile de lire devant le maître un livre quelconque , et d'expliquer la classe à laquelle appartient chaque parole , le rang qu'elle tient dans le discours, son genre, son nombre, etc. Par cet exercice il se mettra bientôt en état de connaître l'admirable liaison des paroles que nous prononçons , et de commencer l'étude d'une langue quelconque.

ÉLÉMENS
DE LA LANGUE ESPAGNOLE.

RÈGLES POUR LIRE L'ESPAGNOL.

L'ALPHABET espagnol a les mêmes lettres que l'alphabet français, excepté le *ç* dont l'espagnol ne fait plus usage. Les règles ci-dessous n'expliquent que le son des lettres dont la prononciation diffère du français.

VOYELLES.

1. Le son des voyelles est invariable, c'est-à-dire, que chacune doit être prononcée suivant le son qui lui est particulier. Cette règle comprend toutes les diphtongues et triphtongues espagnoles. On appuye sur la première voyelle des diphtongues et sur la seconde des triphtongues, et on les prononce d'une seule émission de voix. Il n'y a point d'*e* muet ; tous les *e* se prononcent à peu-près comme l'*é* français. L'*o* se prononce à-peu-près comme l'*o* ouvert. La voyelle *u* fait *ou*. Exemple :

intento, impuro, empleo	*intention, impur, emplois.*
amais, cauto	*vous aimez, prévoyant.*
quereis, feudo	*vous voulez, fief.*
sois, Moscou, ouida	*vous êtes, Moscou, il a soin.*
averiguais, buey	*vous avérez, bœuf.*
madre, musa	*mère, muse.*

CONSONNES.

2. Le *b* se prononce doucement. L'Académie royale espagnole voudrait que la prononciation du *v* ne fût pas confondue avec celle du *b*, mais la dif-

(6)

férence du son de ces deux consonnes est devenue presque imperceptible (1). Exemple :

bueno , haber , vaso , ver   *bon , avoir , verre , voir.*

3. La lettre *c* des syllabes *ce*, *ci* , de même que la lettre *z* ont un son grasseyant qu'il faut entendre de vive voix ; il approche du *th* des Anglais (2). Exemple :

acento, cielo, zapato   *accent , ciel , soulier.*
zelo, zizaña , zorra   *zèle , zizanie , renard.*
zurdo, mezcla, luz   *gaucher, mélange , lumière.*

4. Les lettres *ch* se prononcent comme *tch* sans faire sentir le *t*. Leur son est égal à celui des deux *cc* italiens avant *e* ou *i*. Exemple :

muchacha , coche   *fille , carrosse.*
chicharra , chupar   *cigale , sucer.*

Si la voyelle qui vient après *ch* est chargée d'accent circonflexe, le *ch* fait *k*. Exemple :

chêrubin , chîmica (3) *chérubin , chimère.*

5. La lettre *d* se prononce fort doucement , et lorsqu'elle est finale elle ne se fait presque pas sentir. Exemple :

prado, voluntad, ardid *pré , volonté , ruse.*
merced , virtud   *faveur , vertu.*

6. La lettre *g* des syllabes *ge*, *gi* , de même que les lettres *j* et *x* ont un son guttural qu'il faut entendre de vive voix ; il approche beaucoup du *ch* des allemands (4). Exemple :

---

(1) Pour distinguer ces deux consonnes dans les écrits on doit consulter l'origine des mots et l'usage constant. On écrit *bueno , beber , vino , voluntad* du latin *bonus , bibere , vinum , voluntas.*

(2) C'est ainsi qu'on prononce ces consonnes dans tous les endroits où l'on parle le meilleur espagnol, pour ne pas les confondre , suivant le sentiment de l'Académie , avec la consonne *s* , comme on les confond dans quelques provinces. Avant l'*e* et avant l'*i* on écrit le son grasseyant par *c* , à la réserve d'un petit nombre de mots qui ont le *z* dans leur origine , comme *zelo , zizaña* du latin *zelum , zizania.*

(3) On écrit aujourd'hui ces mots plutôt par *qu* : *querubin, quimica , quimera , Aquiles* , etc.

(4) Le son guttural avant *e* , *i* , s'écrit avec *g* , à la

muger, gigante : Jacob   *femme , géant : Jacob.*

Jesus, Josef : xabon   *Jesus , Joseph : savon.*

xeringa, xícara, relox   *seringue , tasse : montre.*

Si la voyelle qui vient après l'*x* est chargée d'accent circonflexe, ou que l'*x* soit suivie d'une consonne, on prononce alors l'*x* comme *cs*. Exemple :

Exâminar , exênto   *examiner , exempt.*

Exîgir , expresar   *exiger , exprimer.*

7. Les syllabes *gue* , *gui* , *que* , *quo* se prononcent comme en français ; mais si l'on trouve un *tréma* sur l'*u*, il faut alors faire sentir cet *u*. Exemple :

guerra , guia   *guerre , guide.*

paquete , quotidiano   *paquet , quotidien.*

vergüenza , argüir   *honte , argumenter.*

freqüente , iniqüo   *fréquent , inique.*

Les syllabes *qui* , *qua*, font toujours *ki* , *kud* , sans être susceptibles d'autre prononciation. Exemple :

quiero , quinta   *je veux , grange.*

quando , quaresma   *lorsque , carême.*

8. La consonne *h* n'est aspirée qu'avant la syllabe *ue* et au milieu d'un mot au milieu de deux voyelles. Exemple :

huevo, hueso, albahaca *œuf, os , basilic.*

9. Les deux *ll* sont toujours mouillées comme dans le mot *fille*. Leur son est celui du *gl* des italiens et du *lh* des portugais. Exemple :

llama , llenar , allí   *flamme , remplir , là.*

llorar , lluvia   *pleurer , pluie.*

10. Il n'y a point d'*n* nasale. La lettre ñ surmontée d'une barre se prononce comme le *gn* français. Les lettres *gn* se prononcent comme dans le mot français *gnome*. Exemple :

confusion , Neron   *confusion , Néron.*

maña, añejo , gruñir   *adresse , vieux , grogner.*

---

réserve de quelques mots qui ont l'*j* dans leur origine , comme *Jesus, Jerusalem*. Avant *a* , *o* , *u* , ce son s'écrit avec un *j*, à l'exception de quelques mots qui ont l'*x* ou l's dans leur origine , comme *Alexandro* , *xabon* , *xeringa* du latin *Alexander* , *sapo* , *sipho*.

paño , ñudo   *drap , nœud.*
digno , magnetismo   *digne , magnetisme.*

11. La lettre *s* a toujours la force de deux *ss*. On ne connaît pas en espagnol le son doux qu'on lui donne en français lorsqu'elle est au milieu de deux voyelles. Exemple :

casa, mesa , misa , rosa   *maison, table, messe, rose.*

12. C'est une règle générale qu'on ne doit jamais supprimer aucune lettre ; conséquemment on doit faire sentir distinctement toutes les lettres soit voyelles, soit consonnes , chacune suivant le son qui lui est naturel , sauf ce qui a été dit ci-dessus.

PROSODIE.

13. On appuye la voix sur l'avant-dernière voyelle ou syllabe des mots finissant en voyelle. Exemple :

pluma , padre , perro   *plume , père , chien.*

Tous les mots qui s'écartent de cette règle générale sont marqués d'accent. Exemple :

allá , café , jabalí   *là , café , sanglier.*
Jericó , Perú : fábula   *Jérico , Pérou ; fable.*
magnifico , ímpetu   *magnifique, impétuosité.*

14. On appuye la voix sur la dernière voyelle ou syllabe des mots finissant en consonne. Exemple :

voluntad , coronel   *volonté , colonel.*
ruin , pajar , Dios   *vilain , pailler , Dieu.*
relox , raiz (1)   *montre , racine.*

Excepté le pluriel des noms et pronoms (2) , les personnes de verbe qui finissent en *n* et en *s* , et les surnoms de famille en *z*, qui sont considérés comme s'ils finissaient en voyelle. Exemple :

hombres, mugeres, mios   *hommes , femmes , miens.*
amas , aman   *tu aimes , ils aiment.*
Fernandez, Sanchez, etc. noms propres.

---

(1) Les mots proprement espagnols ne peuvent finir qu'en une de ces sept consonnes : *d , l , n , r , s , x , z.*

(2) Tous les noms et tous les pronoms finissent au pluriel en *s* , et ils ont la même prosodie du singulier , à la réserve du seul nom *carácter* qui fait au pluriel *caractéres.*

Tous les autres mots qui s'écartent de cette règle générale, sont marqués d'accent. Exemple :

Huésped, árbol, origen *hôte, arbre, origine.*
azúcar, dósis, exámen (1) *sucre, dose, examen.*

15. Lorsque le mot finit en deux voyelles dont la première est *i* ou bien *u*, on appuye la voix sur l'avant-pénultième voyelle ou syllabe. Exemple :

ciencia, serie, imperio *science, suite, empire.*
mutua, continuo *mutuelle, continuel.*

Excepté les prétérits imparfaits et les futurs conditionnels où l'on appuye sur l'*i*. Exemple :

decia, hacia *je disais, je faisais.*
diria, haria *je dirais, je ferais.*

Tous les autres mots qui s'écartent de cette règle générale sont marqués d'accent, Exemple :

filosofía, desafío *philosophie, défi.*
continúa, gradúo *il continue, je gradue.*

16. Lorsque le mot finit en deux voyelles dont la première est *a*, ou bien *e* ou *o*, on doit appuyer sur ces voyelles. Exemple :

bacalao, correo, Lisboa *morue, courrier, Lisbonne.*

Toas les mots qui s'écartent de cette règle générale sont marqués d'accent. Exemple :

Dánao, línea, héroe *Danaüs, ligne, héros.*

— Toutes ces règles sont tirées de l'orthographe de l'Académie royale espagnole.

~~~~~~

ARTICLES DÉFINIS.

MASCULIN SINGULIER.

N. l'*homme et* le *livre* *el* hombre y *el* libro.
G. de l'*homme et* du *livre* *del* hombre y *del* libro.
D. à l'*homme et* au *livre* *al* hombre y *al* libro.
Ac. l'*homme et* le *livre* *al* hombre y *el* libro.
Ab. par l'*homme et par* le *livre* por *el* hombre y por *el* libro.

____

(1) Dans le nom *exámen* on prononce l'*x* comme dans le verbe *exáminar.* On a préféré pour ce nom l'accent aigu, à cause de la prosodie.

B
~~~~~~

MASCULIN PLURIEL.

N. les *hommes*, les *livres* — *los* hombres, *los* libros.
G. des *hommes*, des *livres* — *de los* hombres, *de los* libros.
D. aux *hommes*, aux *livres* — *á los* hombres, *á los* libros.
Ac. les *hommes*, les *livres* — *á los* hombres, *los* libros.
Ab. *par* les *hommes*, *par* les *livres* — por *los* hombres, por *los* libros.

FÉMININ SINGULIER.

N. la *femme*, l'*heure* — *la* muger, *la* hora.
G. de la *femme*, de l'*heure* — *de la* muger, *de la* hora.
D. à la *femme*, à l'*heure* — *á la* muger, *á la* hora.
Ac. la *femme*, l'*heure* — *á la* muger, *la* hora.
Ab. *par* la *femme*, *par* l'*heure* — por *la* muger, por *la* hora.

FÉMININ PLURIEL.

N. les *femmes*, les *heures* — *las* mugeres, *las* horas.
G. des *femmes*, des *heures* — *de las* mugeres, *de las* horas.
D. aux *femmes*, aux *heures* — *á las* mugeres, *á las* horas.
Ac. les *femmes*, les *heures* — *á las* mugeres, *las* horas.
Ab. *par* les *femmes*, *par* les *heures* — por *las* mugeres, por *las* horas.

Un grand nombre de prépositions gouverne en espagnol l'ablatif. L'espagnol n'a aucune apostrophe. Lorsque l'*accusatif* espagnol signifie une *personne*, il est semblable au *datif*; et lorsqu'il ne signifie pas *personne*, il est semblable au *nominatif*. Exemple :

aimer le *prochain* — amar *al* próximo.
chercher les *ennemis* — buscar *á los* ennemigos.
je taille la *plume* — yo corto *la* pluma.
je lis les *livres* — yo leo *los* libros.

Excepté lorsque le verbe gouverne en même temps un datif exprès ou sous-entendu, ou un autre nom par la préposition *á*. Exemple :

il me *présenta* le *frère de son ami* — *él* me presentó *el* hermano de su amigo.
je veux remettre le *criminel* au *juge* — yo quiero entregar *el* reo *al* juez.
le roi rendit les *prisonniers* (à quelqu'un) — el rey devolvió *los* prisioneros.
il demande la *fille* à *son ami* — él pide *la* hija *á* su amigo.

abandonner les *malheu-* abandonar *los* infelices *á*
  reux à *leur sort*   su suerte.
envoyer les *enfans* à l'é- enviar *los* hijos *d* la scuela,
  cole, les *soldats* à *la*   *los* soldados *d* la guerra,
  guerre, les *bergers* à   *los* pastores *á* la mon-
  la montagne, *etc.*   taña, etc.

L'usage veut que quelques noms *féminins* commençant par *a* portent l'article *masculin* au singulier
seulement, par raison d'euphonie ; tels sont les
suivans :

  el ave, *el* águila, *el* ala   *l'oiseau*, *l'aigle*, *l'aîle*.
  el agua, *el* alba, *el* alma   *l'eau*, *l'aube*, *l'ame* bon-
  buena; *las* aves, etc.   ne ; *les oiseaux*, *etc.*

Les autres qui n'ont pas été consacrés par l'usage
portent l'article masculin qui leur correspond ; ainsi
l'on dit : *la abeja*, *la abundancia*, etc. qui signifient
l'abeille, l'abondance, etc.

Un même article peut gouverner plusieurs noms
qui se suivent immédiatement, en mettant la conjonction *y* qui signifie *et* avant le dernier. Exemple :

  le *coton*, le *chanvre*, la   *el* algodon, cáñamo, lana,
  laine, la *soie*, les *peaux*   seda, y pieles son los
  sont les articles de leur   artículos de su comer-
  commerce   cio.

Cette règle est applicable aux prépositions et à
quelques pronoms. Le génie de l'espagnol proscrit
généralement la répétition de la même parole. Par
la même raison on dit :

  le *soldat* le *plus vaillant*   *el* soldado mas valiente.

ARTICLES INDÉFINIS.

Ce sont les prépositions *de* pour le génitif et pour
l'ablatif, et *á* pour le datif, et pour l'accusatif de
personne. Elles servent au masculin, au féminin, au
singulier et au pluriel. On y décline tous les noms
propres, les noms numéraux *cardinaux* et quelques
pronoms. Exemple :

  Pierre, de *Pierre*, à   Pedro, *de* Pedro, *á* Pedro,
  Pierre, *Pierre* de *Pierre*   *á* Pedro, *de* Pedro.

Paris, de *Paris*, à *Paris* *Paris*, de *Paris*	Paris, *de* Paris, *à* Paris, Paris, *de* Paris.
Je vois là-bas un homme qui... deux *femmes qui...* un *livre*.	Yo veo alli abaxo *à* un (1) hombre que... *à dos* mugeres que... *un* libro.
J'achète trois *esclaves* (à quelqu'un)	Yo compro *tres* esclavos.
Pour connaître radicalement un *guerrier qui...*	Para conocer radicalmente *à un* guerrero que...
Je rencontre toujours quelque *importun qui...*	Yo encuentro siempre *à* algun importuno, que...
Je rencontre toujours quelqu'un *qui me parle*	Yo encuentro siempre *à* alguno que me habla.
Je ne vois aucun *homme capable de le faire*	Yo no veo *à ningun* hombre capaz de hacerlo.
Je ne vois personne *capable de le dire*	Yo no veo *à nadie* capaz de decirlo.
Dieu abandonne certaines *personnes qui...*	Dios abandona *à ciertas* personas, que...

L'espagnol a encore l'article neutre *lo* qui sert à décliner les adjectifs pris substantivement. Exemple :

lo bueno, *de lo* bueno, *à lo* bueno (*sans pluriel*)	le *bon*, du *bon*, au *bon*.
lo alto de la montaña	le *haut de la montagne.*
lo interior del palacio	l'*intérieur du palais.*
lo verde me gusta, etc.	le *verd me plait, etc.*

Mais la langue espagnole ne connaît pas l'article *partitif* que le français emploie au nominatif, au datif, à l'accusatif même de *personne*, et après quelques prépositions avant les noms dont on ne prend pas la signification en entier. Exemple :

---

(1) Quelques espagnols suppriment dans la conversation la préposition *à* avant les noms *uno, alguno, ninguno* et *cierto*, ainsi qu'avant les noms numéraux *cardinaux* lorsqu'il suit un substantif accusatif qui signifie *personne*. Quelques Auteurs même l'ont supprimée dans leurs écrits pour la douceur de la prononciation ; mais c'est une faute contre les règles de la grammaire espagnole, qui restent ainsi sacrifiées à la délicatesse de l'oreille. Voyez la grammaire de l'Académie royale espagnole aux pages 72 et 290.

du *pain seul ne me suffit* pan solo no me basta ; agua
   pas ; de l'eau me feroit   me daria mas gusto.
   plus de plaisir
des *hommes savans l'ont* hombres sabios lo han ase-
   assuré   gurado.
se livrer à des *hommes* entregarse á hombres arti-
   artificieux   ficiosos.
donner des *conseils à* dar consejos á malvados.
   des *scélérats*
acheter du *pain*, de la comprar pan, carne, acey-
   viande, de l'*huile*,   te, huevos, *etc.*
   des *œufs* etc.
avoir des *enfans*   tener *hijos.*
chercher des *maîtres* buscar *maestros* instruidos.
   instruits
avec de l'*argent*   con dinero.
sans de *bonnes raisons,* sin buenas razones.
   etc.

Mais lorsque le partitif *des* signifie *quelques* ou
certains, on le traduit par *algunos* ou *unos*, parce qu'on *détermine* les choses. L'accusatif de *personne*
est en ce cas semblable au datif. Exemple :

Des *fontaines coulant* A'gunas fuentes corriendo
   avec un doux mur- con un suave mormullo
   mure formaient des formaban *unos* baños tan
   bains aussi purs que puros como el cristal.
   le cristal
Je vois là bas des *hom-* Yo veo allí abaxo *d unos*
   mes qui...   hombres que...

N O M S.

REMARQUE SUR LE GENRE DES NOMS SUBS-
TANTIFS.

Les règles qu'on pourrait donner pour connaître le
genre des noms substantifs ne sauraient être que fort
longues et embarrassantes, à cause du grand nombre
d'exceptions. Les curieux pourront les voir dans la

grammaire de l'Académie royale espagnole. Le meilleur moyen de vaincre cette difficulté est la pratique qui fera connaître le petit nombre de ceux dont le genre diffère du français. On peut néanmoins donner pour règle certaine que les substantifs féminins français finissant en *eur*, sont masculins en espagnol et ils finissent en *or*. Exemple :

la *faveur, couleur, saveur*   *el* favor, color, sabor.
fureur, chaleur, sueur   furor, calor, sudor.
odeur, puanteur, etc.   olor, hedor, etc.
Excepté *la flor, la labor*, fleur, travail.

RÈGLE POUR RENDRE FÉMININ L'ADJECTIF MASCULIN.

Si le nom finit en *o* on change l'*o* en *a*, et s'il ne finit pas en *o*, il est commun aux deux genres, quelle que soit sa terminaison. Exemple:

hermoso, bueno, malo, *beau ; bon, mauvais,*
corto, largo:hermosa,   *court, long : belle,*
etc.   *etc.*

hombre alegre, fiel, ruin, homme *gai, fidele, vilain*
capaz, regular: *muger*   *capable, régulier;* fem-
alegre, fiel, etc.   me *gaie, fidele, etc.*

Les adjectifs finissant en *o* qu'on peut employer comme substantifs, changent l'*o* en *a*, et s'ils finissent en consonne, on leur ajoute la même voyelle *a*. Les substantifs en *or* formés des verbes suivent la même règle. Exemple :

hechicero, manco: hechi-   *Sorcier, manchot : sor-*
cera·manca   *cière manchotte.*
holgazan, comilon, tray-   *Fainéant, mangeur, traî-*
dor: holgazana, comi-   *tre : fainéante, man-*
lona, traydora   *geuse, traitresse.*
cazador, pescador, pro-   *Chasseur, pêcheur, pro-*
curador:cazadora, etc.   *cureur: chasseuse, etc.*

RÈGLE POUR RENDRE PLURIEL LE NOM SINGULIER.

Si le nom finit en voyelle non accentuée on y

(15)

ajoute *s*, et s'il finit en voyelle accentuée (exepté l'*é*), en *y* grec ou en consonne, on y ajoute *es*. Ceux en voyelle accentuée sont rares. Exemple :

alma , hombre, bueno ; pié : almas, hombres, buenos ; piés.	*ame, homme, bon ,pied: pié : almas, hombres,* *ames, hommes, bons,* *pieds.*
falbalá , jabalí , biricú ; rey ; muger, comun , relox, capaz : falbalaes jabalíes , biricúes , reyes , mugeres , co- munes, reloxes , capa- ces.	*falbala, sanglier, ceintu- ron, roi ; femme , com- mun, montre , capable: falbalas , sangliers , ceinturons, rois, fem- mes, communs , mon- tres , capables.*

REMARQUE SUR LES ADJECTIFS QUI ADMET- TENT LA SYNCOPE.

Il y a onze adjectifs dont les huit premiers perdent leur dernière voyelle , et les trois derniers leur dernière syllabe au masculin singulier seulement , lorsqu'ils sont suivis d'un substantif. Ce sont les suivans :

Bueno , malo ; uno	*bon , mauvais, un.*
alguno , ninguno ; primero	*quelque , aucun, premier.*
tercero , postrero ;	*troisième , dernier.*
santo , ciento , grande	*saint , cent , grand.*
Buen libro , mal libro ;	*bon livre , mauvais livre.*
un libro , algun libro	*un livre , quelque livre.*
ningun libro ; primer libro	*aucun livre , premier livre.*
tercer ó *tercero* libro	*troisième livre.*
postrer libro ; San Pedro	*dernier livre; Saint Pierre*
cien hombres, *cien* mugeres	*cent hommes, cent* femmes
gran rey , *gran* reyna	*grand roi, grande* reine.
grande hombre, *grande* alma	*grand homme, grande ame*
un hermoso *caballo*	*un* beau *cheval.*

On pourrait aussi dire *libro bueno* , etc. On voit par ces exemples ce qu'il y a à observer sur les adjectifs *tercero, ciento* et *grande.* Ce dernier n'admet point de syncope avant voyelle. *Santo* n'est pas retranché avant les noms *Domingo , Toribio , Tomas, Tomé.*

RÈGLE POUR FORMER LES AUGMENTATIFS.

Si le nom finit en voyelle non accentuée, otez
cette voyelle , et ajoutez la terminaison *azo* , *on* ,
ou *ote* pour le masculin, et *aza* , *ona* , ou *ota* pour
le féminin ; les terminaisons *azo* , *aza* sont les meil-
leures. Exemple :

hombre; hombrazo,hom-   *homme ; gros homme.*
   bron , hombrote

libro ; librazo , etc.   *livre ; gros livre.*

grande ;grandaza, gran- *grande ; fort grande.*
   dona , grandota

pluma , plumaza , etc. *plume , grande plume.*

Si le nom finit en voyelle accentuée, en *y* grec ,
ou en consonne , ajoûtez les mêmes terminaisons sans
rien ôter. Exemple :

jabalí , jabaliazo , etc.   *sanglier , gros sanglier.*

buey , bueyazo, etc.   *bœuf, gros bœuf.*

muger , mugeraza , etc. *femme, grosse femme.*

Si le nom augmenté par *azo* signifie une *arme* ou
une autre chose quelconque avec laquelle on puisse
porter des coups , il a alors une double signification,
savoir , la *grandeur* et le *coup* donné avec la même
arme ou chose. Exemple :

cañon, cañonazo *canon ,gros canon et coup de canon.*

zapato,zapatazo *soulier,gros soulier et coup de soulier*

bala,balazo,balaza *balle , coup de balle , grosse balle.*

silla,sillazo,sillaza *chaise,coup de chaise,grosse chaise*

On voit que le *coup* doit être masculin. Cependant cette règle admet quelques exceptions. Les noms
suivans :

cuerno, cuchillo, diente *corne , couteau , dent.*

estoque , lanceta   *estoc , lancette.*

palma de la mano   *paume de la main.*

lanza , mano , pata   *lance, main, pate ou pied*

piedra , pico , puñal *pierre , bec , poignard.*

puño , pié, palo , etc. *poing, pied, bâton.*

Sont les simples dont on forme les dérivés :

cornada, cuchillada   *coup de corne, de couteau*

dentellada , estocada   *de dent , d'épée.*
lancetada , palmada   *de lancette , du plat de la main.*
lanzada , manotada   *de lance , de main.*
patada , pedrada , picada   *de pied, de pierre, de bec.*
puñalada , puñada   *de poignard , de poing.*
puntapié , coz , etc.   *de la pointe du pied, ruade*

On peut augmenter deux fois en commençant par *on* et finissant par *azo.* Exemple :

muchacho ; muchachon ; muchachonazo   *garçon ; gros garçon ; très-gros garçon.*
muger ; mugerona ; mu-geronaza   *femme ; grosse femme ; très - grosse femme.*

RÈGLE POUR FORMER LES DIMINUTIFS.

Observez les mêmes règles pour la formation des diminutifs, dont les terminaisons sont *ito , ico , illo , uelo* pour le masculin, et *ita , ica , illa , uela* pour le féminin. Les terminaisons *ito* et *ico* marquent l'estime , *illo*, seulement la diminution , et *uelo* le mépris. Exemple.

mesa ; mesita , mesica , mesilla ; mesuela.   *table ; petite table ; petite vilaine table.*
relox ; reloxito , reloxico, reloxillo ; reloxuelo.   *montre ; petite montre ; petite vilaine montre.*
viejo ; viejito , etc.   *vieux ; petit vieux.*
hoyo ; hoyito , etc.   *trou ; petit trou.*
chico ; chiquito , etc.   *petit ; fort petit.*
amigo ; amiguito , etc.   *ami ; petit ami.*
mozo ; mocito , etc.   *jeune ; fort jeune.*
almirez ; almirecito , etc.   *mortier ; petit mortier.*

Mais si le nom finit en *o*, en *r*, ou en *on*, ajoutez un *c* avant les terminaisons. Exemple.

hombre ; hombrecito , hombrecico , hombre-cillo ; hombrezuelo   *homme ; petit homme ; homme petit et vilain.*
muger ; mugercita , etc.   *femme ; petite femme, etc.*
cordon ; cordoncito , etc.   *cordon ; petit cordon, etc.*

Si le nom finit en *y* grec , ou qu'il soit monosyllabe

finissant en consonne, ajoutez *ec* avant les terminaisons. Exemple :

    rey ; reyecito, reyecico , *roi ; petit roi ; petit vi-*
      reyecillo ; reyezuelo   *lain roi.*
    pan ; panecito, etc.   *pain ; petit pain , etc.*

Ainsi : *flor , tos , haz , hoz , nuez , cruz ,* etc :
fleur, toux, fagot, faucille, noix, croix. Ce sont les
terminaisons ordinaires des diminutifs ; on trouve cependant un petit nombre d'exceptions qu'on appren-
dra par l'usage, et quelques irréguliers avec d'autres
terminaisons, comme *mozalbete , vejete , animalejo,
peluquin , etc.* : petit jeune homme, petit vieux, petit
animal , petite perruque.

On peut diminuer plusieurs fois , ayant soin de varier les terminaisons. Exemple :

    Caxa ; caxita ; caxitica ; *boîte ; petite boîte ; trés-*
      caxitiquilla , etc.   *petite boîte ; boîte ex-*
                      trèmement petite.

RÉGLE POUR FORMER LES SUPERLATIFS.

Observez les mêmes règles pour la formation des
superlatifs dont la terminaison est *ísimo* pour le masculin , et *ísima* pour le féminin. Ceux qui finissent
en *ble* font *bilísimo.* Exemple :

    alegre, malo, rico, amigo: *gai , mauvais , riche, ami:*
      alegrísimo, malísimo,   *très-gai , fort mauvais,*
     riquísimo, amiguísimo   *fort riche , très-ami.*
    comun , capaz : comu- *commun , capable : très-*
      nísimo, capacísimo   *commun , très-capable.*
    terrible : terribilísimo   *terrible , fort terrible.*

On peut aussi dire : *muy alegre, muy malo,* etc.
Il y a un petit nombre d'adjectifs qui ont un léger
changement au superlatif ; tels sont *tierno , ardiente,
valiente , bueno, fuerte, fiel* : tendre , ardent ,
vaillant, bon , fort , fidele, qui font au superlatif
*ternísimo , ardentísimo , valentísimo , bonísimo ,
fortísimo , fidelísimo.*

COMPARATIFS ET SUPERLATIFS IRRÉGULIERS.

    Mejor , peor ,   *Meilleur , pire ,*

mayor , menor.　　　　　*plus grand , moindre.*
óptimo, pésimo,　　　　*très-bon , très-mauvais,*
máxîmo , mínimo.　　　*très-grand , le plus petit.*
Inferior , superior.　　　*Inférieur, supérieur.*
ínfimo , supremo.　　　*le plus bas, le plus haut*
　　　　　　　　　　　ou suprême.

Les superlatifs *óptimo* et *máxîmo* ne sont employés que dans de certaines expressions , comme lorsqu'on dit :

Pontífice óptimo , má-　　*Pontife très-bon , très-*
　　xîmo.　　　　　　　　*grand.*
un círculo máxîmo de la　*un grand cercle de la*
　　esfera.　　　　　　　*sphère.*

NOMS NUMÉRAUX

CARDINAUX.

Uno ó una , dos , tres , quatro , cinco ,　1 , 2 , 3 , 4 , 5 ,
seis, siete, ocho, nueve, diez , once ,　6, 7, 8, 9, 10, 11,
doce , trece , catorce , quince ,　　　12, 13 14 , 15,
diez y seis , diez y siete , diez y ocho ,　16, 17, 18 ,
diez y nueve, veinte , veinte y uno, etc.　19, 20, 21, *etc.*
treinta , quarenta, cincuenta , sesenta,　30 , 40, 50 , 60,
setenta , ochenta , noventa , ciento ,　70, 80, 90, 100,
ciento y uno , etc. ducientos ,　　　101 , *etc.* 200,
trecientos , quatrocientos , quinientos,　300, 400 , 500,
seiscientos , setecientos , ochocientos ,　600, 700 , 800,
nuevecientos (au féminin on dit *ducientas,* etc.)　900,
mil , dos mil ,　　　　　　　　1000., 2000 ,
un millon , dos millones ,　　　1000000, 2000000

On ne peut compter en espagnol d'une autre manière. Avant le dernier nombre cardinal il faut toujours mettre la conjonction *y* qui signifie *et.* Exemple :

　quatre-vingt-quinze　　noventa y cinco.
　deux mille trois cent　　dos mil trecientos qua-
　　quarante-neuf　　　renta y nueve.

ORDINAUX.

Primero , segundo , tercero , quarto ,　1.er, 2.e, 3.e, 4.e,

quinto , sexto , séptimo , octavo ,	5.e, 6.e, 7.e, 8.e,

quinto , sexto , séptimo , octavo ,　5.ᵉ, 6.ᵉ, 7.ᵉ, 8.ᵉ,
nono , décimo , undécimo ,　9.ᵉ, 10.ᵉ, 11.ᵉ,
duodécimo, décimotercio, décimoquarto, 12.ᵉ, 13.ᵉ, 14.ᵉ,
décimoquinto , décimosexto ,　15.ᵉ, 16.ᵉ,
décimoséptimo , décimooctavo ,　17.ᵉ, 18.ᵉ,
décimonono, vigésimo, vigésimo *primo*, 19.ᵉ, 20.ᵉ, 21.ᵉ,
vigésimo segundo, vigésimo *tercio*, etc. 22.ᵉ, 23.ᵉ, etc.
trigésimo, quadragésimo, quinquagésimo, 30.ᵉ, 40.ᵉ, 50.ᵉ,
sexâgésimo, septuagésimo, octuagésimo, 60.ᵉ, 70.ᵉ, 80.ᵉ,
nonagésimo , centésimo , milésimo ,　90.ᵉ 100.ᵉ 1000.ᵉ
último ó postrero.　*dernier.*

　　paño catorceno ,　　drap *quatorzain ,*
　　dieziocheno, veintidoseno, *dix-huitain, vingt-deuxain*
　　veintiquatreno , etc.　　*vingt-quatrain , etc.*

COLLECTIFS.

Decena , docena ,　　*dixaine , douzaine ,*
quincena, veintena,　　*quinzaine , vingtaine ,*
treintena , quarentena , *trentaine , quarantaine ,*
centena ó centenar, millar, *centaine , millier.*
millon.　　　　*million.*

On considère aussi comme noms collectifs *septenario,
octava* ou *octavario , novena* ou *novenario , tre-
cenario ,* qui signifient une quantité déterminée de
jours consacrés à quelque dévotion , ainsi que les
noms *terceto , quarteta , quarteto , quintilla , octava,
décima ,* qui , dans la poésie espagnole , signifient
une quantité déterminée de vers , et d'autres semblables.

PARTITIFS , etc.

La mitad , el tercio , el　*la moitié , le tiers , le*
　quarto , el quinto, etc.　*quart , le quint , etc.*
la tercera parte , etc.　*la 3.e partie , etc.*
un quarteron de aceyte.　*un quarteron d'huile.*
una *tercia* ó una *quarta*　*le tiers ou le quart*
　de lienzo.　　　*(d'aune) de toile.*
primeramente ó en primer　*premièrement ou en pre-*
　lugar , etc.　　　*mier lieu , etc.*

simple ò sencillo ,	*simple* ,
doble , triplo , etc.	*double , triple , etc.*
de uno en uno ,	*un à un* ,
de dos en dos , etc.	*deux à deux , etc.*

PRONOMS.

Les exemples donnent les règles sur l'usage de tous les pronoms.

PRONOMS PERSONNELS.

NOMINATIF.

Je *me contente*	*Yo* me contento.
tu *te contentes*	*tú* te contentas.
il *se contente*	*él* se contenta.
elle *se contente*	*ella* se contenta.
nous *nous contentons*	*nosotros, as,* nos contentamos
vous *vous contentez*	*vosotros, as* , os contentais.
ils *se contentent*	*ellos* se contentan.
elles *se contentent*	*ellas* se contentan.
il *est certain que...*	*ello* es cierto que...
qui le dit? moi , toi , lui , eux	quien lo dice? *yo , tú, él, ellos.*

GÉNITIF.

Pierre parle de moi , de toi, de lui , d'elle , de nous, de vous , d'eux et d'elles, de cela	Pedro habla *de mí , de tí, de él , de ella , de nosotros , as , de vostros, as, de ellos, de ellas, de ello.*

GÉNITIF RÉFLÉCHI.

il parle de lui-même	él habla de *sí* mismo.
elle parle d'elle-même	ella habla de *sí* misma.
ils parlent d'eux-mêmes	ellos hablan de *sí* mismos.
elles parlent d'elles-mêmes	ellas hablan de *sí* mismas.

DATIF.

Pierre		dira la vérité			Pedro		dirá la verdad	
me		à moi			me		á mí.	
te		à toi			te		á tí.	
lui		à lui			le		á él.	
lui		à elle			le (1)		á ella.	
nous		à nous			nos		á nosotros, *as*	
vous		à vous			os		á vosotros, *as*	
leur		à eux			les		á ellos.	
leur		à elles			les (1)		á ellas.	

DATIF RÉFLÉCHI.

Il se *dira la vérité* à lui-même, etc.

él se dirá la verdad *á sí* mismo, etc.

Les pronoms réfléchis *se*, *sí* servent pour tous les genres et pour tous les nombres, etc.

ACCUSATIF.

Pierre		corrige			qui, etc. Pedro		corrige		que, etc.
me		moi			me		á mí		
te		toi			te		á tí		
le		lui			le (2)		á él		
la		elle			la		á ella		
nous		nous			nos		á nosotros, *as*		
vous		vous			os		á vosotros, *as*		
les		eux			los (2)		á ellos		
les		elles			las		á ellas		
le		cela			lo		eso		

ACCUSATIF RÉFLÉCHI.

Il se *corrige* lui-*même*, etc.

él se corrige *á sí* mismo, etc.

---

(1) Quelques espagnols ont employé *la* et *las* pour le datif féminin de la troisième personne, mais cet usage est réprouvé par l'Académie, et il blesse sensiblement l'oreille.

(2) La grammaire de l'Académie royale espagnole veut que les accusatifs masculins de la troisième personne soient *le*, *los*; mais les Auteurs les plus classiques de l'Espagne ayant également employé *lo*, *les*, j'ai cru devoir rapporter et l'autorité de l'Académie qu'il faut suivre, et celle des Auteurs.

Les pléonasmes du datif et de l'accusatif des pronoms personnels sont très-fréquens en espagnol.

ABLATIF.

Il a été fait par moi, par toi, par lui, par elle, par nous, par vous par eux, par elles.

Ha sido hecho *por mí, por tí, por él, por ella, por nosotros, as, por vosotros, as, por ellos, por ellas.*

ABLATIF RÉFLÉCHI.

Il pense en lui-même que... él piensa en *sí* mismo que...

Un grand nombre de prépositions gouverne en espagnol les ablatifs *mí*, *tí*, *sí*, etc. On dit cependant :

Conmigo, contigo, consigo   *avec moi, avec toi, avec soi*

El sombrero *se me*, *se te*, *se le*, *se nos*, *se os*, *se les* cae.   *Le chapeau* me, te, lui, nous, vous, leur *tombe.*

Yo *se* lo doy   { *Je le* lui *donne.* / *Je le* leur *donne.*

Yo *se* la doy   { *Je la* lui *donne.* / *Je la* leur *donne.*

Yo *se* los doy   { *Je les* lui *donne.* / *Je les* leur *donne.* } les livres.

Yo *se* las doy   { *Je les* lui *donne.* / *Je les* leur *donne.* } les plumes.

On dit *lo* à l'accusatif masculin lorsqu'il est précédé du datif *se* dans la signification de *lui* ou *leur* (1).

PRONOMS POSSESSIFS.

Mon *père*, ma *mère*, mes *frères*, mes *sœurs.*   *Mi* padre, *mi* madre, *mis* hermanos, *mis* hermanas.

---

(1) Voyez la cinquième remarque des observations générales sur la construction des verbes.

ton *père*, ta *mère*, tes *frères*, tes *sœurs*.	*tu* padre, *tu* madre, *tus* hermanos, *tus* hermanas.
son *père*, sa *mère*, ses *frères*, ses *sœurs*.	*su* padre, *su* madre, *sus* hermanos, *sus* hermanas.
notre *père*, notre *mère*, nos *frères*, nos *sœurs*.	*nuestro* padre, *nuestra* madre, *nuestros* hermanos, *nuestras* hermanas.
votre *père*, votre *mère*, vos *frères*, vos *sœurs*.	*vuestro* padre, *vuestra* madre, *vuestros* hermanos, *vuestras* hermanas.
leur *père*, leur *mère*, leurs *frères*, leurs *sœurs*.	*su* padre, *su* madre, *sus* hermanos, *sus* hermanas.

Ils sont tous déclinés avec l'article *indéfini*. On peut aussi dire *el padre mio*, etc. en employant les possessifs relatifs ci-dessous. Lorsque l'objet *principal* de la phrase n'est pas la *possession*, et qu'il ne peut en résulter aucune équivoque, il vaut mieux supprimer les pronoms. Exemple :

il prit sa *canne et il s'en alla*	tomó *el* palo y se fué.
je mettrai mon *mouchoir dans* ma *poche*	me pondré *el* pañuelo en *la* faltriquera.

P O S S E S S I F S   R E L A T I F S.

Le mien, *la mienne*, *les miens*, *les miennes*.	El mio, la mia, los mios, las mias.
le tien, *la tienne*, *les tiens*, *les tiennes*.	el tuyo, la tuya, los tuyos, las tuyas.
le sien, *la sienne*, *les siens*, *les siennes*.	el suyo, la suya, los suyos, las suyas.
le nôtre, *la nôtre*, *les nôtres*, *les nôtres*.	el nuestro, la nuestra, los nuestros, las nuestras.
le vôtre, *la vôtre*, *les vôtres*, *les vôtres*.	el vuestro, la vuestra, los vuestros, las vuestras.
le leur, *la leur*, *les leurs*, *les leurs*.	el suyo, la suya, los suyos, las suyas.

On les décline avec l'article *défini*. Au vocatif on place plutôt le pronom après; ainsi l'on dit :

mon *Dieu* ! mon *ami* !	Dios *mio* ! amigo *mio* !
Monsieur	muy señor *mio*.

Observez la tournure des phrases suivantes :

un de mes amis	un amigo mio.
une de ses sœurs, etc.	una hermana suya , etc.
Le livre est à moi à toi, *etc.*	el libro es *mio, tuyo,* etc.
la plume est à moi, à toi , *etc.*	la pluma es *mia , tuya,* etc.
les livres sont à moi, *etc.*	los libros son *mios , tuyos ,* etc.
les plumes sont à moi, *etc.*	las plumas son *mias , tuyas ,* etc.

PRONOMS DÉMONSTRATIFS.

Celui-ci , celle-ci , ceux-ci, celles-ci	Este *ou* ese, esta *ou* esa , estos *ou* esos, estas *ou* esas.
ce *livre* ; cette *plume,* ces *hommes ,* ces *femmes*	*este* libro, *esta* pluma, *estos* libros , *estas* plumas : ou *ese* libro, etc.
celui-là , celle-là , ceux-là, celles-là	aquel, aquella, aquellos, aquellas.
cet *homme-là;* cette *femme-là ;* ces-*hommes*-là; ces *femmes*-là	*aquel* hombre ; *aquella* muger ; *aquellos* hombres; *aquellas* mugeres.
ceci, cela	esto *ou* eso, aquello.

Le pronom *este* marque l'objet proche de celui qui parle : *ese* l'objet proche de celui à qui l'on parle : *aquel* l'objet éloigné de tous les deux. On dit aussi *estotro* et *esotro, a , os , as :* cet autre, cette autre, etc. On les décline tous avec l'article indéfini.

PRONOMS RELATIFS.

L'espagnol a trois relatifs *quien, qual* et *que ,* au pluriel *quienes* (1), *quales, que,* dont le second se

____

(1) On trouve dans des Auteurs classiques *quien* au lieu

D

décline avec l'article défini , et les autres deux avec l'indéfini ; ils sont communs aux deux genres. *Quien* ne se rapporte qu'aux *personnes* (1). Au génitif, au datif, à l'ablatif, et après une préposition quelconque, en parlant de *personnes* , on peut employer *quien* et *qual* , de préférence *quien* , et en parlant de choses *qual* et *que* , de préférence *que.* Pour le nominatif et pour l'accusatif les exemples donnent la règle :

EXEMPLES DU NOMINATIF.

Le maître qui *l'explique* , etc.	El maestro *que* lo explica.
Le livre qui *l'explique* , etc.	El libro *que* lo explica.
J'ai vu l'avocat qui *me l'a* conseillé.	Yo he visto al abogado *quien* ou *el qual* ou *que* me lo ha aconsejado.

EXEMPLES DU GÉNITIF.

L'homme dont } je parle	El hombre *de quien* ou *del qual* } yo hablo.
la femme dont	la muger *de quien* ou *de la qual*
les hommes dont	los hombres *de quienes* ou *de los quales*
les femmes dont	las mugeres *de quienes* ou *de las quales*
le livre dont } je parle	el libro *de que* ou *del qual* } yo hablo.
la plume dont	la pluma *de que* ou *de la qual*
les livres dont	los libros *de que* ou *de los quales*
les plumes dont	las plumas *de que* ou *de las quales*

EXEMPLES DU DATIF.

L'homme à qui *je le dirai* , etc.	El hombre *á quien* ou *al qual* yo lo diré.
le livre auquel *il se rapporte* , etc.	el libro *á que* ou *al qual* se refiere.

EXEMPLES DE L'ACCUSATIF.

Pierre que *j'aime* , etc.	Pedro *á quien* ou *alqual* ou *que* yo quiero.
le livre que *j'achète* , etc.	el libro *que* compro.

---

de *quienes* , mais l'usage du pluriel *quienes* , d'après le sentiment de l'Académie , est plus fréquent et plus conforme à l'analogie.

(1) On trouve quelquefois le relatif *quien* se rapportant aux choses , ainsi que le relatif *que* précédé d'article

EXEMPLES DE L'ABLATIF.

Pierre avec qui *je me pro-mène* , etc.	Pedro *con quien* ou *con el qual* yo me paseo.
le livre avec lequel *j'étudie* , etc.	el libro *con que* ou *con el qual* yo estudio.

Le troisième exemple du nominatif admet les trois relatifs, parce que les mots qui précèdent le relatif peuvent faire et ils font en effet une proposition *complette.* Le premier exemple de l'accusatif fait voir qu'en parlant de *personnes* , on peut employer les trois relatifs de préférence *quien* (1).

Le relatif *que* est employé dans un sens neutre. Exemple :

Je sais de quoi *il parlait*	Ya sé *de que* hablaba.
je sais à quoi *il pensait,* etc.	ya sé *en que* pensaba.

MANIÈRE DE TRADUIRE LE RELATIF CELUI.

Celui de ; *de celui de* ; *à celui de,*	El de ; del de ; al de.
ceux de ; *de ceux de* ; *à ceux de,*	los de ; de los de ; á los de
celle de ; *de celle de* ; *à celle de,*	la de ; de la de ; á la de.
celles de ; *de celles de* ; *à celles de,*	las de ; de las de ; á las de.

Lorsque le pronom *celui* est suivi du relatif nominatif *qui*, on le traduit de la manière suivante :

Celui qui	El que *ou* aquel que *ou* quien(2)
celle qui	la que *ou* aquella que.
ceux qui	los que *ou* aquellos que.
celles qui	las que *ou* aquellas que.

Lorsque ce même pronom est suivi du relatif accusatif *que*, on le traduit ainsi :

EN PARLANT DE PERSONNES.

Celui que	aquel á quien *ou* al qual *ou* que.

se rapportant aux *personnes* ; mais cet usage est fort rare.

(1) C'est la manière la plus ordinaire d'employer ces pronoms ; si on en faisait usage différemment, on ne pécherait peut-être pas contre la grammaire, mais on pourrait pécher contre l'usage généralement reçu.

(2) *Quien* ne se dit qu'en parlant de *personnes.*

celle que   aquella á quien *ou* á laqual *ou* que.
ceux que   aquellos á quienes *ou* á los quales *ou* que.
celles que   aquellas á quienes *ou* á las quales *ou* que.
Celui, celle,
ceux, celles al, á la, á los, á las *que.*
que (1)

EN PARLANT DE CHOSES.

Celui que   El que, aquel que.
celle que   la que, aquella que.
ceux que   los que, aquellos que.
celles que   las que, aquellas que.

Lorsque le relatif *qui* ou *lequel* est au génitif, au datif et à l'ablatif, c'est-à-dire, lorsqu'il est précédé d'une préposition quelconque, on ne peut traduire les relatifs *celui, celle, ceux, celles* que par les pronoms démonstratifs *aquel, aquella, aquellos, aquellas.* Exemple :

celui	*de*			*aquel*	*de*		
celle	*à*			*aquella*	*á*		*quien*
cù	*pour*	*qui, etc.*		*ou*	*para*		*ou*
ceux	*par*			*aquellos*	*por*		*quienes, etc.*
celles	*avec*			*aquellas*	*con*		
	sur, etc.				*sobre*		

NEUTRE. *Ce qui, ce que* — loque *ou* aquello que.
  ce dont ou ce de quoi — aquello de que.
  ce à quoi, etc. — aquello á que.
  il est malade, ce qui — él está enfermo, *lo*
  m'oblige, etc. — *que* ou *lo qual* me
  obliga, etc.

Dans ce dernier exemple on peut dire *lo qual*, parce que les mots *ce qui* sont dépendans de la phrase antérieure à laquelle ils se rapportent.

---

(1) En supposant que les pronoms *celui, celle,* etc. soient à l'accusatif, on peut aussi dire *á aquel á quien,* etc.

RELATIF CUYO DÉRIVÉ DU GÉNITIF CUJUS DES LATINS.

Dont le, dont la, dont le, dont les.	Cuyo, cuya, cuyos, cuyas.
celui, celle, ceux, celles *dont le, dont la, dont les, dont les.*	*aquel, aquella, aquellos, aquellas* cuyo, cuya, cuyos, cuyas.

On décline le pronom *cuyo* avec l'article indéfini, et il s'accorde toujours avec le nom qui suit. En voici des exemples qui dépendent du génie de l'espagnol, et dont je donne la version mot à mot :

Pierre. *Marie,* ces *hommes,* ces *femmes*
{
le duquel *fils est joli*
du duquel *fils je parle*
au duquel *fils je le dirai*
le duquel *fils j'aime*
avec le duquel *fils j'étudie*
}
est ou sont là.

Si on disait *Marie,* on dirait *le de laquelle* fils, etc.

VERSION.

Pedro. Maria, estoshombres, estas mugeres
{
cuyo hijo es lindo
de cuyo hijo hablo
á cuyo hijo lo diré
á cuyo hijo quiero
con cuyo hijo estudio
}
está ó están allá.

On employe aussi le pronom *cuyo* à la place des pronoms démonstratifs *ce, cette, ces,* lorsque ces pronoms se rapportent à une phrase antérieure. Exemple :

par ce *motif*	por *cuyo* motivo.
par cette *raison*	por *cuya* razon.
je lui dois cent francs; cette *somme, etc.*	yo le debo cien francos; *cuya* suma, etc.
le roi avait six enfans; ces *princes, etc.*	el rey tenia seis hijos; *cuyos* principes, etc.

Le pronom *cuyo* signifie aussi possession. Exemple:

Celui à qui *appartiendra*   Aquel *cuyo* fuere este *li-*

ce livre, cette boîte, etc.	bro , *cuya* fuere esta caxa , etc. (1)

Les pronoms relatifs sont employés dans le sens d'interrogation et d'admiration de la manière suivante :

Qui *le dit ?*	*quien* lo dice ?
Qui *sont ceux qui le disent ?*	*quienes* son los que lo dicen ?
Quel *livre voulez-vous ?* quelle *plume ?* quels *livres ?* quelles *plumes ?*	que libro quiere usted ? *que pluma ? que* libros ? *que* plumas ?
De quoi *parlez - vous ?*	*de que* habla usted ?
A quoi *pensez - vous ?*	*en que* piensa usted ?
Que *faites - vous ?*	*que* hace usted ?
Quoi de plus beau *que la vertu ?*	*que cosa mas hermosa que* la virtud ?
Lequel *des hommes est le plus vertueux ?*	*qual* de los hombres es el mas virtuoso ?
Laquelle *des femmes ?*	*qual* de las mugeres ?
A qui *est ce livre ?*	*cuyo* es este libro ? (1)
A qui *est cette boîte ?*	*cuya* es esta caxa ?
Mon Dieu, *quel homme !* quelle *femme !* quels *hommes !* quelles *femmes !*	válgame Dios *que* hombre ! *que* muger ! *que* hombres ! *que* mugeres !

Les pronoms relatifs pris dans le sens d'interrogation et d'admiration sont tous déclinés avec l'article indéfini.

PRONOMS IMPROPRES ou INDÉTERMINÉS.

Ce sont de véritables noms adjectifs ou substantifs qui se déclinent avec les mêmes articles qu'en français.

Tout le *monde :* toute la *terre :* tous les *hommes :* toutes les *femmes.*	*todo el* mundo : *toda la* tierra : *todos los* hombres : *todas las* mugeres.

---

(1) Lorsque le pronom *cuyo* signifie *possession* , il vaut mieux le remplacer par les génitifs *de quien* ou *de quienes.*

tout homme *sans vertu...*	*qualquier* hombre sin virtud.
toute femme *sans vertu...*	*qualquiera* muger sin virtud.
tout vicieux *qu'il est...*	con todos sus vicios.
toute vertueuse *qu'elle est...*	con toda su virtud.
Je veux tout.	*todo lo* quiero *ou* lo quiero todo. (1)
Beaucoup de papier d'encre.	mucho papel, mucha tinta.
plusieurs hommes.	muchos hombres.
plusieurs femmes.	muchas mugeres.
Trop de.	demasiado , *a* , *os* , **as.**
Assez de.	bastante , bastantes.
Beaucoup , trop, assez de.	harto , *a* , *os* , *as.*
Peu de.	poco , *a* , *os* , *as.*
Elle est trop riche.	ella es *demasiado rica.* (2)
combien de	quanto , *a* , *os* , *as.*
tout ce qu'il dit.	*quanto* dice *ou* todo lo que dice.
tout le pain qui *ou* que.	*quanto* pan *ou* todo el pan que...
toute l'eau qui *ou* que...	*quanta* agua , etc.
tous les *hommes* qui *ou* que.	*quantos* hombres, etc.
toutes les *femmes* qui *ou* que.	*quantas* mugeres, etc.
Tant de.	tanto , *a* , *os* , *as.*
Son chagrin est si fort que...	su pesar es *tanto* que...
Ses chagrins étaient en si grand nombre *que...*	sus pesares eran *tantos* que...
sa peine est si grande *que...*	su pena es *tanta* que...
ses peines sont si excessives *que...*	sus penas son *tantas* que...
Tel , telle , tels , telles.	tal ; tales.

---

(1) L'accusatif *todo* pris dans un sens neutre , c'est-à-dire, lorsqu'il ne s'accorde pas avec un autre nom , est toujours accompagné de l'accusatif *lo.*

(2) *Mucho , demasiado* , etc. ne changent point leur terminaison avant un adjectif , parce que ce sont alors des *adverbes* de quantité.

je lui rends le livre tel qu'*il* me le remit.

yo le devuelvo el libro *qual* ou *tal qual* ou *tal* como me lo entregó.

*Toute sa conversation se réduit à dire qu'*un tel *est* riche *, qu'*un tel *est pauvre, qu'*une telle *est jolie, qu'*une telle *est laide,etc.*

Toda su conversacion se reduce á decir que *fulano* es rico, que *zutano* es pobre , que *fulana* es linda , que *zutana* es fea , etc.

Un certain *menteur.*

cierto embustero.

une certaine *dame.*

cierta señora.

de certains *hommes.*

ciertos hombres.

de certaines *femmes.*

ciertas mugeres.

Seul , seule , seuls , seules.

solo , *a , os , as.*

unique , uniques.

único , *a , os , as.*

chacun , chacune , chaque.

cada uno , cada una , cada.

Quelqu'un *est venu.*

alguien *ou* alguno ha venido

Quelque *livre*, quelque *plume*, quelques *livres*,quelques *plumes.*

algun libro, *alguna* pluma, *algunos* libros , *algunas* plumas.

J'ai quelque chose.

yo tengo *algo.*

Personne *n'est venu.*

nadie *ou* ninguno ha venido

Je n'ai aucun *livre,* aucune *plume*, point de *livres*, point de *plumes.*

yo no tengo *ningun* libro , *ninguna* pluma , *ningunos* libros , *ningunas* plumas.

Je n'ai rien.

no tengo nada *ou* nada tengo

L'un danse, l'autre *chante.*

quien bayla , *quien* canta.

L'un rit, l'autre *pleure.*

qual rie , *qual* llora.

*Parler mal d'*autrui.

hablar mal de *otro.*

Faire mal à autrui.

hacer mal á *otro.*

Je veux un autre *livre*, une autre *plume*, d'autres *livres* , d'autres *plumes.*

quiero *otro* libro , *otra* pluma , *otros* libros , *otras* plumas.

Le bien d'autrui , *la femme* d'autrui , *les honneurs* d'autrui , *les richesses* d'autrui.

el bien *ageno* , la muger *agena* , los honores *agenos* , las riquezas , *agenas.*

Prendre le reste , *les restans , les* restantes.

tomar lo *demas*,los *demas* las *demas.*

tous les deux.	ámbos *ou* entrámbos.
toutes les deux.	ámbas *ou* entrámbas.
Qui que ce soit *saurait*...	*Qualquiera* (1) sabria...
Quiconque *le fera*...	*qualquiera que* lo haga...
Une chose quelconque *et autres choses* quelconques.	*qualquiera* cosa, y otras *qualesquier* cosas.
Quelque livre *que ce soit*, *quelques* livres *que ce soient*.	qualquier libro, qualesquier libros.
Quelques *choses qu'il dit.*	*por mas* cosas que dixese.
Quelque grand, ou tout grand que soit son talent.	*por* grande ou *por mas* grande que sea su talento.
Quel que soit son mérite : *quelle que soit sa fortune* : *quels que soient ses moyens* : *quelles que soient ses richesses.*	Sea el que fuere su mérito : sea la que fuere su fortuna : sean los que fueren sus medios : sean las que fueren sus riquezas.
Quoiqu'il en soit.	sea lo que fuere.
Quand on est malade, on *ne peut pas se divertir.*	quando *uno* está enfermo no puede *uno* divertirse.
On *dit un mensonge.*	*se* dice *ou* dicen una mentira.
On *dit plusieurs mensonges.*	*se* dicen *ou* dicen muchas mentiras.
On *voit plusieurs hommes qui*...	*se* ven muchos hombres que... (2)
On ne *dit pas cela.*	*No* se dice *ou* no dicen eso.
On le *dit* : on le *voit* : on la *trouve* : on les *cherche* : on les *perd.*	se dice *ou* lo dicen : se ve *ou* le ven : se halla *ou* la hallan : se buscan *ou* los buscan : se pierden *ou* las pierden.

---

(1) Lorsque *qualquiera* est substantif, il finit toujours en *a* ; lorsqu'il est adjectif s'accordant avec un autre nom qui suit, on peut retrancher ou ne pas retrancher l'*a* au *singulier* masculin et féminin ; mais au *pluriel* il vaut mieux le retrancher aux deux genres.

(2) On supprime la préposition *á* à l'accusatif de *personne* lorsqu'il est gouverné par un verbe régi par le pronom indéterminé *on.*

E

Nous en parlons.	hablamos de él, *ou* de ella, *ou* de ellos, *ou* de ellas, *ou* de esto, *ou* de aquello.
J'ai de bons chiens ; j'en ai aussi.	yo tengo buenos perros : yo tengo tambien.
nous en venons.	venimos *de allá.*
nous nous y appliquerons.	nos aplicarémos á él , *ou* á ella, *ou* á ellos, *ou* á ellas, *ou* á esto , *ou* á aquello.
nous y pensons.	pensamos *en él* , etc.
Quel cachet y mettez-vous?	que sello pone usted ?
nous y allons à présent.	ahora vamos *allá.*

On supprime les relatifs *en* et *y* lorsqu'il ne peut résulter aucune équivoque de cette suppression.

———————

VERBES. (1)

Le verbe se divise en conjugaison *simple* et en conjugaison *composée.* Voici la conjugaison entière d'un verbe français où les pronoms sont sous-entendus.

———————

(1) L'expérience que j'ai acquise par un exercice continuel de dix-huit années d'enseignement m'ayant appris que les élèves, qui n'ont aucune teinture de grammaire , saisissent plus facilement les détails du verbe en les leur présentant de la manière ci-dessus , qu'en suivant la méthode de la conjugaison latine , qui certainement est beaucoup plus compliquée , et même inutile pour les langues vivantes du midi de l'Europe , j'ai préféré cet arrangement à celui des latins, quoique suivi par la majeure partie des grammairiens. La distribution latine ne saurait être nécessaire qu'à une personne qui ne sût absolument parler que latin. J'avais même l'intention de disposer l'ordre des tems suivant l'ordre de la *nature* en commençant par les deux *prétérits*, ensuite les trois *présens* , puis les deux *futurs* , et l'optatif à la fin , parce que c'est un tems qui peut appartenir au *passé* et au *futur* ; mais malgré que cette distribution serait peut-être plus aisée pour les commençans qui ne connaissent guères la grammaire générale , et qu'elle faciliterait la conjugaison des verbes irréguliers , à cause de l'*analogie* des tems , je n'ai pas voulu être un si grand innovateur.

(35)

CONJUGAISON SIMPLE. (1)

INFINITIF (2). . . . . *Acheter.*
GÉRONDIF (3). . . . . ——— ant.
PARTICIPE (4). . . . . ——— é.

INDICATIF. (5)

J'achete , es , e , ons , ez , ent.

PRÉTÉRIT IMPARFAIT. (6)

J'achetais , ais , ait , ions , iez , aient.

PRÉTÉRIT PARFAIT.

J'achetai , as , a , âmes , âtes , èrent.

---

(1) Elle s'appelle *simple* , parce que chaque *partie* dont elle conste n'est qu'*un* mot formé par le moyen d'une *terminaison* substituée à celle de l'infinitif.

(2) L'*infinitif* est la *souche* du verbe , parce que c'est de lui dont on forme toute la conjugaison simple par le moyen de différentes *terminaisons* qu'on ajoute à ses lettres *radicales*; c'est pour cela qu'on le met de préférence dans tous les dictionnaires des langues vulgaires , et par la même raison je l'ai placé *en tête.*

(3) Le *gérondif* marque l'*identité* du tems où l'on fait des actions diverses.

(4) L'emploi principal du *participe* est de former la conjugaison *composée* et la conjugaison *passive.* Il est aussi employé en qualité de nom *adjectif.*

(5) Il n'y a que *trois* tems dans la nature , le *passé* , le *présent* et *l'avenir.* L'*indicatif*, le *subjonctif* et *l'impératif* appartiennent au *présent.* L'indicatif et le subjonctif diffèrent en ce que l'*indicatif* peut *seul* former une proposition *parfaite* , au lieu que le *subjonctif* pour la rendre *complette* doit nécessairement se *joindre* à un autre verbe. L'*impératif* sert à *commander*, à prier et à exhorter ; il manque de la première personne du singulier , parce que personne ne se commande à soi-même.

(6) Le prétérit *imparfait* et le prétérit *parfait* appartiennent au *passé.* Ils diffèrent en ce que le premier suppose un tems passé commencé et *non fini* , au lieu que l'autre le suppose commencé et *fini.*

FUTUR CERTAIN. (1)

J'acheterai, eras , era , erons, erez, eront.

FUTUR INCERTAIN.

J'acheterais, erais , erait , erions, eriez, eraient.

SUBJONCTIF.

Que j'achète , es , e , ions, iez, ent.

OPTATIF. (2)

Que j'achetasse , asses, ât , assions , assiez , assent.

IMPÉRATIF.

Achete , *qu'il* e , ons , ez , *qu'ils* ent.

On voit que la conjugaison *simple* se forme par le moyen de différentes *terminaisons* qu'on substitue à celle de l'*infinitif*.

CONJUGAISON COMPOSÉE. (3)

INFINITIF COMPOSÉ. . . Avoir ⎫
GÉRONDIF COMPOSÉ. . . ayant ⎬ *acheté.*
Sans participe. (4) ⎭

---

(1) Le futur *certain* et le futur *incertain* ou *conditionnel* appartiennent à l'*avenir*. Ils diffèrent en ce que le premier suppose la *certitude* de l'action future , et que l'incertain marque l'*incertitude*, puisque cette *action* dépend d'une *condition*. On pourrait aussi appeller ce dernier *futur de subjonctif* , puisqu'effectivement il ne peut *seul* rendre une proposition *parfaite*.

(2) L'*optatif* peut appartenir en espagnol au *passé* et au *futur* , puisqu'on peut dire *il voulait que j'achetasse* , et en espagnol on dit avec élégance *quoique j'achetasse une montre, j'acheterais aussi un chapeau.* Plusieurs grammairiens l'appellent *prétérit imparfait de subjonctif* parce qu'il marque le *passé* , et qu'il ne peut *seul* rendre une proposition *complette*. Les latins l'appellent *optatif* , c'est-à-dire , *desidératif* , parce qu'il marque le desir ; comme lorsqu'on dit *plût-à-Dieu que mon père m'achetât une montre*.

(3) Elle s'appelle *composée* parce que chaque *partie* dont elle conste a *deux* mots, le verbe *auxiliaire* et le *participe*.

(4) Le *participe* en espagnol n'est jamais *composé*.

INDICATIF COMPOSÉ. (1)

J'ai , as , a , avons , avez , ont

PRÉTÉRIT IMPARFAIT COMPOSÉ.

J'avais , avais , avait , avions , aviez , avaient

PRÉTÉRIT PARFAIT COMPOSÉ.

Lorsque j'eus , eus , eut , eumes , eutes , eurent

FUTUR CERTAIN COMPOSÉ. (2)

J'aurai , auras , aura , aurons , aurez , auront $\rbrace$ *acheté.*

FUTUR INCERTAIN COMPOSÉ.

J'aurais, aurais, aurait, aurions, auriez, auraient

SUBJONCTIF COMPOSÉ.

Que j'aye , ayes , ait , ayons , ayez , ayent

OPTATIF COMPOSÉ.

Que j'eusse, eusses, eût, eussions, eussiez, eussent

Sans impératif. (3)

On voit que la conjugaison *composée* n'est autre chose que la conjugaison du verbe *avoir* suivi du participe *acheté* ; c'est pour cela que le verbe *avoir* s'appelle verbe *auxiliaire*, comme si l'on disait verbe

---

(1) Tous les tems *composés* appartiennent au *passé*. Je préviens ici que la règle relative à l'usage du *prétérit parfait simple* et de l'*indicatif composé* expliquée à la page 192 de la grammaire de Mr. Restaut, dixième édition de Paris, de l'an 1764, sous la dénomination de *prétérit défini* et *prétérit indéfini*, est de rigueur en espagnol. Voyez la grammaire de l'Académie royale espagnole aux pages 92 et 93.

(2) Ce tems est le seul des composés qui puisse appartenir à l'*avenir*, et c'est encore d'une manière dépendante du *passé*, puisqu'il suppose que lorsque le *tems* dont on parle sera arrivé l'action sera déjà *passée*.

(3) L'*impératif* ne peut jamais être *composé*, parce que les tems composés appartenant par leur nature au *passé*, et l'impératif servant uniquement à prier , à commander , et à exhorter , il est clair qu'on ne pourra jamais commander ni prier de faire des choses *passées*.—Je me suis convaincu par l'expérience que les *modes* et les autres détails et *dénominations* des tems ne servent qu'à embarrasser les commençans.

qui prête son *secours* aux autres pour former leur conjugaison *composée*. En sachant donc les verbes auxiliaires d'une langue, on sait déjà la conjugaison composée de ses autres verbes, et il ne reste plus à étudier que les conjugaisons simples. La langue française a deux verbes auxiliaires *avoir* et *être*, dont le premier sert à former la conjugaison composée des verbes *actifs* (1) comme *avoir trouvé*, *avoir porté*, *etc.*, et le second celle de quelques verbes de *mouvement*, des *réfléchis* et de quelques *neutres* comme *être arrivé*, *s'être consolé*, *être né*, etc. La langue espagnole n'a qu'*un seul* verbe auxiliaire pour former la conjugaison *composée* de tous ses verbes sans exception. C'est le verbe *haber* dont voici la conjugaison où les pronoms sont sous-entendus.

PREMIER AUXILIAIRE POUR LA CONJU-GAISON COMPOSÉE.

HABER, HABIENDO, HABIDO. *AVOIR, AYANT, EU.*

IND.   He, has, ha, hemos, habeis, han.   *J'ai, etc.*

---

(1) Les principales espèces de verbes, outre les auxiliaires, sont l'*actif*, le *réfléchi* ou *pronominal*, le *neutre* et le *passif*. Le verbe *actif* est celui dont l'action sort d'une personne ou chose, et retombe sur une autre, comme lorsqu'on dit *le médecin console le malade*. Le *réfléchi* ou *pronominal* est celui dont l'action sort d'une personne ou chose, et retombe sur elle-même, comme lorsqu'on dit *le médecin se console*. On l'appelle *pronominal* parce que dans la conjugaison de ses tems, après les nominatifs *je*, *tu*, *il*, *nous*, *vous*, *ils*, on place les accusatifs *me*, *te*, *se*, *nous*, *vous*, *se*. Le verbe *neutre* est celui dont l'action ne retombe sur personne, puisqu'elle reste comme *imbibée* dans la personne active, comme lorsqu'on dit *Pierre dort*, *meurt*, *règne*, *voyage*, *etc*. Le verbe *passif* n'est autre chose que le verbe *être* suivi du *participe* d'un verbe *actif*. On l'appelle *passif*, parce que l'action, au lieu de sortir de la personne active ou du nominatif qui le précède, comme il arrive dans le verbe *actif*, retombe au contraire sur la même personne active, comme lorsqu'on dit *le médecin est consolé par...*

P. IMP. Habia, habias, habia, habíamos, *J'avais, etc.*
    habiais (1), habian.

P. PARF. Hube, hubiste, hubo, hubímos, *J'eus, etc.*
    hubísteis, hubiéron.

F. CERT. Habré, habrás, habrá, habrémos, *J'aurai, etc.*
    habréis, habrán.

F. INC. Habria, habrias, habria, ha- *J'aurais, etc.*
    briamos, habriais, habrian *ou*
    bien hubiera, hubieras, hu-
    biera, hubiéramos, hu-
    biérais, hubieran.

F. CAS. *Quando yo* hubiere, hubieres, hu- *Lorsque j'au-*
    biere, hubiéremos, hubiéreis,   *rai, etc.*
    hubieren.

SUBJ. *Que yo* haya, hayas, haya, *Que j'aye,*
    hayamos, hayais, hayan.   *etc.*

OPT. *Que yo* hubiese, hubieses, hu- *Que j'eusse,*
    biese, hubiésemos, hubiéseis,   *etc.*
    hubiesen *ou bien* hubiera, hu-
    bieras, hubiera, hubiéramos,
    hubiérais, hubieran.

Sans impératif. Pour former sa conjugaison composée, conjuguez le même verbe de nouveau, et
ajoutez par-tout le participe *habido.*

Le *futur casuel* (2), tems propre de la langue
espagnole, qui lui donne beaucoup d'énergie, suppose
un *cas* accidentel. Voici la différence entre la signification de ce futur et celle du *certain* :

Quando yo *habré* escrito.   *Lorsque* j'aurai écrit.
Quando yo *hubiere* escrito.   *Lorsque* j'aurai *écrit,*
                     si le cas arrive que
                     j'écrive.

---

(1) On met l'accent à toutes les secondes personnes du pluriel
lorsqu'on ne doit pas appuyer sur la diphtongue qui forme
la dernière syllabe.

(2) La grammaire de l'Académie royale espagnole, donne
à ce futur la dénomination de *futur de subjonctif*, parce
qu'effectivement il ne peut *seul* rendre une proposition complette.

Quando usted me *favo-*   *Lorsque vous me favorise-*
reciere con sus ór-   *rez de vos ordres*, si le
denes.   cas arrive que vous me
   favorisiez.

Le verbe *avoir* en français, outre son emploi d'auxiliaire, signifie *tenir* ou *posséder*, comme lorsqu'on
dit *j'ai une maison*, *etc.* Le verbe *haber* n'est plus
en usage ordinaire dans cette signification. Lorsqu'il
est suivi de la préposition *de* il signifie *devoir* ou *avoir*
à, et c'est en cette signification particulière qu'on fait
usage de sa conjugaison *composée*, ainsi que dans ses
autres acceptions *spéciales* qu'on trouvera dans le
dictionnaire.

D'après la conjugaison de ce verbe, tachez de
bien retenir les six observations suivantes, qui sont
très-utiles pour faciliter toutes les conjugaisons espagnoles.

RÈGLES POUR FACILITER LA CONJUGAISON.

1.º Le futur *incertain* et *l'optatif* ont chacun *deux*
terminaisons dont la seconde est commune à tous les
deux (1). Cette observation ainsi que les quatre suivantes n'admettent aucune exception.

2.º En sachant la première personne du prétérit
imparfait, celle des deux terminaisons du futur conditionnel, du casuel, du subjonctif, et de l'optatif,

---

(1) La grammaire de l'Académie royale espagnole conjugue ces *deux* tems en *un seul* sous la dénomination de
prétérit imparfait de subjonctif; et aux pages 99, et 525,
elle porte qu'on peut dire *decia*, *dixo*, etc. *que vinieras*,
vendrias ou *vinieses*. Cependant, sauf le respect dû à une
si savante société, il est certain que le *sens* de ces terminaisons est tout-à-fait *différent*, car lorsqu'on dit *te decia*
ó dixo, etc. *que vinieses* ou *vinieras*, cela signifie uniquement *il te disait ou il te dit de venir*, et lorsqu'on dit *te decia que*
vendrias ou *vinieras*, cela signifie *il te disait que tu viendrais*.
Néanmoins comme la seconde terminaison est commune au
futur conditionnel et à l'optatif, il vaut mieux employer
la première dans les cas où il pourrait en résulter une
équivoque.

on forme les autres cinq de la manière suivante : à la 2.ᵉ ajoutez *s* : la 3.ᵉ est égale à la première : à la première du pluriel ajoutez *mos*, à la 2.ᵉ *is*, et à la 3.ᵉ *n*. Les autres *tems* ont encore une grande *analogie* avec cette observation.

3.º Tous les futurs certains des verbes espagnols ont les mêmes terminaisons ; tous finissent en *ré, rás, rá, rémos, réis, rán*.

4.º La première terminaison du futur *incertain* ou conditionnel se forme de la première personne du singulier du futur *certain* en changeant *é* en *ia*.

5.º La 3.ᵉ personne du pluriel du prétérit parfait est la *souche* dont on forme 1.º la 2.ᵉ terminaison commune au conditionnel et à l'optatif en changeant *on* en *a* : 2.º le futur casuel en changeant *on* en *e* : 3.º la 1.ʳᵉ terminaison de l'optatif en changeant *ron* en *se*.

6.º Le verbe *haber* n'a point d'impératif, mais pour celui de tous les autres verbes, sachez que la 3.ᵉ du singulier, 1.ʳᵉ et 3.ᵉ du pluriel se prennent du subjonctif. La 2.ᵉ du singulier est la 3.ᵉ de l'indicatif. La 2.ᵉ du pluriel se forme de l'infinitif en changeant *r* en *d*. Si l'impératif est *négatif* on prend toutes les personnes du subjonctif en commençant par la 2.ᵉ du singulier, puisque l'impératif au singulier n'a point de 1.ʳᵉ personne. Cette règle n'a d'exception que pour la 2.ᵉ du singulier de neuf verbes irreguliers.

SECOND AUXILIAIRE POUR LA CONJUGAISON PASSIVE.

SER, SIENDO, SIDO. ÊTRE, ÉTANT, ÉTÉ.

IND. Soy, eres, es, somos, sois, son. *Je suis.*
P. IMP. Era, eras, era, éramos, érais, eran. *J'étais.*
P. PARF. Fuí, fuiste, fué, fuímos, fuísteis, *Je fus.*
fuéron.
F. CERT. Seré, serás, será, serémos, seréis, *Je serai.*
serán.

F

F. INC. Seria, serias, seria, seríamos, seríais, *Je serais.*
serian, *ou* fuera, fueras, fuera,
fuéramos, fuérais, fueran.

F. CAS. Quando yo fuere, fueres, fuere, *Lorsque*
fuéremos, fuéreis, fueren. *je serai.*

SUBJ. Que yo sea, seas, sea, seamos, *Que je*
seais, sean. *sois.*

OPT. Que yo fuese, fueses, fuese, fuése- *Que je*
mos, fuéseis, fuesen, *ou* fuera, fueras, *fusse.*
fuera, fuéramos, fuérais, fueran.

IMP. Se, sea, seamos, sed, sean. *Sois.*

Si on voulait placer les pronoms à l'impératif il faudrait les mettre après le verbe. Pour former la conjugaison composée, conjuguez les tems simples du verbe *haber,* et ajoutez partout le participe *sido.* Ce verbe signifie aussi l'*essence* des choses et en marque les qualités, comme lorsqu'on dit *je suis un homme, je suis grand, petit, etc.* On trouvera dans le dictionnaire ses autres significations particulières.

Observez la tournure des phrases suivantes :

C'est moi : c'est toi : Soy yo : *eres* tu : *es* él : *es*
c'est lui : c'est elle : ella : *somos* nosotros,
c'est nous : c'est vous : as : sois vosotros, *as :*
ce sont eux : ce sont son ellos : *son* ellas.
elles. C'était moi, etc. Era yo, etc.

C'est à moi à jouer : c'est Me *toca* á mí el jugar : te
à toi : c'est à lui : c'est toca á ti : le *toca* á él :
à elle : c'est à nous : le *toca* á ella : nos *toca*
c'est à vous : c'est à á nosotros, *as :* os *toca*
eux : c'est à elles. á vosotros, *as :* les *toca*
C'était à moi, etc. á ellos : les *toca* á ellas.
Me *tocaba* á mí, etc.

Ce sera *le jour de demain* El dia de mañana lo hará
qui *le fera voir.* ver.

C'est *de lui* que *je parle.* Yo hablo de él.

Ce serait *bien pour lui* Por él lo haria yo.
que *je le ferais, etc.*

C'est *l'appartement de* Vm. ocupará el aposento
mon fils que *vous oc-* de mi hijo.
cuperez.

Est-ce *de mon fils* que vous voulez parler?	Quiere Vm. hablar de mi hija?
C'est un honnête homme que *Mr. Jean.*	Es un hombre honrado el Señor Juan.

LES TROIS CONJUGAISONS RÉGULIÈRES.

Il y a en espagnol trois conjugaisons que l'on distingue par la terminaison de l'infinitif. Celui de la première conjugaison finit en *ar*, celui de la seconde en *er*, et celui de la troisième en *ir*. Voici la

PREMIÈRE CONJUGAISON RÉGULIÈRE.

AMAR, ANDO, ADO.   AIMER, ANT, É.

IND.   *Amo*, as, a, amos, ais, an. *J'aime, etc.*

P.IMP. *Amaba*, abas, aba, ábamos, ábais, aban. *J'aimais, etc.*

P.PARF. *Amé*, aste, ó, ámos, ásteis, áron. *J'aimai, etc.*

F.CERT. *Amaré*, arás, ará, arémos, aréis, arán. *J'aimerai, etc.*

F.INC. *Amaria*, arias, aria, aríamos, aríais, arian, *ou* ara, aras, ara, áramos, árais, aran. *J'aimerais, etc.*

F.CAS. *Quando yo amare*, ares, are, áremos, áreis, aren. *Lorsque j'aimerai, etc.*

SUBJ. *Que yo ame*, es, e, emos, eis, en. *Que j'aime, etc.*

OPT. *Que yo amase*, ases, ase, ásemos, áseis, asen, *ou* ara, aras, ara, áramos, árais, aran. *Que j'aimasse, etc.*

IMP. *Ama*, e, emos, ad, en. *Aime, etc.*

Il semble inutile d'observer qu'à la place de la terminaison de la première personne on doit substi-

tüer celles qui suivent pour conjuguer tout le tems.
Pour former la conjugaison composée, conjuguez le
verbe *haber* et ajoutez partout le participe *amado*.
Si on veut former la conjugaison *passive*, on conjugue
le verbe *ser* tant simple que composé, et on ajoute
partout le même participe *amado*. On fait la même
chose pour tous les verbes de l'espagnol ; c'est pourquoi je ne parlerai plus des conjugaisons composées
ni passives.

SECONDE CONJUGAISON RÉGULIÈRE.

TEMER, IENDO (1), IDO. *CRAINDRE, CRAIGNANT,*
CRAINT.

IND. Temo, es, e, emos, eis, en. *Je crains.*

P. IMP. Temia, ias, ia, íamos, íais, ian. *Je craignais.*

P. PARF. Temi, iste, ió, ímos, isteis, iéron. *Je craignis.*

F. CERT. Temeré, erás, erá, erémos, eréis, *Je craindrai.*
erán.

F. INC. Temeria, erias, eria, eriamos, *Je craindrais*
eríais, erian, *ou* iera, ieras,
iera, iéramos, iérais, ieran.

F. CAS. Quando yo temiere, ieres, iere, *Lorsque je*
iéremos, iéreis, ieren. *craindrai.*

SUBJ. Que yo tema, as, a, amos, *Que je crai-*
ais, an. *gne.*

OPT. Que yo temiese, ieses, iese, *Que je crai-*
iésemos, iéseis, iesen, *ou* iera, *gnisse.*
ieras, iera, iéramos, iérais,
ieran.

IMP. Teme, a, amos, ed, an. *Crains.*

---

(1) Les verbes de la seconde et troisième conjugaison dont
la dernière lettre radicale est une voyelle, changent en *y* grec
l'*i* latin des terminaisons qui commencent par la voyelle *i*
suivie d'une autre voyelle, excepté au prétérit imparfait,
parce que dans ce tems on appuye sur l'*i*, et qu'on ne peut
jamais appuyer sur l'*y* grec. Conjuguez le verbe *creer*, croire.

TROISIEME CONJUGAISON RÉGULIÈRE.

Subir, IENDO, IDO.   Monter, *ant*, *é*.

Ind.   *Subo*, es, e, imos, is (1), en. *Je monte.*
P. imp. *Subia*, ias, ia, íamos, íais, ian. *Je montais.*
P. parf. *Subi*, iste, ió, imos, isteis, iéron. *Je montai.*
F. cert. *Subiré*, irás, irá, irémos, iréis, *Je monterai.*
          irán.
F. inc. *Subiria*, irias, iria, iríamos, *Je monterais.*
          iriais, irian, *ou* iera, ieras,
          iera, iéramos, iérais, ieran.
F. cas. *Quando yo subiere*, ieres, iere, *Lorsque je*
          iéremos, iéreis, ieren.   *monterai.*
Subj.   *Que yo suba*, as, a, amos, *Que je monte*
          ais, an.
Opt.   *Que yo subiese*, ieses, iese, ié- *Que je mon-*
          semos, iéseis, iesen, *ou iera,*   *tasse.*
          ieras, iera, iéramos, iérais,
          ieran.
Imp.   *Sube*, a, amos, id, an.   *Monte.*

OBSERVATIONS GÉNÉRALES SUR LA CONS-TRUCTION DES VERBES.

1.re *Remarque sur l'Infinitif.*

L'infinitif est souvent employé comme substantif précédé de l'article *el*. Exemple :

Me gusta *el* leer, *el* es-	J'aime la lecture, l'étude,
tudiar, *el* cantar, etc.	le chant, etc.
el andar es bueno.	Il est bon de marcher.
el correr es malo.	la course peut nuire.

---

(1) Appuyez sur l'*i*.

2.ᵉ REMARQUE SUR LE GÉRONDIF.

La particule *en* que le français place avant le gérondif est supprimée en espagnol. Exemple :

Il est tombé en *dansant.* Ha caido baylando.

On ne l'emploie que dans les cas des exemples suivans, où elle a la signification de la conditionnelle *si* ou de l'adverbe *aussitôt que.* Exemple :

En leyendo así le entenderémos à usted.	*Si vous lisez ainsi nous vous comprendrons.*
En llegando mi hermano lo harémos.	Aussitôt que *mon frère arrivera nous le ferons.*

Le gérondif régi par un prétérit peut être remplacé par l'infinitif précédé de l'article *al.* Exemple :

Il eut du plaisir en considérant *cette magnificence.*	Tuvo gusto *al considerar* esta magnificencia.
En voyant *cela il s'en alla.*	*Al ver* esto se fué.

Lorsque le gérondif marque l'*exercice* de la signification du verbe, il peut aussi être remplacé par l'infinitif précédé de la préposition *con.* Exemple :

On apprend en étudiant.	*Con estudiar* se aprende.
on gagne en travaillant.	*con trabajar* se gana.

C'est-à-dire, avec l'*exercice* d'étudier, etc.

3.ᵉ REMARQUE SUR LES PARTICIPES.

Les participes *actifs* de l'espagnol qui conservent actuellement le régime de leurs verbes sont en très-petit nombre, et ils sont considérés comme de véritables noms adjectifs ou substantifs. Exemple :

Obediente á las leyes.	*Obéissant aux lois.*
habitante en la casa.	*habitant la maison.*
un *escribiente* fiel.	*un copiste fidèle.*
un *amante* ciego.	*un amant aveugle.*

On se sert généralement du gérondif qui est toujours invariable. Exemple :

un homme, une femme,	un hombre, una muger,

des hommes, des femmes lisant *de bons livres*.	hombres , mugeres *leyendo* libros buenos.
un homme tremblant.	un hombre ⎫
une femme tremblante.	una muger ⎪
des hommes tremblants.	hombres ⎬ *temblando*.
des femmes tremblantes.	mugeres ⎭

Le participe *passif* gouverné par le verbe *haber* ne change jamais sa terminaison. Exemple :

le tems *que j'ai* perdu.	el *tiempo* que he *perdido*.
la lettre *que j'ai* lue.	la *carta* que he *leido*.
les honneurs *que nous* avons mérités.	los *honores* que hemos merecido.
les richesses *que nous* avons acquises.	las *riquezas* que hemos adquirido.

On emploie quelquefois le verbe *tener* irrégulier de la seconde , à la place d'*haber*; en ce cas, le participe s'accorde avec le nom. Exemple :

je lui ai écrit *deux* lettres.	le tengo *escritas* dos cartas.
il lui a donné *vingt* écus.	le tiene *dados* veinte escudos.

Mais si le participe passif est gouverné par le verbe *ser* ou employé comme *adjectif*, il s'accorde toujours avec le nom comme en français. Exemple :

elle *est aimée*.	*ella* es amada.
ce sont des hommes perdus.	son hombres perdidos.

On dit aussi à l'ablatif absolu :

concluida esta carta.	*Ayant fini cette lettre*.
acabada la comida.	*Ayant fini le repas*.

4.e REMARQUE SUR LA DIFFÉRENCE D'EMPLOYER QUELQUES TEMS EN FRANÇAIS ET EN ESPAGNOL.

1.° Observez la manière de traduire un infinitif précédé de la préposition *de* après un tems de verbe qui gouverne un datif ou un accusatif de personne

exprès ou sous-entendu. Les exemples suivans ser-
viront de règle.

Il me conseille , me prie , m'ordonne de chercher.	me aconseja, me ruega, me manda *que busque.*
Je te conseillerai d'étu- dier.	te aconsejaré *que estu- dies.*
Quoiqu'il lui conseille de prendre.	aunque él le aconseje *que tome.*
Conseillez-leur de porter.	aconséjeles *que lleven.*
Le roi ordonne , ordon- nera, etc.(à quelqu'un) de *le* publier.	el rey manda , mandarà, etc. *que se publique.*

Dans ces exemples on traduit l'infinitif par le
subjonctif , parce que les tems qui précèdent sont
l'*indicatif*, le futur *certain* , le *subjonctif* et l'*impératif.* Il en arriverait de même si les tems qui
précèdent étaient *composés.* Observez cependant que
si c'était l'*indicatif* ou le futur *certain composés*,
on pourrait traduire l'infinitif par le subjonctif ou
par l'optatif.

Il nous conseillait, nous priait, nous ordonnait de chercher.	Nos aconsejaba, nos ro- gaba , nos mandaba *que buscdsemos.*
Il lui conseilla de pren- dre.	Le aconsejó *que tomara.*
il conseillerait à mon frère de porter.	él aconsejaria á mi her- mano *que llevase.*
Malgré qu'il lui con- seillât d'étudier.	aunque le aconsejase *que estudiara.*
Le roi ordonnait , or- donna , etc. de *le* pu- blier.	el rey mandaba , mandó, etc. *que se publicase.*

Ici on traduit l'infinitif par l'optatif, parce que
les tems qui précèdent sont les *deux prétérits* , le
futur *incertain* et l'*optatif*, et il en arriverait de
même si ces tems étaient *composés*. C'est dans cette
espèce de construction qu'on supprime quelquefois
la conjonction *que*. On supprime aussi assez souvent

l'accusatif relatif *que*, surtout dans le style épistolaire.
Exemple :

il me charge de lui en-voyer les marchandises	me encarga le envie las mercaderías.
les marchandises que je lui ai envoyées	las mercaderías le he enviado.

Au lieu de dire *me encarga* que *le envie*, *las mer-caderías* que, etc.

2.º Observez aussi la manière la plus ordinaire de rendre une proposition où le verbe *sembler* est en français employé comme *personnel*.

Ces bois semblent cou-ronner *ces prairies*.	Parece que estos bosques coronan *ou* coronen esos prados.
Semblaient couronner.	Parecia que coronaban *ou* coronasen.
Semblèrent couronner.	Pareció que coronáron *ou* coronaran.
Sembleront couronner.	Parecerá que coronen.
Sembleraient couronner.	Pareceria que coronarian
Il y a des gens qui sem-blent mépriser...	Hay gentes que parece desprecien (1)

3.º Lorsque la conjonction *que* précédée d'un tems prétérit simple ou composé qui a du rapport avec *dire* ou *penser*, gouverne en français un prétérit *imparfait*, on traduit cet *imparfait* par *l'optatif* si le prétérit qui précède suppose un *doute* ou qu'il ne marque point la *certitude*. L'indicatif composé doit être considéré comme un vrai prétérit. Exemple :

Je croyais, je crus, j'ai cru, j'avais cru qu'il l'aimait.	Yo creia, creí, he creido, habia creido que él la amase ó amara.

---

(1) Lorsqu'avant le verbe *parecér* il y a un *que* soit re-latif, soit conjonction, on le supprime quelquefois en es-pagnol. La suppression de cette conjonction ou relatif, ainsi que celle de l'accusatif *que*, comme il a été dit ci-dessus, n'est pas autorisée par la grammaire de l'Académie royale espagnole ; peut-être la regarde-t-elle comme une faute ; c'est donc à elle à prononcer sur cette difficulté.

G

Mais si le prétérit qui précède ne suppose pas un *doute* ou qu'il marque *certitude*, la construction est la même dans les deux langues. Le prétérit parfait composé suppose par sa nature la *certitude*. Exemple :

Je savais , je voyais, j'étais certain qu'il l'aimait.	Yo sabia, veia, estaba cierto que él la *amaba*.
Aussitôt que j'eus cru qu'il l'aimait...	Luego que hube creido que él la *amaba*.
Les juges crurent, (c'est-à-dire, *ils furent intimement persuadés) que les criminels avaient forcé la prison.*	Creyéron los jueces que los reos *habian* quebrantado las prisiones. (1)

Lorsque cette conjonction dans le même cas gouverne en français le futur incertain , elle gouverne en espagnol le même futur incertain si le prétérit qui précède suppose *certitude* , mais si ce prétérit suppose un *doute* , elle peut gouverner le futur incertain et l'optatif. Exemple :

Il savait , il dit , il assura , il était certain qu'il viendrait.	Él sabia, dixo, aseguró, estaba cierto que *vendria ó viniera.*
Il pensait , il crut , il s'imaginait qu'il viendrait.	Él pensaba , creyó, se imaginaba que *vendria ó viniera , ó viniese.*

Lorsque la même conjonction précédée de l'indicatif ou du futur certain d'un verbe qui a du rapport avec *dire* ou *penser* , gouverne en français le futur *certain* , elle gouverne en espagnol le même futur *certain* , si le tems qui la précéde suppose *certitude* , mais si ce temps suppose un *doute* elle peut gouverner le futur *certain* et le subjonctif. Exemple :

Je sais , je saurai qu'on rendra *la sentence du procès en ma faveur.*	Yo sé , yo sabré que se sentenciará la causa á mi favor.

---

(1) Voyez la grammaire de l'Académie , à la page 296.

(51)

Je crois, je croirai peut-être *qu'on* rendra *la* sentence , etc.	Yo creo ; yo creeré tal vez que se *sentencie* ó *sentenciará*, etc.(1)

La même conjonction précédée d'un indicatif ou d'un futur certain composés d'un verbe qui signifie *prétendre*, *solliciter*, etc. qui en français gouverne l'*optatif* , en espagnol gouverne le *subjonctif* ou l'*optatif*. Exemple :

On a demandé que la procédure fût *revue*.	Se ha solicitado que la causa *vuelva ó volviese* á verse.
Il aura prétendu qu'on le laissât en *liberté*.	Habrá pretendido que le *dexen ó dexasen* en libertad. (2)

4.° La conditionnelle *si* qui en français gouverne le prétérit *imparfait*, en espagnol gouverne l'*optatif* si l'on entend parler du tems à *venir*. Exemple :

Si j'étudiais *je profite-rais*.	Si yo *estudiase* me aprovecharia.
Si j'étudiais *c'était pour* apprendre.	Si yo *estudiaba* era para aprender.

La même conditionnelle *si* peut gouverner en espagnol le futur *casuel* à la place de l'*indicatif* lorsqu'il suit un futur *certain*. Exemple :

Si ton frère vient je lui donnerai la montre.	Si tu hermano *viene* ó *viniere* le daré el relox.

5.° Lorsque les pronoms *celui qui* , *quiconque* , *ce que*, *la* chose *que* , ou les adverbes *lorsque*, *dès que*, *aussitôt que*, *comme*, *de la manière que*, et d'autres semblables , gouvernent en français le futur *certain* , on peut se servir en espagnol fort élégamment du *futur casuel* ou du *subjonctif*. Exemple :

Celui qui , *quiconque* étudiera *apprendra*.	El que , qualquiera que *estudiará ó estudiare* ó *estudie* aprenderá.

<hr>

(1) Voyez la grammaire de l'Académie , à la page 299.
(2) Voyez la grammaire de l'Académie , à la page 298.

(52)

Ce que vous étudierez.	Lo que usted *estudiará*, ó *estudiare*, ó *estudie...*
Le livre que nous étudierons.	El libro que *estudiarémos*, ó *estudidremos*, ó *estudiemos.*
Lorsque , aussitôt que vous étudierez.	Quando , luego que usted *estudiará*, ó *estudiare*, ó *estudie.*
Comme vous voudrez.	Como usted *gustará* , ó *gustare* , ó *guste.*

Mais lorsque ces mêmes pronoms et adverbes gouvernent en français le futur *conditionnel* , ils peuvent gouverner en espagnol avec beaucoup de grace l'*optatif*. La conjonction *quand même* ne peut gouverner que l'*optatif*. Exemple :

Celui qui , quiconque étudierait *apprendrait*	El que , qualquiera que *estudiaria*, ó *estudiase* aprenderia.
*Ce que j'*étudierais.	Lo que yo *estudiaria* , ó *estudiase.*
Le livre que vous étudieriez.	El libro que usted *estudiaria,* ó *estudiase.*
Lorsque , aussitôt que vous étudieriez.	Quando , luego que usted *estudiaria,* ó *estudiase*
Comme vous voudriez.	Como usted *gustaria* , ó *gustase.*
Quand même vous étudieriez.	Aun quando usted *estudiase* , ó *estudiara.*

5.ᶜ REMARQUE SUR LES PRONOMS PERSONNELS.

L'espagnol supprime ordinairement les pronoms personnels *nominatifs* lorsqu'il ne peut en résulter aucune équivoque. Exemple :

Je *me promène,* je *chante* et je *ris.*	Me paseo , canto y rio.
Je *cherchais le livre et* il *me regardait.*	Yo buscaba el libro y *él* me miraba.

Ce dernier exemple porte les pronoms *yo, él,* parce que la 1.ʳᵉ et la 3.ᶜ personne du singulier du prétérit imparfait sont *égales* , et si les pronoms n'y étaient pas , on ne pourrait deviner si c'était *moi* ou si c'était *lui* qui cherchait et qui regardait. Le bon sens doit guider dans de pareilles circonstances.

Les datifs et accusatifs *me* , *te* , *se* , *le* , *les* , *nos* , *os* , *le* , *la* , *los* , *las* , *lo* régis par l'*infinitif*, par le *gérondif* et par l'*impératif affirmatif* , sont toujours placés après le verbe, et ne font qu'*un seul mot* avec lui. Exemple :

me *donner,* te *donner,etc.*	dar*me* , dar*te* , etc.
vouloir tout.	querer*lo* todo.
en me *donnant* , *etc.*	dándo*me* , etc.
en voulant tout...	querién*dolo* todo.
donne-moi,donne-lui,etc.	da*me* , da*le* , etc.
donnons tout.	demos*lo* , todo.

A l'impératif négatif on place ces pronoms comme en français. Exemple :

ne me donne pas, etc.   no me des , etc.

La première du pluriel de l'impératif unie au pronom *nos* perd l'*s*, et la seconde unie au pronom *os* perd le *d*. Exemple :

consolons-nous , *conso-*   consolé*monos*, conso*laos*.
    lez-vous.

Lesdits pronoms régis d'un autre tems sont aussi quelquefois placés dans les écrits après le verbe , mais rarement dans la conversation. La première du pluriel unie au pronom *nos* perd l'*s*. Exemple :

elle se promenait.   ella *se* paseaba, ó paseába*se.*
nous nous promenons.   *nos* paseamos, ó paseá*monos*

On suit les mêmes règles pour placer les datifs *me, te , se , nos , os,* suivis des accusatifs *lo* (1)

---

(1) On dit *lo* à l'*accusatif* masculin non seulement lorsqu'il est précédé du datif *se* dans la signification de *lui* ou *leur*, comme il a été dit au chapitre des pronoms personnels, mais encore lorsqu'il est précédé des quatre datifs *me* , *te*, *nos* , *os* , ou d'un autre *datif* quelconque. C'est ainsi que cet accusatif est généralement employé non seulement dans la conversation , mais encore dans les écrits des Auteurs les plus classiques. Néanmoins , d'après la grammaire de l'Académie royale espagnole , page 73 , il semble qu'on ne doit

la , los , las ; alors trois mots n'en font qu'un. Exemple :

me le donner : te le donner , etc.	dármelo , dártelo , etc.
en me le donnant, etc.	dándomelo , etc.
donne-le-moi : donne-le lui , etc.	dámelo , dáselo, etc.
ne me le donne pas.	no me lo des.
il le lui donnait, etc.	él se lo daba, ó dábaselo.

6.ᵉ REMARQUE SUR LE MOT USTED.

On donne à tout le monde la qualification d'*usted* pluriel *ustedes* dérivé de *vuestra merced* et *vuestras mercedes* qui signifient *votre grace* et *vos graces* ; conséquemment le verbe et les pronoms doivent être à la 3.ᵉ personne. Exemple :

---

dire *lo* qu'au genre neutre comme lorsqu'on dit *él me lo dirá, il me le dira*, et *le* au genre masculin, puisqu'elle dit à la page 343 *búsquenmele , qu'on me le cherche.* Cependant l'oreille semble demander plutôt *lo* que *le* , d'autant plus qu'en employant *le* au lieu de *lo,* il pourrait en résulter des équivoques; le même mot *búsquenmele* signifierait *qu'on me le cherche* (le chapeau que j'ai perdu) ou *qu'on me lui* cherche (un bon maitre à cet enfant). Le datif *me* dans cette espèce de construction est un pléonasme admis *en espagnol. Molière* l'a employé dans sa comédie de *l'Avare* acte V, scène II, où il fait dire à M. *Jacques :* qu'on me l'égorge, qu'on *me lui* fasse griller les pieds... et à la scène III du même acte il dit *dressez-lui-moi son procès.* L'oreille , dis-je, semble demander plutôt *lo* que *le* par la même raison que l'accusatif de *personne* ne peut être semblable au *datif* lorsque le verbe gouverne un autre *datif*; et il serait aussi désagréable de dire *me le, te le, se le compraré; le daré á Pedro,* je *me le,* je *te le,* je *le lui* acheterai; je *le* donnerai à Pierre... , qu'il frapperait durement l'oreille si l'on disait *presentar* al *criminal* al *juez.* Si l'on doit donc dire *lo* au lieu de *le* lorsque le verbe gouverne en même tems un *datif* et un *accusatif*, comme on le trouve chez les Auteurs les plus classiques, et comme on le dit généralement, ce n'est qu'une *exception* qui a échappé à l'Académie, comme lui est échappée l'exception à l'accusatif de *personne* (voyez le traité des *articles*); et le mot *búsquenmele* cité ci-dessus peut être une faute de l'imprimeur.

(55)

Vous *écrivez* à votre *fils.*	*Vm.* escribe á *su* hijo.
Vous *écrivez* à vos *amis.*	*Vms.* escriben á *sus* amigos. (1)
Je veux vous *voir* et vous *dire...*	Quiero ver*le* y decir*le* á *Vm...*
Je vous *écrirai. Je* vous *vois.*	*Le* escribiré á *Vm. Le* veo á *Vm.*
Vous vous *promenez.*	*Vm.* se pasea.
En vous *promenant* vous vous *divertirez.*	Paseándose se divertirá *Vm.*

C'est comme si l'on disait *votre grace écrit à son fils, vos graces écrivent à leurs amis,* etc. On tutoye cependant comme en français. Le roi donne à ses sujets la qualification de *vos* ; alors la construction est égale dans les deux langues. Les paysans quelquefois se donnent la même qualification de *vos*.

~~~~~~~~~~~~~~~~~~~~~~~~~~~~~~~~~~~~~~~

THÊMES A CONJUGUER VERBALEMENT.

On tachera de faire varier à l'écolier le genre, le nombre et les différences des pronoms.

AUXILIAIRES.

Je suis *venu de mon pays;* j'ai *vu le maître de ma fille, et je me* suis *arrangé avec lui.*	*He* venido de mi tierra ; *he* visto al maestro de mi hija, y me *he* compuesto con él
Je dois *étudier ma leçon.*	*He de* estudiar mi licion.

---

(1) On écrit ordinairement le mot *usted* par les lettres initiales de *vuestra merced*, et on ajoute un *s* au pluriel ; quelques-uns écrivent *Vmd.* au singulier et *Vmds.* au pluriel. Quelques-uns prononcent *vuesamerced* et *vuesasmercedes*, mais cet usage est rare.
~~~~~~~~~~~~~~~~~~~~~~~~~~~~~~~~~~~~~~~

Je suis *recherché de mes amis , parce que je* suis *riche*.	*Soy* buscado de mis amigos porque *soy* rico.
Qui que je sois. (1)	Sea yo quien fuere.
Qui que je fusse.	Fuese yo quien fuera.
Qui que j'aye été.	Haya yo sido quien hubiere sido.
Qui que j'eusse été.	Hubiese yo sido quien hubiera sido.

PREMIÈRE CONJUGAISON.

Je conseille mon neveu.	Aconsejo á mi sobrino.
J'ai beau chanter, il ne m'écoute pas. (2)	Por mas que yo cante no me escucha.
Je parle de moi-même : avec *moi-même.*	Hablo de mi mismo : conmigo mismo.
Je me promène avec mon oncle.	Me paseo con mi tio.
Je le loge chez moi, et je lui apprends mon métier.	Le alojo en mi casa, y le enseño mi oficio.

PREMIÈRE ET SECONDE CONJUGAISON.

Je m'applique , j'apprends comme je dois, et je profite comme je le desire.	Me aplico, aprendo como debo , y me aprovecho como deseo.

---

(1) Cette phrase ne peut avoir lieu qu'au subjonctif et à l'optatif simples ou composés.

(2) On peut conjuguer cette phrase aux cinq premiers tems simples et composés , excepté au *prétérit parfait composé*. On remplace l'*infinitif* par un *tems*, suivant celui où se trouve le verbe *avoir* qui précède. Voici la manière la plus ordinaire de le remplacer. Si le verbe *avoir* est à l'indicatif, on le remplace par le même *indicatif* ou par le *subjonctif* ; s'il est au prétérit imparfait ou parfait , on le remplace par les *mêmes prétérits* ou par l'*optatif* ; s'il est au futur certain, par le *subjonctif* ; et s'il est à l'incertain , par l'*optatif*.

PREMIÈRE , SECONDE ET TROISIÈME
CONJUGAISON.

J'achète , je vends et je   Compro , vendo y recibo
reçois de l'argent.   dinero.

CONJUGAISONS IRRÉGULIÈRES.

REMARQUE Ire

SUR LES VERBES IRRÉGULIERS PAR RAISON
D'ORTHOGRAPHE.

Observez que tous les verbes finissant en *car ,*
gar , zar , cer , ger , cir , gir , guir , et quir , sont
irréguliers par raison d'orthographe. Tous ceux
qui finissent en *car* changent le *c* en *qu* à la 1.re
du singulier du prétérit parfait, dans toutes les person-
nes du subjonctif , et à la 3.e du singulier, 1.re et
3.e du pluriel de l'impératif , comme *tocar*, toucher ;
ceux qui finissent en *gar* changent le *g* en *gu* aux
mêmes tems et personnes , comme *pagar*, payer ;
ceux en *zar* le *z* en *c* aux mêmes personnes , comme *alzar*, lever ; ceux en *cer* et en *cir* le *c* en *z* à
la 1.e du singulier de l'indicatif, dans toutes les personnes du subjonctif , et à la 3.e du singulier , 1.re
et 3.e du pluriel de l'impératif comme *vencer, resarcir,*
vaincre, indemniser ; ceux en *ger* et en *gir* le *g* en
j aux mêmes tems et personnes, comme *coger , fingir,*
cueillir, feindre ; ceux en *guir* perdent l'*u* , et ceux en
quir changeant *qu* en *c* aux mêmes personnes , comme
distinguir , delinquir , distinguer, faire un crime. Ces
changemens sont nécessaires pour conserver à ces
consonnes *radicales* le son qu'elles ont à l'infinitif.

H

REMARQUE II.

CONTENANT DES RÈGLES SIMPLES POUR FA-CILITER LA CONJUGAISON DE TOUS LES IRRÉGULIERS.

Dans le détail des autres verbes irréguliers on ne trouvera que les tems qui sont frappés de quelque irrégularité ; ceux qui y manquent seront formés d'après les conjugaisons régulières, excepté le futur *conditionnel*, le *casuel* et l'*optatif*, qu'on formera d'après les observations expliquées à la suite du verbe *haber*, auxquelles on peut ajouter les deux suivantes :

1.º Lorsque l'indicatif est irrégulier, le subjonctif et l'impératif sont frappés de la même irrégularité. Si l'indicatif est irrégulier uniquement à la 1.ʳᵉ du singulier, le subjonctif le sera dans toutes ses personnes, et l'impératif dans celles qui se prennent du subjonctif. Mais si l'indicatif est irrégulier dans tout le singulier et à la 3.ᵉ du pluriel, le subjonctif et l'impératif le seront dans les mêmes personnes.

2.º L'irrégularité du gérondif frappe toujours ou les deux 3.ᵉˢ ou toutes les six personnes du prétérit parfait, et conséquemment les tems qui dépendent de la 3.ᵉ du pluriel. Lorsqu'elle frappe uniquement les deux 3.ᵉˢ, le subjonctif en est aussi frappé à la 1.ʳᵉ et à la 2.ᵉ du pluriel.

TABLEAU DES VERBES IRRÉGULIERS. (1)

La première conjugaison en a cinq, savoir :
pensar, probar, dar.   *penser, prouver, donner.*
estar, andar.   *être, marcher.*
Avec des listes de ceux qui suivent leur conjugaison.

---

(1) L'objet de ce *tableau* est de faire répéter à l'écolier, après qu'il aura fini les conjugaisons irrégulières, l'*indicatif*, le *prétérit parfait* et le *futur certain* de tous ces verbes, parce que ces tems sont généralement les racines de toutes les irrégularités.

La seconde en a quatorze , savoir :

perder , mover , conocer.   *perdre, mouvoir, connaître*
hacer , caer , traer.   *faire , tomber , apporter.*
poner , tener , valer.   *mettre , tenir , valoir.*
querer , saber , poder.   *vouloir , savoir , pouvoir.*
ver , caber.   *voir, pouvoir être contenu.*

Également avec des listes de ceux qui suivent leurs irrégularités.

La troisième en a douze , savoir :

sentir , dormir , pedir.   *sentir, dormir, demander.*
conducir , decir , ir.   *conduire , dire , aller.*
venir , salir , huir.   *venir , sortir , fuir.*
oir , podrir , asir.   *ouïr , pourrir , saisir.*

Aussi avec des listes de ceux qui sont conjugués également.

IRRÉGULIERS DE LA PREMIÈRE CONJUGAISON.

1. PENS*AR* , *ANDO* , *ADO*.   PEN*SER* , ANT , É.

IND.   Pienso, piensas, piensa,--,--,
     piensan.   *Je pense , etc.*
SUBJ. Que yo piense, pienses, piense,
     --, --, piensen.   *Que je pense, etc.*
IMP.   Piensa, piense,--,--,piensen. *Pense , etc.*

On conjugue de même les suivans et leurs composés , en mettant l'*i* avant l'*e* qui est le plus proche de la terminaison. (1)

Acertar , acrecentar.   *deviner , accroître.*
adestrar , alentar.   *rendre adroit, encourager.*
apacentar , apretar.   *faire paître , serrer.*
arrendar , aterrar.   *arrenter , atterrer.*
atestar.   *remplir en pressant.*
atravesar , aventar.   *traverser , éventer.*

---

(1) Dans cette liste , ainsi que dans celles qui suivront , les verbes qui sont marqués par des lettres italiques sont moins fréquemment en usage. J'y en ajoute quelques-uns que l'Académie royale espagnole avait oubliés dans sa grammaire.

calentar , cegar , cerrar. — chauffer, aveugler, fermer.
comenzar ó empezar. — commencer.
concertar , confesar. — concerter , confesser.
decentar , derrengar. — entamer , éreinter.
despertar , despernar. — éveiller, couper les jambes
desterrar, empedrar. — bannir , paver.
encerrar , encomendar. — renfermer, recommander.
enmendar , enterrar. — corriger , enterrer.
errar , yo yerro, etc. — errer, je fais une faute.
escarmentar , fregar. — prendre exemple , frotter.
gobernar , herrar , helar. — gouverner ; ferrer, geler.
infernar , invernar. — tourmenter, hiverner.
mentar, manifestar. — mentionner , manifester.
merendar , negar , nevar. — goûter, nier , neiger.
quebrar , recomendar. — casser, recommander.
remendar , reventar. — rapiécer, crever.
segar, sembrar. — faucher , semer.
sentar ó asentar. — asseoir.
serrar ó aserrar. — scier.
sosegar , temblar. — reposer , trembler.
tentar , tropezar. — tenter , heurter.

2. PROBAR, *ANDO*, *ADO*.   PROUVER, ANT, É.

IND.   Pruebo, pruebas, prueba,--,--,
      prueban.   *Je prouve.*
SUBJ. Que yo pruebe, pruebes, pruebe,
      -- , --, prueben.   *Que je prouve.*
IMP.   Prueba, pruebe,--,--, prueben, *Prouve.*

On conjugue de même les suivans et leurs composés, en changeant en *ue* l'*o* qui est le plus proche de la terminaison.

Acordar, agorar, almorzar. — *souvenir, augurer, déjeûner*
amolar, apostar, aprobar. — *aiguiser, gager, approuver.*
asolar , avergonzar — *ravager , faire honte.*
colar, consolar. — *couler , consoler.*
contar , costar. — *conter et compter, coûter.*
descollar. — *surpasser en hauteur.*
desollar , emporcar. — *écorcher, sâlir.*
encordar , encontrar. — *garnir de cordes, trouver.*

engrosar , forzar , holgar.   *grossir, forcer , récréer.*
hollar , mostrar , poblar.   *fouler, montrer, peupler.*
regoldar , renovar ,   *roter , renouveller.*
rescontrar.   *balancer un compte.*
resollar.   *respirer avec bruit.*
revolcarse , rodar , rogar.   *se veautrer , rouler , prier.*
soldar , soltar , sonar.   *souder , lâcher , sonner.*
soñar , tostar , trocar.   *rêver , rôtir , troquer.*
tronar , volar.   *tonner , voler en l'air.*
volcar.   *verser, jetter sur le côté.*
jugar , *yo juego, etc.*   *jouer, je joue , etc.*

3. DAR, DANDO, DADO.   *DONNER , ANT , É.*

IND. Doy, das, da, damos, dais , dan.   *Je donne.*
P. P. Dí, diste, dió , dimos, disteis, diéron.   *Je donnai.*

4. ESTAR , *ANDO , ADO.*   *ÊTRE , ÉTANT , ÉTÉ.*

IND. Estoy , estás , está, -- , -- , están.   *Je suis.*
P. P. Estuve (1) , estuviste , estuvo, estu-
vimos , estuvisteis , estuviéron.   *Je fus.*
SUB. Que yo esté, estés, esté,--,--,estén.   *Que je sois.*
IMP. Está, esté, -- , -- , estén.   *Sois.*

On emploie le verbe *ser* lorsqu'on parle d'une qualité *continuelle* et de l'*essence* d'une chose. Exemple :

   Être *grand, petit, etc.*   *ser* grande , pequeño, etc.
   être *de marbre, de fer,*   *ser* de mármol, de hier-
     etc.   ro , etc.

On emploie le verbe *estar* pour marquer une qualité *passagère*, une chose *accidentelle*, le *séjour* et l'*emplacement* Exemple :

   Être *gai , triste , etc.*   *estar* alegre , triste, etc.
   être *orné de marbre, etc.*   *estar* adornado de már-
     mol , etc.

---

(1) Lorsque la première du singulier du prétérit parfait irrégulier finit en *e* bref , les terminaisons des autres personnes sont *iste , o* bref, *imos , isteis , iéron.* Sans exception.

être *en France*, etc.   *estar* en Francia, etc.
être *dans la cuisine*,   *estar* en la cocina, sobre
  sur la table, etc.   la mesa, etc.

Pour demander l'état de la *santé* on emploie aussi le verbe *estar*. Exemple :

comment vous portez-   como está Vm.?
  vous ?
je me porte *bien*.   estoy bueno.
je me porte *mal, etc.* (1) estoy malo.

Après le verbe *estar* on ne met jamais un subs-tantif nominatif. Exemple :

je suis *cordonnier, tail-* soy zapatero, sastre, etc.
  leur, *etc.*

On se sert enfin du verbe *estar* en qualité d'auxi-liaire joint à un gérondif pour former la conjugaison *progressive*, comme en italien et en anglais. Il sert communément aux verbes de *quiétude*. Exemple :

Écrire.   estar *escribiendo.*
écrivant.   estando *escribiendo.*
j'écris, tu écris, etc.   estoy, estás, está, etc.
                              escribiendo.

Observez la tournure de cette phrase :
C'est fait de moi.   estoy perdido, *a.*
c'était fait de toi, etc.   estabas perdido, *a* ,etc.

5. ANDAR, *ANDO, ADO.*   MARCHER, *ANT, É.*

P.P. Anduve, anduviste, anduvo, andu-
  vímos, anduvísteis, anduviéron.   *Je marchai.*

Les verbes *andar* et *ir* sont communément les auxiliaires de la conjugaison *progressive* des verbes de mouvement. Exemple :

Je me promène, etc.   me *ando* ó *voy* paseando.

---

(1) Si on disait *estoy bien, estoy mal*, cela signifierait *je suis bien* ou *mal dans mes affaires ou dans ma maison*, etc.

IRRÉGULIERS DE LA SECONDE CONJUGAISON.

1. PERDER, *IENDO*, *IDO*. PERDRE, *PERDANT*, PERDU.

IND. Pierdo, pierdes, pierde, --, --, pierden.   *Je perds.*

SUB. Que yo pierda, pierdas, pierda, --, -- pierdan.   *Que je perde.*

IMP. Pierde, pierda, ---, ---, pierdan.   *Perds.*

On conjugue de même les suivans et leurs composés, en mettant l'*i* avant l'*e* qui est le plus proche de la *t*erminaison.

ascender, atender.	*monter, faire attention.*
cerner, condescender.	*bluter, condescendre.*
contender, defender.	*disputer, défendre.*
descender, encender.	*être issu, allumer.*
entender.	*comprendre.*
extender *ou* tender.	*étendre.*
heder, hender.	*puer, fendre.*
trascender, verter.	*sentir bon, verser.*

2. MOVER, *IENDO*, *IDO*. MOUVOIR, *MOUVANT*, MU.

IND. Muevo, mueves, mueve, ---, ---, mueven.   *Je meus.*

SUB. Que yo mueva, muevas, mueva, ---, ---, muevan.   *Que je meuve.*

IMP. Mueve, mueva, ---, ---, muevan.   *Meus.*

On conjugue de même les suivans et leurs composés, en changeant en *ue* l'*o* qui est le plus proche de la *t*erminaison.

absolver, disolver	*absoudre, dissoudre.*
resolver	*resoudre.*

volver (1)	*revenir, retourner, de-venir, restituer.*
envolver, desenvolver	*envelopper, développer.*
devolver, revolver	*restituer, remuer.*
cocer, conmover, demoler	*cuire, émouvoir, démolir.*
doler; la mano me duele	*faire mal; la main me fait mal.*
escocer; los piés me escuecen.	*démanger, les pieds me démangent.*
llover, moler, morder.	*pleuvoir, moudre, mordre.*
oler, *yo huelo*, etc.	*flairer, je flaire, etc.*
soler, torcer.	*être accoutumé, tordre.*

Les huit premiers finissant en *olver* font le participe en *uelto*; ainsi l'on dit *absuelto*, etc. Le verbe *soler* n'est en usage qu'à l'indicatif, au prétérit imparfait et au subjonctif.

3. CONOCER, *IENDO, IDO.* CONNAITRE, CONNAISSANT, CONNU.

IND. Conozco, ---, ---, ---, ---, ---.	*Je connais.*
SUB. Que yo conozca, conozcas, conozca, conozcamos, conozcais, conozcan.	*Que je connaisse.*
IMP. Conoce, *conozca, conozcamos,* conoced, *conozcan.*	*Connais.*

On conjugue de même les suivans, leurs composés, et ceux qui finissent en *ecer.*

complacer, nacer.	*complaire, naître.*
agradecer, crecer.	*remercier, croître.*
empobrecer, enriquecer, etc.	*appauvrir, enrichir.*

---

(1) La particule *re* dont plusieurs verbes sont composés, pour signifier la *répétition* de leur action, s'exprime en espagnol par le verbe *volver* suivi de la préposition *á*. Ainsi l'on dit *volver á hacer, volver á decir,* etc. *refaire, redire.* Lorsque le verbe *volver* signifie *devenir,* on le conjugue en réfléchi.

4. HACER, HACIENDO, HECHO. *FAIRE, FAISANT, FAIT.*

IND. Hago , ---, ---, ---, ---, ---. *Je fais.*

P.P. Hice , hiciste , hizo , hicímos , hicísteis , hiciéron. *Je fis.*

F.C. Haré, harás, hará, harémos, haréis, harán. *Je ferai.*

SUB. Que yo haga , hagas, haga , hagamos , hagais , hagan. *Que je fasse.*

IMP. Haz, haga , hagamos , *haced* , hagan. *Fais.*

On conjugue de même ses composés *deshacer , contrahacer , rehacer , satisfacer ,* défaire , contre-faire , refaire , satisfaire. Le dernier fait à la seconde du singulier de l'impératif *satisfaz* et *satisface.*

5. CAER, CAYENDO, CAIDO. *TOMBER , TOMBANT , TOMBÉ.*

IND. Caygo , ---, ---, ---, ---, ---. *Je tombe.*

SUB. Que yo cayga, caygas, cayga, caygamos, caygais , caygan. *Que je tombe.*

IMP. Cae , *cayga* , *caygamos,* caed, *caygan.* Tombe.

On conjugue de même ses composés *decaer, recaer,* déchoir , retomber.

6. TRAER, TRAYENDO, TRAIDO. *APPORTER, ANT, É.*

IND. Traygo , --, --, --, --, --. *J'apporte.*

P.F. Traxe , traxiste, traxo , traximos , traxísteis , traxéron (1). *J'apportai.*

SUB. Que yo trayga ; traygas , trayga , traygamos , traygais , traygan. *Que j'apporte.*

IMP. Trae, trayga, traygamos, *traed*, traygan. *Apporte.*

Pour *emporter* on dit *llevar.* On conjugue de même ses composés.

abstraer , atraer. *abstraire , attirer.*

----

(1) Les verbes qui prennent *x* au prétérit n'ont point d'*i* à la troisième du pluriel.

I

| contraer, extraer. | contracter, extraire. |
| distraer, etc. | distraire. |

7. PONER, PONIENDO, PUESTO. *METTRE, METTANT, MIS.*

IND. Pongo, ---, ---, ---, ---, ---.   *Je mets.*

P.P. Puse, pusiste, puso, pusímos, pusísteis,
     pusiéron.   *Je mis.*

F.c. Pondré, pondrás, pondrá, pondrémos,
     pondréis, pondrán.   *Je mettrai.*

SUB. Que yo ponga, pongas, ponga, ponga-
     mos, pongais, pongan.   *Que je mette*

IMP. Pon, ponga, pongamos, *poned*, pongan. *Mets.*

On conjugue de même ses composés :

anteponer, deponer.	*préférer, déposer.*
disponer, exponer.	*disposer, exposer.*
imponer.	*imposer.*
indisponer, oponer.	*indisposer, opposer.*
proponer, suponer, etc.	*proposer, supposer.*

8. TENER, *ENDO, IDO. TENIR, TENANT, TENU.*

IND. Tengo, tienes, tiene, ---, ---, tienen. *Je tiens.*

P.P. Tuve, tuviste, tuvo, tuvímos, tuvís-
     teis, tuviéron.   *Je tins.*

F.c. Tendré, tendrás, tendrá, tendrémos,
     tendréis, tendrán.   *Je tiendrai.*

SUB. Que yo tenga, tengas, tenga, tenga-
     mos, tengais, tengan.   *Que je tienne.*

IMP. Ten, tenga, tengamos, *tened*, tengan. *Tiens.*

On conjugue de même ses composés :

atenerse, contener.	*s'en tenir, contenir.*
detener, mantener.	*détenir, maintenir.*
retener, sostener, etc.	*retenir, soutenir.*

9. VALER, *IENDO, IDO. VALOIR, VALANT, VALU*

IND. Valgo, ---, ---, ---, ---, ---.   *Je vaux.*

F.c. Valdré, valdrás, valdrá, valdrémos,
     valdréis, valdrán.   *Je vaudrai.*

*Sub.*Que yo valga, valgas, valga, valgamos, valgais, valgan.   *Que je vaille.*

*Imp.*Val, valga, valgamos, *valed*, valgan. *Vaux.*

On conjugue de même *equivaler*, équivaloir.

10. QUERER, *IENDO, IDO. VOULOIR, VOULANT,
VOULU.*

*Ind.*Quiero, quieres, quiere, ---, ---,
quieren.   *Je veux.*

*P.p.*Quise, quisiste, quiso, quisímos,
quisísteis, quisiéron.   *Je voulus.*

*F.c.*Querré, querrás, querrá, querrémos,
querréis, querrán.   *Je voudrai.*

*Sub.*Que yo quiera, quieras, quiera,
---, ---, quieran.   *Que je veuille.*

*Imp.*Quiere, quiera, *queramos*, *quered*,
quieran.   (1)

Ce verbe signifie aussi *chérir* ou *aimer.*

11. SABER, *IENDO, IDO. SAVOIR, SACHANT, SU.*

*Ind.*Sé, ---, ---, ---, ---, ---.   *Je sais.*

*P.p.*Supe, supiste, supo, supímos,
supísteis, supiéron.   *Je sus.*

*F.c.*Sabré, sabrás, sabrá, sabrémos,
sabréis, sabrán.   *Je saurai.*

*Sub.*Que yo sepa, sepas, sepa, sepamos,
sepais, sepan.   *Que je sache.*

*Imp.*Sabe, *sepa, sepamos*, sabed, *sepan. Sache.*

12. PODER, PUDIENDO, PODIDO. *POUVOIR, POU-
VANT, PU.*

*Ind.*Puedo, puedes, puede, ---, ---,
pueden.   *Je puis.*

*P.p.*Pude, pudiste, pudo, pudímos,

---

(1) La grammaire de Mr. Restaut, ne donne point d'impératif au verbe *vouloir*, cependant on dit bien *veuillez me
faire ce plaisir.* Ici le mot *veuillez* ne peut-être qu'impératif.

pudisteis , pudiéron.   *Je pus.*
F. c. Podré, podrás, podrá, podrémos ,
       podréis , podrán.   *Je pourrai.*
Sub. Que yo pueda , puedas, pueda , -- ,
       -- , puedan.   *Que je puisse.*
Imp. Puede , pueda , --- , --- , puedan. (1)

13. VER, VIENDO, VISTO (2). *VOIR , VOYANT , VU.*

Ind. Veo , --- , --- , --- , --- , ---.   *Je vois.*
P. I. Veia , veias , veia , veíamos, veíais ,
        veian.   *Je voyais.*
Sub. Que yo vea , veas , vea , veamos ,
       veais , vean.   *Que je voie.*
Imp. Ve, *vea, veamos* ou *á ver,* ved, *vean. Vois.*

On conjugue de même ses composés *prever, rever,*
entrever , prévoir , revoir , entrevoir , mais à la 1.re
du pluriel de l'impératif on ne dit pas *á préver, etc.*

14. CABER, IENDO , IDO. *POUVOIR ÊTRE CONTE-*
                       NU, POUVANT , PU.

Ind. Quepo , --- , --- , --- , --- , ---.   *Je puis, etc.*
P.P. Cupe , cupiste , cupo , cupímos ,
       cupisteis , cupiéron.   *Je pus , etc.*
F. c. Cabré , cabrás , cabrá , cabrémos , *Je pourrai,*
        cabréis , cabrán.   *etc.*
Sub. Que yo quepa , quepas , quepa , *Que je puis-*
       quepamos , quepais , quepan.   *se , etc.*
Imp. Cabe, quepa, quepamos, *cabed,* quepan.   ---.
Au lieu de ce verbe on peut employer *coger.*

---

(1) Mr. Restaut ne donne point d'*impératif* au verbe
pouvoir.

(2) Les verbes *saber* et *ver* dans la signification de *con-*
cevoir ou *comprendre,* lorsqu'ils gouvernent les accusatifs neutres *lo , esto , eso,* et *aquello ,* et lorsqu'ils sont suivis de la
conjonction *que ,* sont par élégance précédés aux cinq premiers tems simples et composés de l'adverbe *ya* qui signifie
déjà. On en use de même avec les verbes *comprehender ,*
entender , etc. comprendre , entendre , etc.

IRRÉGULIERS DE LA TROISIÈME CONJUGAISON.

1. SENTIR, SINTIENDO, SENTIDO. *SENTIR, SENTANT, SENTI.*

IND.Siento, sientes, siente, --, --, sienten. *Je sens.*

P.P. --, --, sintió, --, --, sintiéron. *Je sentis.*

SUB.Que yo sienta, sientas, sienta, sintamos, sintais, sientan. *Que je sente.*

IMP.Siente, sienta, sintamos, *sentid*, sientan. *Sens.*

On conjugue de même les suivans et leurs composés, en faisant les mêmes changemens à l'*e* qui est le plus proche de la terminaison.

adherir, advertir.	*adhérer, avertir.*
arrepentirse, conferir.	*se repentir, conférer.*
consentir, controvertir.	*consentir, disputer.*
convertir, invertir.	*convertir, renverser une proposition.*
pervertir, deferir.	*pervertir, déférer.*
diferir, referir.	*différer, raconter.*
digerir, herir, hervir.	*digérer, blesser, bouillir.*
inxerir, mentir, requerir.	*greffer, mentir, requérir.*
adquirir, *yo adquiero, etc.*	*acquérir*, j'acquiers, etc.

2. DORMIR, DURMIENDO, DORMIDO. *DORMIR, DORMANT, DORMI.*

IND.Duermo, duermes, duerme, ---, ---, duermen. *Je dors.*

P.P. ---, ---, durmió, ---, ---, durmiéron. *Je dormis.*

SUB.Que yo duerma, duermas, duerma, durmamos, durmais, duerman. *Que je dorme.*

IMP.Duerme, duerma, durmamos, *dormid*, duerman. *Dors.*

On conjugue de même le verbe *morir*, mourir, dont le participe est *muerto*.

3. PEDIR, PIDIENDO, PEDIDO. *DEMANDER, ANT, É.*

IND.Pido, pides, pide, ---, ---, piden. *Je demande.*
P.P.---, ---, pidió, ---, ---, pidiéron. *Je demandai.*
SUB.Que yo pida, pidas, pida, pí-
    damos, pidais, pidan.   *Que je demande.*
IMP.Pide, pida, pidamos, *pedid*,
    pidan.   *Demande.*

On conjugue de même les suivans et leurs composés, en changeant en *i* l'*e* qui est le plus proche de la terminaison.

ceñir, colegir.	*ceindre, inférer.*
competir.	*être compétiteur.*
concebir, conseguir.	*concevoir, obtenir.*
constreñir, corregir.	contraindre, *corriger.*
derretir, desleir.	*fondre, délayer.*
despedir, elegir.	*congédier, élire.*
engreir, envestir.	*enorgueillir, attaquer.*
expedir, freir, gemir.	*expédier, frire, gémir.*
heñir, impedir, medir.	*pétrir, empêcher, mesurer.*
perseguir, proseguir.	*persécuter, continuer.*
regir, reir, reñir.	*régir, rire, gronder.*
rendir, seguir.	*rendre les armes, etc., suivre*
servir, teñir, vestir.	*servir, teindre, habiller.*

4. CONDUCIR, *IENDO, IDO.* CONDUIRE, *CONDUI-*
                    SANT, CONDUIT.

IND.Conduzco, --, --, --, --, --. *Je conduis.*
P.P.Conduxe, conduxiste, conduxo,
    conduxímos, conduxísteis,
    conduxéron.   *Je conduisis.*
SUB.Que yo conduzca, conduzcas,
    conduzca, conduzcamos, con-
    duzcais, conduzcan.   *Que je conduise.*
IMP.Conduce, *conduzca, conduz-*
    camos, conducid, *conduzcan. Conduis.*

On conjugue de même tous ceux qui finissent en *ducir*, comme :

deducir, inducir.	*déduire, induire.*

introducir , producir.   *introduire , produire,*
seducir , traducir , etc.   *séduire , traduire.*

Les verbes *lucir* et *relucir , luire* et *reluire* sont conjugués de la même manière , mais leur prétérit est régulier.

5. DECIR , DICIENDO , DICHO. *DIRE, DISANT, DIT.*

*IND.*Digo , dices , dice , --- , --- , dicen.   *Je dis.*
*P.P.*Dixe , dixiste , dixo , diximos ,
      dixísteis , dixéron.   *Je dis.*
*F.c.*Diré , dirás , dirá , dirémos , diréis,
      dirán.   *Je dirai.*
*SUB.*Que yo diga , digas , diga , digamos,
      digais , digan.   *Que je dise.*
*IMP.*Di , diga , digamos , *decid* , digan.   *Dis.*

On conjugue de même ses composés *predecir , bendecir , maldecir , contradecir , desdecir* , qui signifient *prédire , bénir , maudire , contredire , dédire* ; mais ils font à la seconde du singulier de l'impératif *predi , bendice , maldice , contradice , desdice* , et au participe *predicho , bendecido , maldecido , contradecido , desdecido* ; on dit cependant *agua bendita , hombre maldito* , etc. Le futur de *bendecir* et *maldecir* est régulier.

6. IR , YENDO , IDO.   *ALLER , ALLANT , ALLÉ.*

*IND.*Voy , vas , va , vamos , vais , van.   *Je vais.*
*P.I.*Iba , ibas , iba , íbamos , ibais , iban.   *J'allais.*
*P.P.*Fui , fuiste , fué , fuimos , fuisteis ,
      fuéron.   *Je fus.*
*SUB.*Que yo vaya , vayas , vaya , vayamos ,
      vayais , vayan.   *Que j'aille.*
*IMP.*Ve , vaya , vamos , *id* , vayan.   *Va.*

Ce verbe est conjugué en réfléchi lorsqu'on ne désigne pas l'endroit où l'on va. Exemple :
    Je m'en vais, tu t'en vas, etc.   Me voy , te vas, etc.
allons-nous-en, allez-vous-en.   vámonos , idos.

Lorsque ce verbe précède un infinitif il porte la

préposition *à* , ainsi que tous ceux qui signifient mouvement. Exemple :

Allons voir.	Vamos *á* ver.
venez écrire.	venid *á* escribir.
envoyez dire.	envie usted *á* decir.

Ce verbe est aussi l'auxiliaire pour former la conjugaison *progressive* , surtout des verbes qui signifient mouvement , comme il a été dit aux remarques des verbes *estar* et *andar*.

7. VENIR, VINIENDO, VENIDO. *VENIR , VENANT , VENU.*

IND. Vengo, vienes, viene,---,---,vienen. *Je viens.*
P.P. Vine, viniste, vino, vinimos,vinis-
    teis , viniéron.   *Je vins.*
F.c. Vendré, vendrás, vendrá, vendré-
    mos, vendréis, vendrán.   *Je viendrai.*
SUB. Que yo venga , vengas , venga ,
    vengamos , vengais , vengan.   *Que je vienne.*
IMP. Ven , venga , vengamos , *venid* ,
    vengan.   *Viens.*

On conjugue de même ses composés :

avenir , desavenir.	*mettre d'accord,brouiller.*
convenir , prevenir.	*convenir , prévenir.*
provenir ,sobrevenir,etc.	*provenir, survenir.*

8. SALIR, *ENDO, IDO. SORTIR, SORTANT, SORTI.*

IND. Salgo , ---, ---, ---, ---,---.   *Je sors.*
F.c. Saldré , saldrás, saldrá , saldrémos,
    saldréis , saldrán.   *Je sortirai.*
SUB. Que yo salga, salgas,salga,salgamos,
    salgais , salgan.   *Que je sorte.*
IMP. Sal, salga, salgamos , *salid* , salgan. *Sors.*

Son composé *sobresalir , surpasser* , a les mêmes irrégularités.

9. HUIR, HUYENDO, HUIDO. *FUIR, FUYANT, FUI.*

IND. Huyo, huyes, huye, ---, ---, huyen. *Je fuis.*

*Sub.*Que yo huya, huyas, huya, huyamos, huyais, huyan.   *Que je fuie.*

*Imp.*Huye, huya, huyamos, *huid*, huyan. *Fuis.*

On conjugue de même tous ceux qui finissent en *uir.* (1), comme :

argüir, atribuir.   *argumenter, attribuer.*
constituir, contribuir.   *constituer, contribuer.*
distribuir, excluir.   *distribuer, exclure.*
incluir, instituir.   *inclure, instituer.*
instruir, obstruir.   *instruire, obstruer.*
prostituir, restituir.   *prostituer, restituer.*
retribuir, substituir,etc. *rétribuer, substituer.*

10. OIR, OYENDO, OIDO.   *OUIR, ENTENDANT; ENTENDU.*

Ind. Oygo, oyes, oye, --, --, oyen. *J'entends.*

*Sub.*Que yo oyga, oygas, oyga, oyga-mos, oygais, oygan.   *Que j'entende.*

*Imp.*Oye, oyga, oygamos, *oid*, oygan. *Entends.*

On conjugue de même son composé *entreoir*; entr'ouïr.

11. PODRIR, PUDRIENDO, PODRIDO.   *POURRIR, ISSANT, I.*

Il change en *u* l'*o* radical de son infinitif dans toute sa conjugaison, excepté à la première et seconde du pluriel de l'indicatif, au prétérit imparfait, et à la seconde du pluriel de l'impératif, parce que ces tems et personnes sont régulières dans presque tous les verbes. On dit aussi *pudrir*, et alors c'est un verbe régulier.

____

(1) Quelques grammairiens ont cru que ces verbes ne sont irréguliers que par raison d'orthographe ; cependant ils sont frappés d'une *véritable* irregularité, puisqu'ils prennent un *y* grec là où ils ne devraient avoir ni *y* grec, ni *i* latin. S'ils étaient réguliers on dirait *huo*, *hues*, etc.

12. *ASIR* , *IENDO* , *IDO.* *SAISIR*, ISSANT , I.

*IND.*Asgo , -- , --- , -- , --- , --.   *Je saisis.*
*SUB.*Que yo asga , asgas , asga , asga-
    mos , asgais , asgan.   *Que je saisisse.*
IMP.Ase , asga, asgamos, *asid* , asgan. *Saisis.*

On emploie plutôt à sa place le verbe *agarrar.*

On voit que dans les trois conjugaisons qui précèdent il n'y a que sept gérondifs irréguliers qui sont
pudiendo, sintiendo, durmiendo, pidiendo, diciendo,
viniendo , et *pudriendo* ; six participes , savoir :
absuelto , *hecho* , *puesto* , *visto* , *muerto* , et *dicho* ;
trois verbes qui prennent *x* au prétérit, savoir : *traer,*
conducir , et *decir* ; et que la 2.ᵉ du singulier de
l'impératif est toujours la 3.ᵉ du singulier de l'indicatif
excepté *haz* , *pon* , *ten* , *val* , *ve* , *ven* , *sal* , *di* , et *se*
du verbe *ser.*

REMARQUE SUR L'IRRÉGULARITÉ DE QUELQUES

PARTICIPES.

Les verbes *abrir* , *cubrir* , et *escribir* qui signifient
ouvrir , *couvrir* , et *écrire* , font au participe *abierto* ,
cubierto , et *escrito.* Leurs composés suivent la même
irrégularité.

Il y a quelques verbes qui ont *deux participes* ,
l'un régulier qui sert à former la conjugaison composée , et l'autre irrégulier qui n'est employé que comme adjectif. Ce sont les suivans :

Ahitar ; ahitado , ahito.   *Manger trop; qui a trop mangé.*
bendecir ; bendecido , bendito. *bénir ; béni , bénit.*
compeler; compelido, *compulso. contraindre ; contraint.*
concluir ; concluido, *concluso. conclure ; conclu.*
confundir; confundido, confuso. *confondre ; confondu , confus.*
convencer ; convencido , con- *convaincre ; convaincu.*
   victo.
convertir; convertido, *converso. convertir ; converti.*
despertar; despertado, despierto. *éveiller ; éveillé.*
distinguir; distinguido, distinto. *distinguer ; distingué, distinct.*
elegir ; elegido , electo.   *élire ; élu.*
enxugar ; enxugado , enxuto. *sécher ; séché , sec.*

excluir; excluido, excluso. *exclure ; exclus.*
expeler ; expelido , expulso. *chasser de ; chassé de.*
expresar; expresado, expreso. *exprimer ; exprimé , exprès.*
extinguir; extinguido, *extinto. abolir ; aboli.*
fixar ; fixado , fixo. *fixer ; fixé , fixe.*
hartar ; hartado , harto. *rassasier ; rassasié.*
imprimir; imprimido, impreso. *imprimer ; imprimé.*
incluir ; incluido , incluso. *renfermer ; inclus.*
incurrir ; incurrido , incurso. *encourir ; encouru.*
infundir; infundido, infuso. *infuser ; infusé , infus.*
insertar ; insertado , inserto. *insérer ; inséré.*
invertir; invertido, inverso. *renverser(un discours);renversé*
inxerir; inxerido , inxerto. *greffer ; greffé.*
juntar; juntado, junto. *joindre ; joint.*
maldecir; maldecido, maldito. *maudire ; maudit.*
manifestar; manifestado, mani- *manifester ; manifesté , mani-*
   fiesto.   *feste.*
marchitar; marchitado , mar- *faner ; fané.*
   chito.
oprimir ; oprimido , *opreso.* *opprimer ; opprimé.*
omitir; omitido, omiso. *omettre ; omis.*
perfeccionar ; perfeccionado , *perfectionner ; perfectionné ;*
   perfecto.   *parfait.*
prendar ; prendido , preso. *arrêter* quelqu'un ; *arrêté.*
prescribir ; prescribido , pres- *prescrire ; prescrit.*
   crito.
proveer; proveido, provisto. *pourvoir; pourvu.*
recluir ; recluido , recluso. *reclurre ; reclus.*
romper; rompido , roto. *rompre ; rompu.*
soltar; soltado ; suelto. *lâcher ; lâché.*
suprimir; suprimido, *supreso,* etc. *supprimer ; supprimé.*

Ceux qui sont marqués par des lettres *italiques* sont moins fréquemment en usage. Les irréguliers *preso, prescrito, provisto, inxerto,* et *roto,* peuvent servir pour la conjugaison composée , et même *roto* y est plus en usage que *rompido.*

Il y a d'autres participes *passifs* qui ont une signification *active.* Ce sont les suivans :

Acostumbrado, agradecido. *accoutumé, reconnaissant.*
atrevido , bien cenado. *hardi , qui a bien soupé.*
bien comido. *qui a bien mangé.*
bien hablado , callado. *qui parle bien, qui parle peu.*
cansado , comedido. *ennuyeux , honnête.*
desesperado , disimulado. *qui désespère, qui dissimule*
entendido , esforzado. *instruit , vaillant.*

fingido , leido.	artificieux , qui a lu.
medido , mirado.	circonspect , prudent.
moderado , negado.	modéré , inepte.
ocasionado , osado.	qui provoque , hardi.
parado , parecido.	négligent , semblable.
partido , pausado.	libéral , lent.
porfiado , preciado.	opiniâtre , qui se vante.
precavido.	qui se précautionne.
presumido.	présomptueux.
recatado.	prudent et plein de pudeur.
sabido.	savant.
sacudido.	violent, qui sait répondre, se dégager , etc.
sentido.	sensible aux injures.
sufrido , valido , etc.	patient , favori.

On voit que ce ne sont que de véritables *adjectifs*.

VERBES IMPERSONNELS.

Ils s'appellent impersonnels parce qu'ils manquent de personne active. Ils ne sont employés qu'à l'infinitif, au gérondif et aux troisièmes personnes de tous leurs tems simples et composés. Tels sont les suivans :

amanecer.	commencer à faire jour.
anochecer.	commencer à faire nuit.
escarchar , helar.	grésiller, geler.
granizar , nevar , llover.	grêler , neiger , pleuvoir.
lloviznar , relampaguear.	bruiner, faire des éclairs.
tronar , etc.	tonner, etc.

Les deux verbes *amanecer* et *anochecer* peuvent être employés dans *toutes* les personnes ; alors ils marquent l'*endroit* ou la m*anière*. Exemple :

Yo amanecí en Madrid, y anochecí en Toledo.	Le matin je me trouvai à Madrid , et le soir à Tolède.
Tu anocheciste bueno , y amaneciste malo.	Le soir tu fus en bonne santé , et le matin tu fus malade.

Él anocheció y no ama- | Il vit le soir, et il ne
neció. | vit pas le matin, (il
  | était mort).

Pour marquer une *quantité* quelconque on emploie l'impersonnel suivant :

Y avoir; y ayant. | Haber ; habiendo.
il y a; il y avait; il y eut. | hay ; habia ; hubo.
il y aura ; il y aurait. | habrá; habria *ou* hubiera.
lorsqu'il y aura si , etc. | quando hubiere.
quoiqu'il y ait. | aunque haya.
quoiqu'il y eut. | aunque hubiese.
y avoir eu, y ayant eu. | haber habido ; habiendo habido.
il y a eu, il y avait eu, etc. | ha habido; habia habido.

La quantité de *tems* peut aussi être marquée par le verbe *hacer*. Exemple :

Il y a trois ans. | *Hay, hace, ha* tres años.

On ne peut dire *ha* au tems simple, qu'en parlant d'une quantité de tems.

Il faut, il fallait. | es menester , era menester.
il fallut , il faudra. | fué menester, será menester
il faudrait. | seria , *ou* fuera menester.
lorsqu'il faudra. | quando fuere menester.
quoiqu'il faille. | aunque sea menester.
quoiqu'il fallût. | aunque fuese menester.
il a fallu. | ha sido menester.
il avait fallu , etc. | habia sido menester.

Au lieu du mot *menester* on peut aussi dire *preciso , necesario*, etc.

Plusieurs verbes personnels sont employés comme impersonnels dans de certaines expressions. Exemple :

Il fait, il faisait chaud. | hace, hacia calor , etc.
il vaut mieux. | mas vale , ó es mejor.
il semble, il semblait que | parece , parecia que.
il s'ensuit que. | de ahi se sigue que.
il convient , il importe. | conviene , importa.
il est important , conve- | es importante, convenien-
nable, nécessaire, etc. | te , necesario, etc.

il arrive un malheur im-prévu. — sucede, *ou* acaece, *ou* acontece una desgracia imprevista.

il arrive des morts su-bites. — suceden, *ou* acaecen, *ou* acontecen muertes repentinas.

il est une heure, il est deux heures, etc. — es la una, *son* las dos.

On voit que l'espagnol place le verbe au pluriel lorsque le nom est au pluriel.

VERBES DÉFECTUEUX.

On les appelle *défectueux* parce qu'ils manquent de quelques temps ou personnes ; les *impersonnels* sont de ce nombre , ainsi que tous ceux qui signifient les différens cris des animaux , comme :

hennir, braire. — relinchar, rebuznar.
hurler, rugir. — aullar ó bramar, rugir.
mugir, béler, japper. — mugir, balar, ladrar.
grogner, glapir, miauler. — gruñir, gañir, maullar.
caqueter, glousser. — cacarear, hacer clo clo.
croasser. — graznar.
gazouiller , piauler. — gorgear, pipiar.
bourdonner, roucouler. — zumbar, arrullar.
crier (de la souris, *etc.*) — chillar.
La mer et les vents fu-rieux mugissent. — Brama el mar y los vientos enfurecidos.

On dit aussi *dar* ou *echar relinchos, rebuznos, aullidos* ou *bramidos, rugidos, mugidos, balidos, ladridos, gruñidos, gañidos, maullidos* ou *maullos, cacareos, gorgeos, graznidos, zumbidos, arrullos, chillidos,* etc. Pousser des *hennissemens,* etc.

Il me plaît; il me plaisait; il me plût ; à Dieu plaise ; plût-à-Dieu. — Me place ; me placia ; me plugo ; plegue á Dios ; pluguiese á Dios, *ou* oxala.

Ci-gît : ci-gisent. — Aqui yace : aqui yacen.

ADVERBES.

ADVERBES DE TEMS.

Quand ?... lorsque. — Quando?... quando.

avant-hier. — ántes de ayer, anteayer.

avant-hier au soir. — ántes de anoche, *ou* ántes de ayer noche.

hier ; hier au soir. — ayer; ayer noche, *ou* anoche

ce matin. — esta mañana.

aujourd'hui, demain. — hoy, mañana.

après-demain. — despues de mañana, *ou* pasado mañana.

demain matin. — mañana por la mañana.

le lendemain. — *á* la mañana siguiente. (1)

le surlendemain. — dos dias despues.

de bon matin. — muy de mañana : *á* la mañanita.

le matin : à midi. — *á* la mañana : al medio dia.

l'après-midi, l'après-dînée. — *á* la siesta ; *á* la tarde.

en plein jour : le soir. — de dia claro : *á* la noche.

au lever du soleil. — al salir el sol.

au coucher du soleil. — al ponerse el sol.

au soir, sur le soir. — al anochecer.

à la pointe du jour. — al amanecer, *ou* al romper el dia, *ou* al rayar el dia.

entre chien et loup. — entre dos luces.

au bout d'un an. — al cabo de un año.

pendant le sermon. — durante *ou* en el sermon.

pendant que j'écris. — miéntras, *ou* miéntras que escribo.

pendant trois ans. — por el espacio de tres años.

encore ; pas encore. — aun *ou* todavía ; todavía no.

auparavant ; ensuite. — ántes ; despues.

---

(1) On peut remplacer la préposition *á* marquée par des lettres *italiques*, par la préposition *por*.

alors ; à présent.	entónces ; ahora.
toujours : jamais.	siempre ; nunca *ou* jamas.
toutes les fois que	siempre que.
pour toujours.	para siempre.
à jamais.	para siempre jamas.
tout de suite ; aussitôt que.	luego ; luego que.
tout-à-l'heure.	al instante.
aussitôt dit , aussitôt fait.	dicho y hecho.
venez au plutôt.	venga usted quanto ántes.
le plutôt possible,	lo mas pronto posible.
aussitôt que moi.	tan pronto como yo.
plutôt mourir.	ántes , *ou* primeramente morir.
à point nommé.	á punto fixo.
à peine ; à peine... que.	apénas ; apénas... *quando*.
il est déjà fait.	*ya* está hecho.
il n'est plus tems.	*ya* no es tiempo.
nous le ferons ensuite.	*ya* lo harémos.
j'y vais de suite.	*ya* voy , *ou* allá voy.
tantôt il veut ceci, tantôt il veut cela.	*ya* quiere esto , *ya* quiere aquello: *ou* ahora...ahora: *ou* unas veces...otras veces.
vîte.	aprisa , *ou* pronto.
doucement.	poco á poco , *ou* despacio.
en un clin-d'œil.	en un abrir y cerrar de ojos.
tard , de bonne heure.	tarde ; temprano.
au plus tard.	á mas tardar.
de trop bonne heure.	demasiado temprano.
de si bonne heure que.	tan temprano como.
venir à contre-tems	venir fuera de tiempo.
autrefois.	en otro tiempo.
du tems de	en tiempo de.
à l'avenir.	en lo venidero.
par la suite.	en' lo succesivo.
une fois , deux fois , etc.	una vez , dos veces, etc.
de deux jours l'un.	de dos en dos dias, *ou* un dia sí y otro no.
de trois jours l'un.	cada tercer dia.
souvent , plusieurs fois.	á menudo , muchas veces.
trop souvent.	demasiadas veces.

le plus souvent.	las mas veces.
quelquefois.	algunas veces.
de tems en tems.	de quando en quando, á ratos
à tems perdu.	á ratos perdidos.
rarement.	raramente, raras veces.
dorénavant.	de aquí adelante, en adelante
désormais.	desde ahora en adelante.
d'aujourd'hui en avant.	desde hoy en adelante.
d'abord je le connus.	desde luego le conocí.
d'abord il chanta...	al principio cantò...
depuis quand?... depuis un mois.	de quando acá? desde quando?... de un mes á esta parte, ó un mes hace.
il fait froid depuis trois jours.	hace frio de tres dias á esta parte, ó tres dias hace.
depuis peu.	poco hace, *ou* poco ha, *ou* recientemente.
dans peu.	dentro de poco, *ou* de aquí á poco, *ou* en breve.
dans peu de jours nous le saurons.	dentro de pocos dias, *ou* de aquí á pocos dias lo sabrémos.
dans un mois.	dentro de un mes, *ou* de aquí á un mes.
à la longue, tôt ou tard.	tarde ó temprano.
nouvellement fait, écrit, etc.	recien hecho, escrito, etc.
en attendant, pendant ce tems.	entretanto, ínterin, en el entretanto, en el ínterin.

ADVERBES DE LIEU.

Où allez-vous?	Adonde, *ou* donde va Vm.?
où demeurez-vous?	endonde, ou donde vive Vm.?
où est-il?	en donde, *ou* donde está?

On dit *adonde* avant les verbes de mouvement *aller*, *envoyer*, etc. ; *endonde* avant les verbes de quiétude ; *donde* sert à tous les verbes.

L

les dangers où il se vit.	los peligros *en que se vió*(1).
le principe d'où naît... par	el principio *del qual* nace...
où l'on distingue...	por *el qual* se conoce...
venez ici.	venga Vm. *acá.*
le livre est ici près de vous.	el libro está *ahí* junto á Vm.
nous sommes bien ici.	*aquí* estamos bien.

Acá signifie l'endroit où se trouve la personne qui parle : *ahí* l'endroit proche de celui à qui l'on parle : *aquí* l'endroit où se trouvent les personnes qui parlent ensemble.

je vois là Pierre.	*allí* veo á Pedro.
allons à Paris ? nous irons là.	vamos á Paris ? irémos *allá.*

Allí signifie l'endroit lointain qui se voit : *allá* le lointain qui ne se voit pas.

en haut, en bas.	arriba, abaxo.
dessus, dessous.	encima, debaxo.
dedans, dehors.	dentro, fuera, *ou* adentro, afuera.
en avant, en arriere.	adelante, atras.
derriere.	detras.
à la droite, à la gauche.	á la derecha, á la izquierda.
à l'écart.	aparte.
en decà.	de esta parte.
au delà.	de la otra parte.
je l'ai vu quelque part.	le he visto en alguna parte.
partout.	en *ou* por todas partes.
nulle part.	en ninguna parte.
nous irons ailleurs.	irémos á otra parte.
nous en trouverons ailleurs.	hallarémos en otra parte.
à travers ses artifices.	en medio de sus artificios.
passer au travers des ennemis, au travers des arbres.	pasar por medio de los enemigos, por entre los árboles.

(1) On dit *en que, en el qual, etc.* lorsque l'adverbe *où* ne se rapporte pas à un *lieu physique,* et même étant relatif on le traduit toujours mieux par les relatifs *en que, en el qual, etc.*

au milieu de la rue.	en medio, *ou* en la mitad de la calle.
vis-à-vis ; autour.	enfrente ; al rededor.
près , loin.	cerca , léjos.
plus près d'ici ,	mas acá.
plus loin de là.	mas allá.
aux environs.	en las cercanías, en las inmediaciones, en los contornos , en los alrededores.
en pleine mer.	en alta mar.
en pleine campagne.	en campo raso.
en plein air.	al ayre descubierto.
chez Pierre, chez moi, etc.	en casa de Pedro , en mi casa , etc.
voici , le voici.	aquí *ou* ahí está *ou* están.
voilà , le voilà.	allí está *ou* están.
voici le livre.	aquí está el libro.
voilà les plumes.	allí están las plumas.

On dit communément *aquí* ou *ahí* , ou *allí está* , ou *están* lorsqu'on met sous les yeux un objet matériel.

voilà ce que je dis.	ahí está , *ou* vea Vm. , *ou* mire Vm. , *ou* eso es lo que yo digo.
voilà les reflexions que je faisais.	estas eran las reflexîones que yo hacia.
me voici	aquí estoy, *ou* cátame ahí, *ou* éteme ahi.
et voilà la conversation engagée.	y cátate la conversacion empezada.
le voilà qui vient.	ahi viene.

ADVERBES DE QUANTITÉ.

Combien ? beaucoup, peu.	Quanto ? mucho , poco.
trop , assez.	demasiado , bastante.
beaucoup , trop , assez.	harto.
il est trop sage pour...	es muy prudente para...

en grande quantité.	muchísimo.
très-peu , tant soit peu.	poquísimo , un poquito.
il est un peu triste.	está *algo* triste.
tant soit peu seulement.	no mas que un poquito.
si peu que rien.	tanto como nada.
je ne dis plus mot.	no hablo mas palabra.
plus, moins , très ou fort.	mas , ménos , muy.
tout au plus.	quando mas, *ou* á lo mas.
à-peu-près ; environ.	poco mas ó ménos ; á poca *ou* á corta diferencia.
presque.	casi *ou* quasi.
à beaucoup près , il s'en faut bien.	ni con mucho.
combien vendez-vous la toile ? six réaux.	á como vende Vm. el lienzo ? á seis reales.
cher ; à bon marché.	caro, *a, os, as* ; barato *, a, os , as.*
en gros , en détail.	por mayor , por menor.
la plupart.	la mayor parte.
la plupart des hommes.	los mas de los hombres.
excepté , à la réserve des, hormis les boiteux.	excepto, á la excepcion de, ménos , fuera de *los coxos.*
long-tems , si long-tems que.	mucho tiempo , tanto tiempo *como.*
assez long-tems.	bastante tiempo.

ADVERBES D'AFFIRMATION, etc.

Oui, c'est clair, tout de bon.	Sí , ya se ve , de veras.
si fait : oui, sans doute.	si tal : eso sí , sin duda.
assurément, certainement.	seguramente, ciertamente.
véritablement.	verdaderamente.
vraiment , Mr. , je vous fais mon compliment.	caballero, le doy á Vm. la enhorabuena, (1)

---

(1) On supprime l'adverbe *vraiment* lorsque l'objet *principal* de la phrase n'est pas l'*affirmation*.

indubitablement.	indubitablemente.
infailliblement.	infaliblemente.
à la vérité, en vérité.	á la verdad, en verdad.
non, point de tout, ne fais pas cela.	no, no, no hagas eso.
non, certainement.	no por cierto, no tal.
en aucune manière.	de ningun modo, de ninguna manera, por ningun pretexto.
est-ce que...?	acaso...? por ventura...?
peut-être.	quizá, tal vez, puede ser.
si par hasard.	si acaso.
pourquoi? parce que, car.	porque? porque, pues.
à quelle fin...? à quoi...? à fin que...?	paraque...? paraque, ou á fin de que

ADVERBES DE COMPARAISON.

Mieux, pis, également.	mejor, peor, igualmente.
ainsi que, de même que.	del mismo modo que.
en comparaison de.	en comparacion de.
l'homme n'est rien envers Dieu.	el hombre no es nada *para con* Dios.
marcher de pair, à l'égal.	ir á la par, de paso igual.
il est aussi *riche* que *Pierre*.	es *tan* rico *como* Pedro.
il écrit aussi *bien* que *Pierre*.	escribe *tan* bien *como* Pedro.
il travaille autant que Pierre.	trabaja *tanto* como Pedro.
il travaille tant qu'il en peut perdre la santé.	trabaja *tanto que* puede perder la salud.
il écrit si *bien* que *son* écriture paraît imprimée.	escribe *tan* bien *que* su letra parece impresa.
il est si *riche* qu'il ne sait pas ce qu'il a.	es *tan* rico *que* no sabe lo que tiene.

On dit *tan* lorsqu'il suit un adjectif ou un adverbe. On dit *tanto* lorsque c'est le dernier mot du premier membre de comparaison. On dit *como* lorsqu'il suit un nom. On dit *que* lorsqu'il suit un verbe.

Il y a six hommes à la rue ; à la place il y en a autant | Hay seis hombres en la calle ; en la plaza hay *otros tantos.*

autant de... que de... | tanto , a , os , as... como *ou* quanto , a , os , as.

autant de têtes autant *d'o-pinions.* | *quantas* cabezas *tantas* opiniones.

plus *on a* plus *on veut.* | *quanto mas* se tiene *mas ou tanto mas* se quiere.

moins... moins | quanto ménos... ménos *ou* tanto ménos.

tant *il aimait l'étude.* | *tanto* gustaba de estudiar.

tant *les habitans étaient ennemis du travail.* | *tan* enemigos eran , ó *tanto* eran enemigos del trabajo los habitantes.

tant *il écrit bien.* | *tanto* es lo que escribe bien *ou tan* bien escribe.

tant il offre de douceur. | *tanta es* la dulzura que ofrece, *ou* tanta dulzura ofrece.

il raconte combien *il avait été* heureux. | él cuenta *quan* feliz habia sido : *quanto* habia sido feliz : *lo que* habia sido féliz : *lo* feliz *que* habia sido.

que *ce jardin est* joli ! | *quan* hermoso es : *quanto* es hermoso : *lo que* es hermoso : *lo* hermoso *que* es este jardin !

que *ce garçon écrit* bien ! | *quan* bien escribe : *quanto* escribe bien : *lo que* escribe bien : *lo* bien *que* escribe este muchacho !

que de *douceur offrent à mes yeux !...* | *quanta* dulzura ofrecen á mis ojos !...

On dit *quanto* avant un verbe et avant un substantif, et *quan* avant un adjectif et avant un adverbe. Observez la même règle pour *tanto* et *tan.*

ADVERBES DE MANIÈRE.

Outre ceux qu'on peut former des adjectifs (1) et qui appartiennent à cette classe , tâchez de retenir les suivans :

Comment, de quelle manière ?	Como , de que modo ó de que manera ?
ainsi , de cette manière.	así , de este modo ó de esta manera.
passablement.	así así , tal qual.
bien , mal.	bien , mal.
exprès , à propos , ou à dessein.	expresamente , adrede , aposta ; de estudio , de intento , de propósito ; á sabiendas , á cosa hecha , á caso pensado.
savoir agir à propos.	saber obrar al caso , á propósito.
au rebours , au contraire.	al revés , al contrario.
à tort, sans raison.	injustamente , sin razon.
allez ensemble.	id juntos, ó juntas, ó juntamente.
tout - à - la - fois.	todo de una vez; todo junto
à l'imprévu.	de improviso.
subitement , tout-à-coup.	de repente , de golpe , repentinamente.
en foule : à foison.	de tropel : á montones.
travailler à l'envi.	trabajar á porfía.
à force de	á puro, de tanto, á fuerza de
à mon insçu , etc.	sin saberlo yo, ó sin noticia mia, ó sin que yo lo supiese.
aux dépens de Pierre.	á costa de Pedro.
à mes dépens.	á mi costa , ó á costa mia.
malgré Pierre.	á pesar de Pedro.
malgré moi.	á pesar mio , ó á mi pesar.
bon gré , mal gré.	que quiera , que no quiera.

____

(1) Voyez le supplément à la fin des noms adjectifs.

volontiers.	de buena gana, con gusto.
à contre-cœur.	de mala gana , con repugnancia.
à l'aise.	con comodidad.
à mon aise.	à mi gusto ó á mi comodidad
en passant, chemin faisant	de paso , de camino.
en vain.	en vano, de balde, en balde.
gratis , pour rien.	gratis , de balde.
pour l'amour de Dieu.	por amor de Dios.
par cœur.	de memoria.
mot-à-mot.	palabra por palabra, *ou* al pié de la letra.
debout , à genoux.	en pié , de rodillas.
de front , en file.	de cara , de hilera.
être sur le ventre.	estar de bruces.
de pied ferme.	de pié firme, sin moverse.
frapper à tour de bras.	dar con toda la fuerza.
à petit feu.	á fuego lento.
à quatre pattes.	á gatas.
rire aux éclats.	reir á carcajadas.
pleurer à chaudes larmes.	llorar á mares.
monter à cheval comme les femmes.	subir á caballo á mugeriegas.
à califourchon.	á horcajadas.
à tâtons.	á tientas *ó* á ciegas.
être à jeun.	estar en ayunas.
à la dérobée.	á hurtadillas.
dire les choses à moitié.	decir las cosas á medias.
parler à tort et à travers.	hablar á tontas y á locas.
tout au long.	muy por extenso.
en badinant.	de chanza.
en cachette.	á escondidas.
à gros bouillons.	á borbotones.
se réunir à la ronde.	juntarse á corros.
être accroupi.	estar de cuclillas.
marcher à cloche pied , à reculons , sur la pointe du pied.	andar á la coz coxita , acia atras , de puntillas.
à brûle pourpoint.	á quemaropa.
à qui mieux mieux.	á qual mejor.

à pied sec.	á pié enxuto.
au petit pas.	á paso llano, *ou* muy despacio.
au grand galop.	á paso tirado.
au petit galop.	á media rienda.
à bride abattue.	á rienda suelta, á toda brida
bras-dessus, bras-dessous.	á brazo partido.
sans dessus dessous.	de arriba abaxo.
tout lui vient à souhait.	todo le viene á pedir de boca.
la montagne formait un horison à souhait pour...	el monte formaba un horizonte *qual se podia desear* para...
en dépit de Pierre.	á despecho de Pedro.
en dépit de moi, etc.	á despecho mio, etc.
regarder du coin de l'œil; de travers; en tapinois.	mirar de socarron; de reojo, ó sobre hombro; de medio ojo.
courir à toute outrance.	correr hasta mas no poder.
manger à ventre déboutonné.	comer hasta mas no poder, ó á reventar.
faire ses affaires tout doucement.	hacer sus negocios callandico.
tellement que.	de tal modo, ó manera que.
tout-à-fait.	del todo, totalmente, enteramente.
à corps perdu.	con toda la fuerza.
tête baissée.	con la cabeza baxa.
les yeux baissés.	con los ojos baxos.
les bras croisés, etc.	con los brazos cruzados.

L'ellipse qu'on fait en français avec les adverbes *où*, *pourquoi* et *comment* dans les propositions interrogatives, n'a point de grace en espagnol. Exemple :

Où le trouver ?	endonde *se podrá* hallar ?
pourquoi éloigner cet homme ?	porque *quiere Vm.* ou *hemos de* alejar á este hombre ?
comment faire pour...	como *podrémos* hacer para ?...

M

PRÉPOSITIONS.

Devant moi.	delante de mí.
pardevant le juge.	ante el juez.
avant tout.	ante todo.
derrière la porte.	tras la puerta, detras de la puerta.
courir après quelqu'un, après les honneurs, etc.	correr tras alguno , tras los honores.
près de : loin de.	cerca de, ó junto á: léjos de.
vis-à-vis.	enfrente de.
outre.	á mas de , ademas de.
avant le départ.	ántes de la partida.
avant moi , etc.	ántes de mí , ántes que yo.
avant que de faire.	ántes de hacer.
après la messe.	despues de la misa.
après moi , etc.	despues de mí.
après avoir.	despues de haber.
depuis hier : dès demain.	desde ayer : desde mañana.
contre : à : de : avec.	contra : á : de : con.
il le perça d'une flèche.	le traspasó *con* una flecha.
tapissé d'une vigne.	entapizado *con* una vid.
accablé sous la puissance.	oprimido *con* el poder.
elle le charmait par son chant.	le encantaba *con* su canto.

La préposition *con* marque souvent l'*instrument.*

être en France.	estar *en* Francia.
envoyer en Italie.	enviar *á* Italia.

La préposition *en* marque quiétude ; la préposition *á* marque mouvement de tendance d'un lieu à un autre.

il demeure à Madrid.	vive *en* Madrid.
je l'ai vu à Tolède.	le ví *en* Toledo.
il a son bien à Marseille.	tiene su hacienda *en* Marsella. (1)

---

(1) Avant les noms de villes, villages , etc. on dit *en* lorsque le verbe ne signifie pas mouvement.

dans Paris : sur la route.	en Paris : en el camino.
dans le tiroir.	en el, *ou* dentro del caxon.
sur le toît.	en el *ou* sobre el, *ou* encima del tejado.

On dit *dentro* lorsque la chose est dans une autre qui se *ferme.* On dit *sobre* ou *encima* lorsque la chose est sur une autre plus *élevée.*

en bon père.	como buen padre.
j'ai environ *quarante ans.*	tengo *sobre* ou *como* quarenta años.
sous la table.	baxo la mesa, debaxo de la mesa.
sans : selon.	sin : segun.
suivant la loi de Castille.	á ley de, *ou* segun la ley de Castilla.
vers : jusques à.	hácia, *ou* acia : hasta.
jusqu'à ce que.	hasta que.
moyennant.	mediante.
chez les italiens.	entre los italianos.
entre, ou *parmi.*	entre.
entre vous et moi.	entre Vm. y yo.
entre nous, est-ce vrai?	aquí para entre los dos, es verdad?
pour, par.	para, por.
Cette lettre est pour (adressée à) lui.	Esta carta es *para* él.
Pour (attendu qu'il est) *un commençant il ne le fait pas mal.*	*Para* principiante no lo hace mal.
Ce sera pour (pour le tems de) *demain.*	Será *para* mañana.
Il viendra à (au tems de) *Pâques.*	Vendrá *para* la Pasqua.
C'est peu pour (par rapport à) *ce qu'il mérite.*	Es poco *para* lo que merece
Je vais du côté d'Italie.	Voy *para* Italia.
J'étais sur le point de le lui dire.	Estaba *para* decírselo.
Je travaille pour (afin de) *gagner.*	Trabajo *para*, ou *por* ganar.

dans la *théorie*.	en la teoria.
Je le lui donne pour (pour le prix de) *cent francs*.	Se lo doy *por* cien francos.
Je m'en vais pour (pour l'espace d') *un mois*.	Me voy *por* un mes.
Chacun vaut pour (autant que) *dix*.	Cada uno vale *por* diez.
Je ne dis plus mot crainte de *l'offenser*.	No hablé mas palabra *por* no ofenderle.
Il le reçut pour (en qualité de) *son secrétaire*.	Le recibió *por* su secretario
Je lui donne le mien pour (en échange de) *le sien*.	Le doy el mio *por* el suyo.
Je le fais pour (en faveur de) *lui*.	Yo lo hago *por* él.
Je travaille pour (à la place de) *mon ami*.	Trabajo *por* mi amigo.
Tout le monde le croit *savant*.	Todos le tienen *por* sabio.
La maison est encore à (sans) *finir*.	La casa está aun *por* acabar.
agir par *force* , par *crainte, etc*.	obrar *por* fuerza, *por* miedo
passer par *la rue*.	pasar *por* la calle.
aller chercher *du vin*.	ir *por* vino.
par *respect* ; à *cause de*.	*por* respeto; *por* motivo de.
partager par *moitié*.	partir *por* mitad.
il a été fait par *un homme instruit* , etc.	ha sido hecho *por* un hombre instruido.

CONJONCTIONS.

Pierre et *Paul*.	Pedro y Pablo.
Jean et *Agnes* et *moi*.	Juan é Ines y yo. (1)

---

(1) On dit *é* lorsque le mot suivant commence par *i*. L'*y* grec est considéré comme *consonne*. Lorsqu'on trouve deux ou plusieurs noms, ou pronoms, ou verbes, ou adverbes, on doit mettre cette conjonction avant le dernier. Quand on fait plusieurs questions de suite, elle peut les précéder toutes, excepté la première.

Trois ou *quatre*.	Tres *ó* quatro.
Or ou *argent* : *sept* ou huit.	Oro *ú* plata : siete *ú* ocho (1).
Moi aussi: *ni moi* non plus.	Yo *tambien*: ni yo *tampoco*
Il n'aimait pas le vin, non plus que *les grands repas*.	No gustaba del vino *como* ni de grandes comidas.
Il est petit mais *joli*.	Es pequeño *pero* lindo.
Mais *voyant que*...	Mas *ou* pero viendo que...
Ce n'est pas celui-ci, mais *l'autre*.	*No* es este *sino* el otro.
Vous voulez que *je*...	Vm. quiere *que* yo...
Il ne *fait* que *rire*.	No hace *mas que* ou *sino* reir.
Ce n'est pas qu'*il manquât de*...	*No porque* careciese de...
Il est non seulement *sot* mais encore *hautain*.	*No solamente* es tonto *si que tambien* ou *sino aun* altivo.
En effet, effectivement.	En efecto, efectivamente.
C'est-à-dire, savoir.	Esto es *ou* à saber.
Les hommes même *les plus savons.*	*Aun* los hombres mas sabios.
Pas même *deux sous.*	Ni aun *ou* ni siquiera dos sueldos.
Quoique.	Aunque, *ou* bien que.
Quand même.	Aun quando.
Puisque vous le voulez.	Ya que, *ou* pues que Vm. lo quiere.
Toutefois que	Una vez que, *ou* toda vez que.
Supposé que.	Dado que, puesto que, supuesto que, dado el caso que, etc.
Supposons que	Demos que, supongamos que.

(1) On dit *ú* lorsque le mot qui précède finit par *o*, et lorsque celui qui suit commence par *o*.

D'ailleurs si *vous allez*...	Por otra parte si Vm. va.
Venez vîte, autrement...	Venga Vm. pronto, sino *ou otramente*, *ou* de otro modo, etc.
Pourvu que...	Miéntras, miéntras que, con tal que, como.
Voilà pourquoi je...	Por eso, por lo mismo, por la misma razon yo, etc.
C'est pourquoi voyant que...	Por lo que, por lo qual, por cuyo motivo, por cuya razon viendo que...
Conséquemment.	Consiguientemente.
par conséquent.	Por consiguiente.
Or, *voyant que*...	*Ahora pues* viendo que...
Or *je dis que c'est vrai*...	Digo *pues* que es verdad.
C'est faux, je ne dois donc pas le croire...	Es mentira, *luego* no lo he de creer.
C'est donc *lui qui le dit.*	con que él lo dice.
Ecrivez donc *cette lettre.*	Escriba Vm. *pues* esta carta.
Qu'est-ce que vous dites donc?	Que está Vm. diciendo? (1)
Voyez donc *comme c'est désagréable.*	Vea Vm. quan desagradable es.
Au moins.	A lo ménos, por lo ménos, siquiera.
A moins qu'*il ne veuille*...	A ménos que él quiera...
De sorte, de manière que.	De suerte que, de modo que, de manera que...
Outre cela.	A mas de eso, ademas de eso, fuera de eso.
Outre que.	A mas de que, fuera de que.
Néanmoins, cependant	Sin embargo, con todo, no obstante.

---

(1) On supprime le mot *donc* lorsque ce n'est pas une véritable *conjonction*, ou bien on le traduit par *hombre* ou *muger* qui sont une espèce d'*interjection.*

Principalement , surtout.	Mayormente, especialmente, principalmente, sobre todo.
Au reste.	Por lo demas , en quanto á lo demas.
A plus forte raison.	Con mayor razon.
D'autant plus que...	Con tanta mayor razon que
Quant au bled , relativement au bled, touchant le bled , pour ce qui regarde le bled , etc.	En quanto *al*, en órden *al*, relativamente *al*, acerca *del*, tocante *el* , por lo que hace , *ou* toca , *ou* mira , *ou* respeta , *ou* pertenece , *ou* concierne *al* trigo...
A tout événement.	Por lo que fuere.
Après tout , ce ne sera rien.	Al cabo , á lo último , á la postre , al fin eso no será nada.
Enfin , finalement.	En fin, por fin, finalmente, últimamente , por fin y postre.

INTERJECTIONS.

Hélas !... *malheureux que je suis !*	*Ay* de mí !... pobre de mí !
Hélas !... *mon Dieu !*	*Ay* Dios mio !
Hélas !... *quelle douleur !*	*Ay* que dolor !
Oh !... *quel plaisir !*	*Ay* , oh que gozo !
Oh,ho, *quels gros souliers!*	*Oh* , *oh* que zapatazos !
Ah ! bon Dieu ! *quelle horreur !*	*Válgame Dios !* que horror !
Ah ! *quel malheur !*	*Ah* ! que desgracia !
Ah , ah, *je m'en souviens.*	*Ah* , *ah* , ya me acuerdo.
Oui, oui, *je me le rappelle.*	*Ya* , *ya* , ahora caygo en ello.
Hola ! *que faites-vous ?*	*Hola* , que haceis ?
Eh ! *parle-t-on ainsi ?*	*Eh,* de este modo se habla ?
Quoi donc ! *osera-t-il...*	*Como pues!* se atreverá á...
Fi !... *quelle puanteur !*	*Pu!...* que hedor !

Fi !... *le vilain !*	*Quítese allá* el puerco!
Otez donc ! *qu'il est horrible !*	*Quita allá,* que horrible es !
Parlez donc.	Hable Vm. *hombre ;* hable Vm. *muger.*
De qui parlez-vous donc ? eh ! mais vraiment, *de ta femme.*	*Hombre,* de quien habla Vm. ? : *hombre,* de tu muger.
Eh ! mais vraiment, *vous l'avez dit.*	*Pero hombre* Vm. lo ha dicho.
Eh mais vraiment, *répondez donc.* (1)	*Ciertamente,* responda Vm.
Eh ! mais *qu'avez-vous* donc, *Madame ?*	*Pero* que tiene Vm. Señora ?
Eh ! mon Dieu, *Madame, il ne faut pas se désespérer pour si peu de chose.*	*Pero,* Señora, no hay que apesadumbrarse por tan poca cosa.
Eh ! mon Dieu *non.*	No señora.
Eh ! mais *faites vîte.*	Despáchese Vm. *hombre.*
Eh ! mais *venez* donc.	*Pero muger* venga Vm.
Eh ! de grace *ne vous fâchez pas.*	*Por Dios* ou *vaya* no se enfade Vm.
Eh bien ! *qu'est-ce qu'il y a ? que dit-il ?*	*Pues* ou *pues bien,* que tenemos ? que dice ?
Ouida !... *j'en suis bien aise.*	*Oyga !...* me alegro.
Ouais ! *voilà qui est plaisant.*	*Calle* que es bueno !
Parbleu ! *je m'en garderai bien.*	*Tate !* me guardaré muy bien.
Morbleu ! *si je me fâche...*	Voto á... si me enfado...
Ventrebleu ! *qu'il est piquant !*	Fuego de Dios ! y lo que pica !
Peste ! *comme vous y allez !*	Cuerno ! naranjas ! caracoles ! fuego ! como lo peyna Vm. !

---

(1) Ici le mot *vraiment* est un adverbe d'affirmation.

Dieu nous en garde.	Zape.
Que diable *dit-il ?*	Que *diablos* dice?
A merveille !	Grandemente !
Belle prouesse !	Grande hazaña !
Le *sot !* l'*impertinent !* le *perfide ! etc.*	Que majadero ! que impertinente ! que pérfido !
A propos, *vous souvient-il ?...*	Ahora que me acuerdo, se acuerda Vm. ?...
A propos (*si on parle de la chose.*)	Ahora que hablamos de ello.
Pardi, *si je le connais.*	Toma, *pardiez* si le conozco.
Dame, *vous l'avez voulu.*	Vaya, *pero* Vm. lo ha querido.
Bagatelle !	Friolera !
Allez vous faire paître.	Vaya Vm. enhoramala.
Paix, chut, motus !	Chito, chiton, silencio.
A la bonne heure.	Muy enhorabuena.
C'est bon, c'est bon, *retirez-vous.*	Bueno, bueno, váyase Vm.
Allons, voilà des malles qui se sont bien promenées.	Vaya *ou* vamos que estos baules se han paseado muy bien.
Ça, allons donc, faites vîte	Ea, vaya, vamos, pronto.
Diantre !	Que diablos ! que demonio ! diantre !
Place, place.	A un ladito, á un lado.
Gare, gare; gare l'eau.	Guarda, guarda; agua va.
Doucement, prenez garde.	Quedito, quedo, cuidado.
Voyez, voyez, le voilà qui vient.	Mire Vm., mire Vm., ahí viene.
Plût-à-Dieu.	Oxala.
Sans doute (ironiquement)	Ya se ve, ya te veo, ya va, pues si.
(Pour faire aller vîte les bêtes de somme.)	Arre, arre.
(Pour appeler un chien.)	To, to.
(Pour écarter les chats.)	Zape, zape.
C'est cela, bien, c'est fini.	Eso es, bueno, se acabó.

N

CONSTRUCTION.

La construction se divise en construction *naturelle* et en construction *figurée*. La construction naturelle est celle qui suit l'ordre naturel de placer les paroles fondé sur la nature même des choses. Cet ordre exige :

1.º Que le nom substantif soit placé avant l'adjectif , parce que la substance est avant toute qualité.

2.º Que la personne active soit avant le verbe , parce que l'agent existe toujours avant toute action.

3.º Que le verbe soit avant la personne passive , parce que celle-ci en reçoit l'action, et avant l'adverbe qui le modifie.

4.º Qu'on place les paroles avec la même préférence qu'elles ont , ou de la nature ou de leur plus grande dignité. Ainsi on doit dire : *Le ciel et la terre : le soleil et la lune : l'orient et l'occident : le jour et la nuit : le père et la mère : le mari et la femme : le fils et la fille : cités, villes , villages, bourgs* , etc.

5.º Et enfin cet ordre ayant la clarté pour son principal objet , exige qu'il ne manque dans le discours aucune parole nécessaire ; qu'il n'y en ait point de superflues , et que toutes les paroles s'assujettissent aux règles de la concordance.

RÈGLES DE CONCORDANCE EN ESPAGNOL.

1.º Un seul adjectif se rapportant à plusieurs substantifs au pluriel et d'un genre différent , s'accorde avec celui qui en est le plus proche. Exemple:

Sus *temores* y *esperanzas* eran *vanas*.

Sus *esperanzas* y *temores* eran *vanos*.

Eran *vanos* sus *temores* y *esperanzas*.

Eran *vanas* sus *esperanzas* y *temores*.

Ses craintes et ses espérances étaient vaines.

2.º Si deux ou plusieurs substantifs de genre différent sont au singulier, l'adjectif doit être au pluriel, et s'accorder avec le masculin, comme en français. Exemple :

Le mari et la femme sont généreux.	El marido y la muger son *generosos.*

3.º On doit éviter avec soin de placer deux substantifs, l'un masculin, l'autre féminin, l'un au singulier et l'autre au pluriel, pour les faire accorder avec un seul adjectif de deux terminaisons ; en ce cas on devrait le faire accorder avec le pluriel ; mais cette construction frapperait l'oreille. On pourrait dire, par exemple :

Los *hermanos* y la hermana eran *sensatos.*	*Les frères et la sœur étaient* prudens.
El hermano y las *hermanas* eran *sensatas.*	*Le frère et les sœurs pensaient bien.*

Mais il vaut mieux chercher un adjectif pluriel d'une seule terminaison, ou bien changer la phrase, en donnant un adjectif à chaque substantif. Exemple :

Los hermanos y la hermana eran prudentes.

El hermano y las hermanas eran prudentes.

Los hermanos eran sensatos y la hermana prudente.

Observez la concordance ou construction suivante :

Un arbre d'une écorce dure.	Un *árbol duro* de corteza.
Un homme d'un génie prompt.	Un *hombre fuerte* de genio.
Une femme d'un visage blanc,	Una *muger blanca* de cara,
de haute taille,	*alta* de cuerpo,
ayant des yeux noirs,	*negra* de ojos,
d'embonpoint,	*gorda* de talle,
des mains longues.	*larga* de manos.
Un homme ayant les pieds légers,	Un *hombre ligero* de piés,
un esprit borné,	*limitado* de talentos,
une grosse taille,	*recio* de cuerpo,
la vue basse,	*corto* de vista,
*l'*esprit vide,	*vacío* de entendimiento ;

qui ne sait pas se taire,   *blando* de boca,
honteux, etc.   *corto* de genio.

Le génie de l'espagnol aime communément plutôt l'active que la passive. Exemple :

Leur histoire est peu con-nue *des autres nations*   Las demas naciones co-nocen poco su historia.

Un grand talent lui fut accordé *par la nature.*   *Concedióle* la naturale-za un talento sublime.

Dans les narrations on emploie plutôt le prétérit parfait que l'indicatif. Exemple :

Il l'attaqua, le met *en déroute et le* fait *pri-sonnier.*   Le acometió, le *derrotó,* y le *hizo* prisionero.

L'espagnol aime les phrases longues, qu'il unit par le moyen des *conjonctions* et des *relatifs.* Exemple :

Il reconnut son artifice. Il répondit en peu de mots.   Conoció su artificio, *y por eso* respondió en pocas palabras.

Laissez-moi pleurer mon père. Vous savez com-bien il mérite d'être pleuré.   Déxeme llorar à mi pa-dre, *pues* sabe Vm. quanto merece el ser llorado.

On apperçut une troupe de barbares armés : c'étaient les Himé-riens.   Viéron una turba de bár-baros armados, *los quales* eran los Hime-rianos...

Dans leur histoire on *trouve des traits de bonté. Ces traits nous frappent beaucoup plus...*   Se hallan en su historia rasgos de bondad *que* ou *los quales* nos hacen mayor impresion...

CONSTRUCTION FIGURÉE. (1)

L'ordre des paroles de la construction naturelle

---

(1) Ce traité étant très-nécessaire j'y emploie le même langage et les mêmes exemples qui se trouvent dans la gram-maire de l'Académie royale espagnole : on ne saurait rien dire de mieux. J'invite donc les amateurs à s'en bien pénétrer.

se change souvent, lorsque l'usage constant le permet, et suivant la situation des personnes qui parlent, pour donner aux propositions plus de douceur, d'élégance, de vivacité, de sublimité, et d'énergie, dont elles seraient dépourvues si les mots qui les composent étaient arrangés d'après l'ordre de la construction naturelle. On trouve plus d'ordre dans les paroles de celui qui parle dans une conversation tranquille, que dans celles d'une personne agitée d'une grande passion ; plus par conséquent dans le style familier et didactique, que dans le style oratoire et poétique.

La langue française ne s'écarte guères de l'ordre de la construction naturelle, surtout hors le style sublime et poétique. L'espagnole, au contraire, emploie plus généralement la *figurée* dans tous les styles.

La construction figurée est donc celle qui n'observe pas exactement en tout ou en partie l'ordre et les règles de la naturelle, dont on s'écarte de quatre manières, savoir :

1.º En *changeant* l'ordre naturel des paroles, ou en les transposant, ce qu'on appelle *hiperbate*, c'est-à-dire, *inversion*.

2.º En *supprimant* quelque parole ou paroles qui seraient nécessaires dans la construction naturelle, ce qu'on appelle *ellipse*, c'est-à-dire, *défaut*.

3.º En *ajoutant* quelque parole ou paroles qui ne seraient pas nécessaires dans la construction naturelle, ce qu'on appelle *pléonasme*, c'est-à-dire, *superfluité*.

4.º En *s'écartant* des règles de la *concordance*, ce qu'on appelle *sillepse*, c'est-à-dire, *conception*, car on fait accorder les paroles avec le sens qu'on y attache, et non pas avec leur juste valeur.

Voici un exemple de construction naturelle :

El premio y el castigo son convenientes en la guerra, así como la justicia y la clemencia	*La récompense et la punition sont utiles pendant la guerre, comme la justice et la*

(102)

son convenientes en la
paz.

*clémence sont utiles
pendant la paix.*

Cet exemple où l'on trouve toutes les règles de la construction naturelle exactement observées, est de construction figurée chez un des Auteurs les plus classiques de la langue espagnole, de cette manière :

Asi como son convenientes en la paz la justicia y la clemencia, son en la guerra el premio y el castigo. (Saavedra empr. 22.)

Cette phrase est de construction figurée par deux raisons, premièrement parce que l'ordre des mots y est troublé par *l'hiperbate*, et secondement parce qu'on supprime l'adjectif *convenientes* dans son dernier membre, par *ellipse*. La construction figurée étant ainsi connue en général, je traiterai des quatre *figures* qu'on y emploie, dans les quatre articles suivans.

ARTICLE PREMIER DE L'HIPERBATE.

L'hiperbate, comme nous avons dit, est l'inversion ou la transposition des mots contre les règles de la construction naturelle. Cette transposition ne peut jamais avoir lieu entre l'article et le nom, parce que la nature invariable de l'article est de précéder toujours le nom. Au contraire, malgré qu'il soit conforme à l'ordre de la construction naturelle de placer le substantif avant l'adjectif, la personne active avant le verbe, et le verbe avant l'adverbe et avant la personne passive, on peut en espagnol, et il est même quelquefois utile de changer cet ordre naturel, en plaçant l'adjectif avant le substantif, le verbe avant la personne active, et l'adverbe ou la personne passive avant le verbe. Exemple :

Dichosos los padres que tienen buenos hijos.

Heureux les pères qui ont de bons enfans.

Feliz la tierra donde viven los hombres en paz.

Heureux le pays où les hommes vivent en paix.

Diestramente gobierna el que sabe evitar los delitos.

Celui qui sait empêcher les crimes, gouverne adroitement.

(103)

Dans ces trois exemples on voit l'*hiperbate*, car on trouve dans le premier les adjectifs *dichosos* et *buenos* avant les substantifs *padres* et *hijos*. Dans le second on voit l'adjectif *feliz* avant le substantif *tierra*. Dans le troisième, l'adverbe *diestramente* est placé avant le verbe *gobierna*, et ce verbe avant la personne active *el que sabe evitar los delitos*. Si ces propositions avaient la construction naturelle, on dirait :

> *Los padres que tienen hijos buenos son dichosos,*
> *La tierra donde los hombres viven en paz es feliz.*
> *El que sabe evitar los delitos gobierna diestra-*
> *mente.*

Mais elles ne seraient pas en espagnol si énergiques, parce qu'elles ne commencent point par les mots dont la signification est l'objet *principal* de la proposition.

L'objet du premier exemple est d'exprimer le *bonheur* des pères qui ont de bons enfans ; c'est pour cela qu'il commence par l'adjectif *dichosos*. Ce bonheur ne consistant pas à avoir des enfans, mais à ce qu'ils soient *bons*, cet adjectif précède le substantif *hijos*, parce que c'est celui qui marque cette *bonté*.

L'objet du second exemple est d'exprimer la *félicité* du pays où l'on vit en paix ; c'est pour cela qu'il commence par l'adjectif qui signifie cette *félicité*.

Celui du troisième est d'exprimer l'*adresse* avec laquelle gouverne celui qui sait opposer une barrière aux crimes ; il commence donc par l'adverbe qui signifie cette adresse.

Lorsque *Saavedra*, cité ci-dessus, écrivit (*empr.* 49):

Tan *terrible* se mostró en una audiencia el rey *Asuero* à la reyna Ester, que cayó desmayada.	*Le roi* Assuerus *se manifesta si terrible dans une audience à la reine* Esther, *qu'elle tomba évanouie.*

Il plaça sans doute l'adjectif *terrible* avant le substantif *Asuero*, parce que son intention *principale* était d'exprimer la *terreur* que la présence d'Assuérus occasionna à Esther ; autrement il aurait dit, suivant l'ordre de la construction naturelle : *El rey Asuero se manifestó tan terrible en una audiencia à la reyna Ester, que cayó desmayada* ; mais la proposition n'aurait pas été si énergique, parce qu'elle n'aurait pas marqué de suite la *terreur*.

Malgré que l'usage de ces figures en espagnol semble être quelquefois arbitraire ou indifférent, il se fonde communément sur quelque raison de convenance, et pour bien parler il faut suivre cet usage fondé sur la raison et sur l'autorité, ou sur l'autorité seule lorsqu'on ne trouve point de raison.

L'usage est si puissant qu'il a rendu comme naturelles plusieurs expressions figurées, de manière qu'elles seraient défectueuses si on voulait les réduire à l'ordre rigoureux de la construction naturelle ; ainsi les adjectifs *alguno* et *ninguno* précèdent toujours les substantifs dans les propositions affirmatives. Exemple :

Tengo alguna esperanza.　　*J'ai quelque espoir.*
Ningun hombre viene.　　*Aucun homme ne vient.*

On parlerait mal si on les plaçait après les substantifs, en disant : *tengo esperanza alguna, viene hombre ninguno.* Mais si les propositions sont négatives on peut les placer après les substantifs, en disant : *no tengo esperanza alguna* ou *ninguna,* ou bien *no tengo ninguna esperanza,* ou *ninguna esperanza tengo : no viene hombre alguno* ou *ninguno,* ou bien *no viene ningun hombre,* ou *ningun hombre viene.* Il ne serait pas agréable de placer deux négations avant le verbe, mais on peut en placer une avant et l'autre après, et alors elles nient avec plus de force.

Les adjectifs *poco, mucho, demasiado, harto, bastante,* joints immédiatement aux substantifs, ne peuvent jamais être placés après. Exemple :

Muchos soldados hay.　　*Il y a beaucoup de soldats.*

pocos víveres tienen.　　*ils ont peu de vivres.*
demasiadas mugeres vienen.　　*il vient trop de femmes.*

hartos trabajos padezco.　　*je souffre bien des peines.*

(105)

bastantes afflicciones nos   *il nous donne assez de*
causa.   *chagrins.*

On ne pourrait jamais dire : *hay soldados muchos, tienen víveres pocos*, etc. Mais lorsqu'on place le verbe entre le substantif et l'adjectif, il est seulement tolérable de placer l'adjectif après ; ainsi on pourrait dire ; *soldados habia muchos*, *víveres tenian pocos*, etc. , ce qui signifierait à-peu-près *quant aux soldats il y en avait beaucoup* , *quant aux vivres ils en avaient peu*, etc.

Par la même raison que les adjectifs précèdent quelquefois les substantifs, les verbes précèdent leurs personnes actives. En voici trois exemples :

1. En la guerra puede   *L'autorité du sang est*
mucho la autorídad de   *très-puissante dans la*
la sangre, pero no se   *guerre, mais elle ne*
vence con ella , sino   *donne pas la victoire,*
con el valor y la indus-   *ce n'est que le coura-*
tria (*Saavedra empr.*   *ge et l'industrie.*
17.)

L'ordre naturel de cet exemple aurait été ainsi : *La autoridad de la sangre puede mucho en la guerra, pero no se vence con ella , sino con el valor y la industria.* Mais la clarté demandait un autre arrangement de paroles , car le substantif *autoridad* précédant le verbe *puede* , on n'aurait su trouver pour le pronom *ella* une autre place que celle qu'il occupe, et le sens en aurait été obscur ou équivoque, puisque ce pronom aurait pu se rapporter au nom *guerra* au lieu du nom *autoridad* auquel il se rapporte.

2. Obran en el relox las   *Les roues agissent dans*
ruedas con tan mudo   *la montre avec un si-*
y oculto silencio, quo   *lence si profond et si*
ni se ven ni se oyen   *caché, qu'on ne les voit,*
(*Saavedra empr.* 57.)   *ni on ne les entend.*

L'ordre naturel de ce second exemple serait de cette manière : *Las ruedas obran en el relox con un silencio tan mudo y oculto, que ni se oyen ni se ven.* L'auteur de cette proposition en troubla sans doute l'ordre naturel en faveur de l'élégance ; c'est pour cela

O

qu'il plaça non seulement le verbe *obran* avant la personne active *ruedas*, mais encore le substantif *silencio* après les adjectifs *mudo* et *oculto*. Il changea aussi la distribution des verbes en disant *ni se ven ni se oyen*, ayant dû dire *ni se oyen ni se ven*, avec le même ordre qu'il avait placé les adjectifs *mudo* et *oculto*, auxquels devaient correspondre les verbes *oir* et *ver*.

3. No se contentó el entendimiento humano con la especulacion de las cosas terrestres.
(*Saavedra emp.* 86.)

L'esprit humain ne se contenta pas de la spéculation des choses terrestres.

L'ordre naturel de ce troisième exemple serait ainsi : *El entendimiento humano no se contentó con la especulacion de las cosas terrestres.* Mais l'énergie exige d'exprimer *premièrement* que l'esprit humain *aspire* à quelque chose de plus qu'à la spéculation simple des choses de la terre ; d'ailleurs l'auteur voulut aussi éviter la cacophonie qui aurait résulté de la concurrence des deux syllabes *no no* dans les mots *humano no*.

Par la même raison qu'on place les adjectifs avant les substantifs, et les verbes avant les personnes actives, on place les adverbes et les personnes passives avant les verbes. Exemple :

Bien está. — *C'est bien.*
Mucho corre. — *Il court beaucoup.*
Poco vale. — *Il vaut peu de chose.*
Tarde viene. — *Il vient tard.*
Nunca llega. — *Il n'arrive jamais.*
Dinero busco. — *Je cherche de l'argent.*
Honras pretendes, etc. — *tu prétends aux honneurs*

Dans tous ces exemples et dans d'autres semblables on desire toujours *anticiper* la modification des verbes, et les choses qu'on a le plus à cœur.

ARTICLE SECOND DE L'ELLIPSE.

L'*ellipse* est une figure en vertu de laquelle on *supprime* quelque parole ou paroles nécessaires pour l'intégrité grammaticale d'une expression, mais non pas pour son intelligence. Elle est d'un usage très-fréquent et utile en espagnol, et même en français, puisqu'elle nous aide à exprimer nos idées avec le moins de paroles qu'il soit possible, en supprimant celles qui ne sont pas fort nécessaires pour faire comprendre le sens d'une phrase. On l'emploie souvent dans la conversation familière ; on se salue et on se parle en disant simplement :

Adieu : bonjour.	á Dios : buenos dias.
bien venu.	bien venido.
comment le trouvez-vous ? bien.	que tal ? bien.
bien de grâces.	muchas gracias.
jusqu'à tantôt, etc.	hasta luego, etc.

Au lieu de dire avec toute l'intégrité grammaticale:

Je te recommande à Dieu, *ou je prie* Dieu *qu'il te conserve.*	*A Dios* te encomiendo, *ó d Dios* pido que te guarde.
Que le bon Dieu te donne un bon jour, *ou je te souhaite un bon jour*	*Buenos dias* te dé Dios, *ó buenos* dias te deseo.
Comment le trouvez-vous ? je le trouve bien.	*Que tal* le parece á Vm.? me parece *bien.*
Je vous rends bien de grâces.	Le doy á Vm. *muchas gracias.*
Jusqu'à tantôt *que je reviendrai.*	*Hasta luego* que volveré.

On l'emploie également dans les écrits, et l'on pourrait lire à peine trois ou quatre lignes sans la trouver, de quelque côté que l'on veuille lire un livre. On lit dans Saavedra :

Un vasallo pródigo destruye á sí mis¹, un príncipe á sí y á sus vasallos.	*Un sujet prodigue se détruit lui-même, un prince lui et ses sujets.*

Dans le second membre de cette proposition, on supprime l'adjectif *pródigo,* le pronom *se,* et deux fois le verbe *destruye,* car on devrait dire, avec toute l'intégrité grammaticale : *un principe pródigo se destruye á sí y destruye á sus vasallos.*

Lorsqu'on place deux ou plusieurs substantifs, qui appartiennent à une même chose, suivis immédiatement et sans conjonction, c'est en vertu de la figure que quelques-uns appellent *apposition*, qui n'est autre chose que la même *ellipse*, puisque l'on y supprime ordinairement un relatif et un verbe. Exemple :

Madrid corte del rey de España, *esto es*, Madrid *que es* corte del rey de España.	*Madrid cour du roi d'Espagne*, c'est-à-dire, *Madrid* qui est la *cour du roi d'Espagne.*

Il est nécessaire de bien connaître cette figure, pour ne pas tomber dans l'erreur de ceux qui donnent pour des exceptions de quelques règles, celles qui ne l'ont jamais été. C'est une règle invariable de la grammaire espagnole que les *noms propres* ne portent jamais l'article *défini*, et cependant quelques Auteurs prétendent qu'il faut en excepter quelques noms propres de *rivières*, *royaumes*, *provinces* et même de *personnes*, comme *el Tajo*, *el Ebro*, *el Duero* ; *las Españas* ; *las Andaluclas* ; *el Petrarca*, *el Bocacio*, *el Taso*, etc., la rivière du Tage, de l'Ebre, du Duero ; les Espagnes ; les Andalousies ; le Pétrarque, le Bocace, le Tasse, etc., sans considérer qu'avant ces noms *propres* on supprime les noms *communs* ou *appellatifs* qui portent les articles *définis* comme *rio*, *reyno*, *provincia*, *autor*. On pourrait également prétendre que les *adverbes* se joignent, par leur nature, aux *adjectifs*, puisqu'on lit dans *Saavedra empr.* 51 :

Los ánimos *demasiadamente rezelosos*, por huir de un peligro,dan en otros mayores.	*Les esprits* trop soupçonneux *pour fuir un peril*, *tombent dans d'autres plus grands.*

Mais si l'on considère qu'après le substantif *ánimos* on supprime par *ellipse* les mots *que son*, on verra que l'adverbe *demasiadamente* modifie le verbe *ser*, et non l'adjectif *rezelosos*. Ces exemples suffisent pour connaître la nature et l'usage de l'*ellipse*.

ARTICLE TROISIÈME DU PLÉONASME.

Le *pléonasme* est une figure en vertu de laquelle on *ajoute* quelque parole ou paroles qui ne sont pas nécessaires pour l'intégrité grammaticale ; mais elles donnent plus de force , et ne laissent aucun doute à ceux qui nous écoutent sur ce que nous voulons dire , comme dans ces propositions :

Lo vi *por mis ojos.*	*Je le vis de mes yeux.*
Lo firmé *de mi mano.*	*Je le signai de ma main.*

Les mots *por mis ojos* , *de mi mano* sont des pléonasmes , puisqu'on ne voit qu'avec les *yeux* et qu'on ne signe qu'avec la *main* , mais ils donnent plus de force et d'énergie à ces propositions. Dans ces autres :

Volar por el ayre.	*Voler en l'air.*
Subir arriba.	*Monter en haut.*
Baxar abaxo.	*Descendre en bas.*

Les mots *por el ayre* , *arriba* et *abaxo* sont aussi des pléonasmes , parce qu'ils y sont superflus pour l'intégrité grammaticale , par la même raison qu'on ne peut voler qu'en l'*air* , qu'on ne monte qu'en *haut* , et que l'on ne descend qu'en *bas* ; mais l'usage constant fondé sur le desir de ne laisser le moindre doute , a permis et établi de les y ajoûter.

L'adjectif *mismo* ou *propio* que l'usage permet de placer après un nom ou après un pronom , pour donner plus de force aux phrases , est un mot *inutile* et par conséquent un pléonasme. Exemple :

El rey *mismo* lo ha mandado.	*Le roi* lui-même *l'a or-donné.*
Yo *mismo* estuve presente.	*J'y fus présent* moi-même.
Tu *propio* lo dixiste.	*Tu le dis* toi-même.

Par la même raison on trouve en espagnol l'usage établi de répéter quelquefois les pronoms personnels. Exemple :

A *il te* habla.	*C'est à toi qu'il parle.*
A *mi* me lo dice.	*C'est à moi qu'il le dit.*
Le veo à *Vm.*	*Je vous vois.*
Para decirselo à *Vm.* etc.	*Pour vous le dire...*

Cela contribue à la plus grande clarté des propositions.

ARTICLE QUATRIÈME DE LA SILLEPSE.

La *sillepse* est une figure en vertu de laquelle on fait accorder les paroles non suivant leur véritable valeur, mais selon l'idée ou le sens qu'on y attache. Cela arrive en espagnol lorsqu'en parlant des personnes ou avec des personnes du sexe masculin, qui jouissent de *titres de dignité*, on fait accorder, par *sillepse*, les adjectifs avec le genre du *sexe* et non pas avec celui des *titres*. Exemple :

Su *Magestad* está *enfermo.*	*Sa* Majesté *est* indisposée.
Vuestra *Alteza* es muy *bueno.*	*Votre* Altesse *est trop* bonne.

Il en arrive de même lorsque le verbe peut concorder avec un nom *pluriel*, au lieu de s'accorder avec un nom *collectif singulier*, qui est sa véritable personne active. Exemple :

Una *infinidad* de soldados peleaba ó *peleaban*	*Une infinité de soldats combattait.*
Una *multitud* de hombres acudió ó *acudiéron.*	*Une foule d'hommes accourut.*
Una *quadrilla* de mugeres que llegó ó *llegdron*, hizo ó *hiciéron* lugar.	*Une bande de femmes qui arrivèrent, fit place.*
Una *cantidad* de luces que pusiéron, alumbró ó *alumbrdron* la sala.	*Une quantité de lumières que l'on mit, éclaira la salle.*

Voici un exemple où l'on trouve six fois la figure *sillepse* :

Augusto, acabada la guerra, volvió á Cantabria, donde dió perdonála *muchedumbre;*	*La guerre étant terminée, Auguste retourna à Cantabrie, et il pardonna à ses habi-*

pero porque (1) de allí adelante no se *alterasen*, *confiados* en la aspereza de los lugares fragosos donde *moraban*, *les* mandó (2) *pasasen* à lo llano sus moradas, y *diesen* cierto número de rehenes. (*Mariana*, Hist. lib. 3. cap. ult.)

tans : mais, afin de leur ôter tout moyen de rebellion que pouvait encourager parmi eux la confiance que leur inspirait le pays montueux et coupé de forêts qu'ils habitaient, il leur donna ordre de transporter leurs demeures dans la plaine, et de livrer un certain nombre d'otages.

Ici les mots pluriels *alterasen*, *confiados*, *moraban*, *les*, *pasasen* et *diesen*, s'accordent avec le nom singulier *muchedumbre*, que l'on considère pluriel parce qu'il signifie *pluralité*.

LISTE DE QUELQUES *PHRASES DONT LE RÉGIME DIFFÈRE DANS LES DEUX LANGUES*. (3)

Acreedor *á*, de la confianza   *digne* de la confiance.

Ageno *del* carácter ó *del* estado de uno.   *opposé* à l'état, ou au caractère *de quelqu'un.*

---

(1) Aujourd'hui on dirait plutôt *paraque*, afin que.

(2) On voit que *Mariana* supprime ici la conjonction *que*.

(3) J'ai mis dans cette liste les mots qui se trouvent dans celle de la grammaire de l'Académie royale espagnole dont le régime diffère du français; j'ai cru *inutile* d'y placer ceux dont le régime est le *même* dans les deux langues, ainsi que plusieurs de ceux qui ont un régime dont la signification est détaillée au chapitre des *prépositions*, et ceux qui sont rarement employés, et substitués par d'autres dont l'emploi plus fréquent est consacré par l'usage ; mais j'y en ai ajouté un grand nombre dont le régime diffère dans les deux langues, qui ne se trouvent point dans la dite liste, ni dans aucune autre grammaire. Voyez le recueil des phrases dont les *idées* et le régime diffèrent du français. Je préviens les amateurs qu'on trouve des fautes grossières dans des grammaires de l'Académie royale espagnole, qui ne sont pas certainement sorties des presses de l'Académie, et qui sont apparemment des contrefaçons faites hors de l'Espagne.

Agradecido, desagradecido á los beneficios.	reconnaissant, méconnaissant des bienfaits.
Apasionado á la música.	amateur de la musique.
Aprobado de cirujano.	chirurgien approuvé.
Apto, bueno, propio, capaz, hábil, inhábil, etc. para el empleo.	apte, bon, propre, habile, inhabile, etc. à l'emploi.
Atento, amoroso, afable, terrible, cortes, descortes, etc. con todos.	respectueux, aimable, affable, terrible, honnête, mal-honnête, etc. envers tout le monde.
Bueno de comer.	bon à manger.
Capaz de cien quintales.	pouvant contenir cent quintaux.
Constante, inconstante, perseverante, incesante, incansable, puntual ó exâcto, nimio, ligero ó pronto, tardo ó lento, diestro, parco, ágil, vigilante, etc. en.	constant, inconstant, persévérant, assidu, infatigable, exact, trop scrupuleux, prompt, lent, adroit, sobre, agile, vigilant, etc. à.
Experto, perito, instruido, hábil, ignorante, etc. en las ciencias.	expert, savant, instruit, habile, ignorant, etc. dans les sciences.
Fácil, difícil de digerir.	facile, difficile à digérer.
Fiel, infiel, ingrato, etc. á, con uno.	fidèle, infidèle, ingrat, etc. envers quelqu'un.
Impelido de la necesidad.	poussé par le besoin.
Indeciso en resolver.	indécis dans la résolution.
Inductivo de error.	qui induit en erreur.
Indulgente con sus hijos.	indulgent pour ses enfans.
Joya de oro, de plata.	bijou en or, en argent.
Mayor, menor de edad.	plus âgé, moindre en âge.
Pendiente de un clavo.	pendant à un clou.
Postrado de la enfermedad.	abattu par la maladie.
Primero, segundo, etc. en dar.	premier, second, etc. à donner.
Pronto á, para hacerlo.	prêt à le faire.
Temeroso del, de la, etc.	craignant le, la, etc.

Abalanzarse á los peligros, á uno.   *s'élancer au milieu des dangers, vers quelqu'un.*

abordar una nave á, con otra.   *s'aborder (en parlant des navires).*

abrasarse ó arder *en* deseos, *en* amores.   *brûler de desir, d'amour.*

abrazarse *con*, abrazar *á*, dar un abrazo *á* uno.   *embrasser quelqu'un.*

abrirse *á*, *con* uno.   *ouvrir son cœur à quelqu'un*

abundar *de*, *en* trigo.   *abonder en bled.*

acabar *con* una cosa.   *détruire quelque chose.*

acabar *con* uno.   *tuer quelqu'un.*

acalorarse *en*, *con* la disputa.   *s'échauffer dans la dispute.*

acercarse, arrimarse *á*.   *s'approcher de.*

acercarse *á* España.   *s'approcher de l'Espagne.*

acertar *la*, *con la* casa.   *trouver la maison.*

acogerse *á*, guarecerse *en*, refugiarse *á*, *en*.   *se refugier dans.*

aconsejarse *de*, *con* uno.   *prendre conseil de quelqu'un.*

acreditarse *de* necio.   *se faire passer pour sot.*

acreditarse *con* uno.   *s'acquérir la considération, l'estime de quelqu'un.*

actuarse *en* los negocios.   *se mettre au fait des affaires.*

adestrar á uno *en*.   *dresser quelqu'un à.*

adolecer *de* una enfermedad.   *avoir une maladie.*

aficionarse, apasionarse *á* leer.   *prendre du goût pour la lecture.*

agradecer, estimar los favores.   *remercier des faveurs.*

ahorrarse, dexarse, quitarse *de* razones ó quimeras.   *laisser là les raisonnemens, couper court.*

no ahorrarse *con* nadie.   *parler librement à tout le monde.*

airarse *con* uno.   *se fâcher contre quelqu'un.*

P

alcanzar *en* cuenta *á* uno.   *être créancier* de quelqu'un.

alcanzar la victoria *contra*.   *remporter la victoire* sur.

alimentarse, mantenerse, sustentarse *de, con* yerbas, *de* esperanzas.   *se nourrir* d'herbes, *nourrir un espoir*.

alzarse *con* el mando.   *se rendre maître* du gouvernement.

amañarse *á* escribir.   *user d'adresse* pour apprendre à écrire.

amenazar *con* suplicios.   *menacer* de *supplices*.

andar *en* pleytos.   *plaider*.

andar *de* capa.   *aller* en *manteau*.

anhelar *á, por* mayor fortuna.   *aspirer* à une plus grande *fortune*.

aparar *en* la mano.   *présenter* la main pour recevoir une chose.

apartar *á* un lado.   *mettre de côté*.

apoyar *con* razones.   *appuyer* sur *des raisons*.

apoyar *en* la pared.   *appuyer* au, contre *le mur*.

apresurarse *á* hacer.   *se hâter* de *faire*.

apretar *ó* cerrar *con* el enemigo.   *serrer de près* l'ennemi.

arrancar *de* los brazos.   *arracher* d'entre *les bras*.

arrebozarse *con* una capa.   *s'affubler* d'un *manteau*.

arribar *á* una isla.   *aborder* dans une *île*.

arriesgarse *á* hacer.   *se hasarder* de, à *faire*.

asegurar *el* acierto.   *répondre* du *succès*.

asir ó agarrar *del* brazo.   *saisir* par *le bras*.

asomarse *por* la ventana.   *se montrer* à la *fenêtre*.

asomarse *á* la puerta.   *paraître* sur *la porte*.

atraer *á* si.   *attirer* vers *soi*.

atreverse *á* hacer.   *oser faire*.

atreverse *con* todos.   *être hardi* envers *tout le monde*.

atribularse, afligirse etc. *en, con, por* las desgracias.   *s'affliger* à cause des *malheurs*.

avecindarse *en* Paris.   *s'établir* à *Paris*.

aventajarse, adelantarse *á* otros.   *surpasser* d'autres.

aventurar, arriesgar algo *en* la mar. — *risquer quelque chose sur mer.*

Barar *en* tierra. — *tirer un vaisseau à terre.*

blasonar, hacer alardes, presumir, alabarse, jactarse, vanagloriarse, picarse, preciarse *de* sabio, *de* rico, etc. — *vanter sa bravoure, ses richesses : se vanter d'être savant, riche : faire parade de sa bravoure, de ses richesses, etc.*

brindar, convidar *con* regalos. — *offrir des présens.*

Caer *en* algo. — *se souvenir d'une chose.*

caer *en* el rastro. — *trouver la piste.*

caer *en* gracia. — *plaire.*

caer ó dar *en* buenas ó malas manos. — *s'adresser à un bon ou mauvais sujet.*

caer *de* piés. — *tomber sur ses pattes.*

caer *de* espaldas una cosa á otra. — *présenter le dos (c'est-à-dire, quand une chose tourne le dos à une autre)*

callar *la* verdad. — *se taire sur la vérité.*

cambiar, trocar una cosa *con*, *por* otra. — *échanger une chose contre une autre.*

cansarse, fatigarse *en*, *con* el trabajo. — *se fatiguer du, au travail.*

censurar algo *de* malo. — *déclarer qu'une chose est mauvaise.*

cerrarse *en* no responder. — *se tenir ferme à ne pas répondre.*

clavar los ojos *en*. — *regarder fixement le, etc.*

coger *la* palabra *á* uno. — *prendre quelqu'un au mot.*

coger *en* el hecho. — *prendre sur le fait.*

coger *con* el hurto *en* la mano. — *attraper en flagrant délit.*

combatir, pelear, batallar, lidiar, luchar *con*, *contra* uno. — *combattre, lutter contre quelqu'un.*

comedirse, medirse, mesurarse *en* las palabras. — *être honnête, circonspect dans les paroles.*

comer *de* carne. — *faire gras.*

comer *de* pescado ó *de* vigilia. — *faire maigre.*

compadecerse , lastimarse, condolerse , apiadarse de las desgracias.	compâtir aux malheurs.
compensar con.	compenser par.
competir con.	être compétiteur de.
complacerse de, deleytarse en , de.	se plaire à.
conceptuar á uno de sabio.	croire quelqu'un savant.
concurrir á , en un lugar.	accourir ensemble dans un lieu.
concurrir en un dictámen.	être d'une même opinion.
condenar en costas.	condamner aux dépens.
condenar en una multa.	mettre à l'amende.
conformarse con , acomodarse á , andar con el tiempo.	se conformer au tems.
congeniar unos con otros.	être d'un même génie.
congraciarse , insinuarse con uno.	s'insinuer, gagner les bonnes graces de quelqu'un.
conocer en la voz.	connaître à la voix.
consentir en : consistir en.	consentir à : consister à.
contar con uno, ó con algo.	compter sur quelqu'un , sur quelque chose.
contentarse de , con.	se contenter de.
continuar , proseguir en.	continuer à.
convenir en hacer.	convenir de faire.
conversar en materias de estado.	parler sur des affaires d'état.
correr con un asunto.	gouverner une affaire.
corresponder á uno , á los beneficios.	payer de retour quelqu'un, les bienfaits.
corresponder con.	répondre à.
Los medios no corresponden con las buenas intenciones.	Les moyens ne répondent pas aux bonnes intentions.
cuidar de uno.	soigner quelqu'un.
cumplir con uno.	remplir son devoir envers quelqu'un.
cumplir con su palabra.	tenir parole.
cumplir con su obligacion.	remplir son devoir.

Dar *de* palos, *de* puñaladas.	*donner* des *coups de bâton, de poignard.*
dar *de* comer, *de* beber.	*donner* à *manger, à boire.*
dar *de* mano *á.*	*suspendre.*
dar *de* barato.	*supposer.*
dar *de* sí.	*prêter en s'élargissant.*
dar *en* el blanco.	*frapper* au *blanc.*
dar *en* cara con los vicios.	*reprocher* les *vices.*
dar *en* hacer.	*prendre à tache de faire.*
dar *en* manías.	*avoir des idées extravagantes.*
dar *en* que, haber dado *en* que.	*s'opiniâtrer* à.
dar *en, á* la calle, caer *á* la calle (*la ventana.*)	*donner* sur *la rue* (la fenêtre, *etc.*)
dar *con* el palo.	*frapper* du *bâton.*
dar *con* una cosa.	*trouver une chose.*
dar *con* la carga *en* tierra.	*jetter la charge* par *terre.*
dar *con* la puerta *en* la cara, *en* los ojos, ò *en* los hocicos *á* uno.	*fermer la porte* au *nez* de *quelqu'un.*
dar *consigo en* un lugar.	*arriver* dans *un lieu.*
dar *que* hacer.	*occasionner* du *travail.*
dar *que* decir.	*faire parler de soi.*
dar *que* sentir.	*occasionner* du *chagrin.*
dar *que* pensar.	*donner* à *réfléchir.*
dar gracias *de, por.*	*remercier* de.
darse *á* entender.	*se faire entendre.*
darse *á* conocer.	*se faire connaître.*
darse *á* estudiar.	*s'adonner* aux *études.*
darse *por* vencido.	*ceder en dispute ou autrement.*
defender *á* uno *de* su enemigo.	*défendre quelqu'un* contre *son ennemi.*
desabrocharse, desahogarse *con* uno *de* su pena.	*découvrir en confiance sa peine à quelqu'un.*
desaparecerse *de* la vista de.	*disparaître* à *la vue de.*
descabezarse *en* algo.	*se rompre la tête* pour *comprendre une chose.*

descararse ó desvergon- parler effrontément à quel-
zarse *con* uno. qu'un.
descolgasre *de, por* la ven- *descendre* par *la fenêtre*
tana. *par le moyen d'une*
corde.
descuidarse *de, en* su obli- *oublier son devoir.*
gacion.
descuidarse *de* una cosa. *oublier quelque chose.*
desembarcar *en* el puerto. *débarquer* au *port.*
desenfrenarse *en* vicios. *s'abandonner* aux *vices.*
deshacerse, molerse, ma- *se tuer* au *travail.*
tarse *á* trabajar.
desposarse, casarse *con* uno *épouser quelqu'un.*
desvergonzarse *á.* *avoir l'impudence* de.
detenerse, pararse *en* di- *s'arrêter* à des *difficultés.*
ficultades.
dexar *en* manos de uno. *laisser* entre les *mains de*
quelqu'un.
dignarse *de* hacer. *daigner faire.*
disgustarse *de, con* algo. *s'ennuyer* d'une *chose.*
disputar *de, sobre* algo. *disputer* sur *une chose.*
distinguir una cosa *de* otra. *distinguer une chose* d'a-
vec une autre.
distraerse *de, en,* no estar *être distrait* dans *la con-*
en la conversacion. *versation.*
divagar *por* los desiertos. *errer* dans *les déserts.*
divertirse *á, en* jugar. *se divertir* à *jouer.*
durar *por* muchos años. *durer* pendant *de longues*
années.
Echar *á, en, por* tierra. *jetter* à, par *terre.*
echar mano *á* la espada, *tirer l'épée.*
ó arrancar *de* la espada.
echar mano *á* la bolsa. *tirer* la *bourse.*
echar mano *á* algo para *saisir une chose pour la*
robarlo. *voler.*
echar mano *de* algo para *prendre une chose pour*
servirse de ello. *s'en servir.*
echar *la* mano encima *á* *arrêter quelqu'un.*
uno.
echar *de* ver algo. *prévoir une chose.*

echar á la cárcel. — mettre en prison.
echar á presidio. — envoyer aux galères.
echar á perder. — gâter.
echar á pique. — couler bas.
echar á mal. — trouver mauvais.
embobarse en, con, de. — s'ébahir, s'étonner de.
empapar en. — tremper de.
emparejar con uno. — se mettre à côté de celui qui marchait devant.
empeñarse en algo. — vouloir une chose à toute force.
empeñarse á concluir. — se faire fort de finir.
empezar por, con hacer. — commencer par faire.
emplearse en. — employer son tems à.
encallar en la arena. — échouer sur le sable.
encaramarse trepar, por. — grimper à, sur.
encargar algo á uno. — charger quelqu'un d'une chose.
encaxarse, introducirse en, por una parte. — se faufiler dans un lieu.
encenderse en ira. — s'enflammer de colère.
enfermar del pecho. — survenir une maladie à la poitrine.
engreirse con. — s'enorgueillir de.
enmendarse, corregirse de, en. — se corriger de, sur.
ensayarse en algo. — s'essayer, essayer une chose.
entenderse de. — se connaître à.
entender en sus negocios. — s'occuper à ses affaires.
enterar á uno de algo. — faire savoir une chose à quelqu'un.
enterarse de, imponerse en. — se mettre au fait de.
entrar á la parte por una mitad. — aller de moitié dans une affaire d'intérêt.
entretenerse en cosas útiles. — s'amuser des choses utiles.
escapar de los peligros. — échapper aux dangers.
escarmentar con el castigo. — se corriger en voyant la punition.

escarmentar *en* cabeza agena.	*prendre exemple sur les malheurs d'un autre.*
esculpir *en* mármoles.	*graver sur des marbres.*
esforzarte *á* hacer.	*s'efforcer de, à faire.*
esmerarse *en.*	*mettre tous ses soins à.*
esperar, creer, etc. *que :* espero, creo, *que* haré, ó espero, creo hacer.	*espérer, croire de : j'espère, je crois de faire.*
estampar *en* buen papel.	*imprimer sur bon papier.*
estar *para* hacer.	*être sur le point de faire.*
estar *por* hacer.	*être tenté de faire.*
estar *de* centinela, *de* gala, *de* luto, *de* pendencia, *de* humor, etc.	*être en sentinelle, en habit de fête, en deuil, en querelle, en humeur, etc.*
estar *de* viage.	*devoir partir incessamment.*
estar *de* venta.	*être en vente.*
estar *en* ánimo de.	*avoir l'intention de.*
estar *en* algo.	*comprendre, être au fait d'une chose.*
estar *en* lo que se dice.	*faire attention à ce qu'on dit.*
estar *en* si, ó *en* su seso.	*être dans son bon sens.*
estar *en* mano de alguno.	*ne tenir qu'à, dépendre de quelqu'un.*
estar *en* que.	*croire.*
estar ó ir sobrado, *a, os, as,* de algo.	*avoir une chose en abondance.*
esta ó ir falto ó escaso, *a, os, as,* de algo.	*manquer, être privé, n'avoir guère d'une chose.*
estar ó ir *de* priesa, tener priesa.	*être pressé.*
estar *con* pesadumbre.	*être chagrin.*
estar amancebado *con* los libros.	*aimer passionnément la lecture.*
estar malo *de* la cabeza, *de* los ojos, etc.	*avoir mal à la tête, aux yeux.*
estar herido, padecer *en.*	*être blessé, souffrir à.*
estrellar algo *en, contra* la pared.	*écraser une chose en la jettant contre le mur.*

estrellarse *contra, en* los escollos. — *se briser* contre *les écueils.*

estribar *en.* — *être appuyé* sur, au, contre.

exceder *en* mil reales. — *passer mille réaux.*

excusarse *con* alguno. — *s'excuser* auprès de *quelqu'un.*

explayar la vista *por.* — *jetter ses regards* sur.

explayar el ánimo *en* los campos. — *aller se récréer* aux *champs.*

exponerse *en, á los* peligros. — *s'exposer* au milieu des, aux *dangers.*

Fiarse *de* uno. — *se fier* à quelqu'un.

fiarse *de,* confiar *en* algo ó alguno. — *se fier à une chose, à quelqu'un.*

fingir *que.* — *feindre de.*

fixar carteles *por* las esquinas. — *mettre des affiches.*

fixar *en.* — *attacher, coller* à, sur, *ficher* dans.

fluctuar *en, entre* dudas. — *flotter* dans *les doutes.*

formalizarse *por.* — *se formaliser* de.

Ganar *por* la mano. — *prendre les devants.*

gastar ó pasar el tiempo *en.* — *passer son tems* à.

gozar ó disfrutar *del* favor de. — *avoir les bonnes graces de.*

graduar *de* bueno, *de* malo. — *déclarer qu'une chose est bonne, mauvaise.*

grangear el afecto *á,* grangearse el afecto *de.* — *gagner l'estime* de.

gustar uno *de,* gustar ó agradar algo *á* uno. — *aimer* à, *se plaire* à; *aimer* (les alimens).

gusto *de* baylar, me gusta *el* baylar. — *j'aime la danse, j'aime à danser.*

me gustan *los* pichones, ó gusto *de* los pichones. — *j'aime les pigeons.*

Haber inconveniente, reparo, obstáculo *en.* — *y avoir d'inconvénient, de doute, d'obstacle* à.

haberlas ó tenerlas *con* uno — *en vouloir* à *quelqu'un.*

haber *de,* tener *que,* deber hacer. — *avoir* à, *devoir faire.*

Q

habilitar á uno *para*. — *rendre quelqu'un capable de.*

habitar *en* el, *en* la. — *habiter* le, la.

habituarse *d*, *en*, acostumbrarse ó hacerse *d*. — *s'accoutumer* à.

hablar *al* ayre, *con* magisterio, *con* disfraz, *con* los ojos, *en* nombre de, *por* boca de otro. — *parler* en *l'air*, en *maître*, à *mots couverts*, des *yeux*, au *nom de*; *dire ce qu'un autre a dit.*

hacer bastante *con* hablar. — *faire assez de parler.*

hacer *por*. — *faire* ensorte *de*

hacer ó llevar ventaja, ó aventajarse *d*. — *surpasser* (en comparaison).

hacer noche *en*. — *coucher* à (t. de voyage).

hacer *de* valiente. — *faire* le *vaillant*.

hacer *del*, *de la*. — *faire* le, la (en affectation).

hacer ó dar *del* cuerpo. — *aller à la selle.*

hacerse cargo *de*. — *avoir égard* à : *se charger de : se mettre au fait* de.

hacerse *de* rogar. — *se faire prier.*

hacerse *de* nuevas. — *faire semblant de n'en rien savoir.*

heredar *los* bienes de. — *hériter* des *biens de*

herir á uno *en* el brazo, *en* la reputacion. — *blesser quelqu'un* au *bras*, *noircir la réputation de quelqu'un.*

huir, apartarse *de* algo, *de* uno, *de* Madrid. — *fuir quelque chose, quelqu'un, fuir* de *Madrid.*

Idolatrar *en* alguno. — *idolâtrer quelqu'un.*

inclinarse *á* tal opinion. — *pencher pour telle opinion*

incorporarse *en* la cama. — *se mettre* en, *sur son séant dans le lit.*

inhibir al juez *de*, *en* el conocimiento de. — *inhiber au juge la connaissance de.*

insistir, subsistir, persistir *en*. — *insister* sur, *persister* dans.

instruir á uno *en* algo. — *apprendre une chose à quelqu'un.*

interceder, interesarse, empeñarse *con*. — *intercéder* auprès de.

internarse, emboscarse *en* los montes.	*s'enfoncer* dans *les bois.*
internarse, engolfarse *en* los mares, etc.	*s'enfoncer* dans *les mers.*
interponer su autoridad *con* uno.	*interposer son autorité* auprès de *quelqu'un.*
intervenir *en.*	*intervenir* à.
introducirse, meterse *con* los que mandan.	*se faufiler* parmi *ceux qui gouvernent.*
invertir el dinero *en* mercaderías.	*employer l'argent* à acheter *des marchandises.*
ir *á* casa, *á* palacio, *á* México, *á* Indias. -- Venir *de* casa, *de* palacio, *de* México, *de* Indias.	*aller* à la *maison*, au *palais*, au *Mexique*, aux *Indes.* -- *Venir* de la *maison*, du *palais*, du *Mexique*, des *Indes.*
ir *á* la gloria, *al* infierno.	*aller* en *paradis*, en *enfer.*
ir *á* Francia.	*aller* en *France.*
ir *á* la mano á uno.	*surveiller et corriger la conduite* de *quelqu'un.*
irse *á* la mano.	*se contenir.*
ir *en* seguimiento *de* uno.	*suivre quelqu'un.*
ir divagando *por los* montes	*errer* dans *les montagnes.*
Jurar *que*; juro *que* haré.	*jurer* de, *je jure* de *faire.*
Leer los pensamientos *d* uno.	*deviner l'intention* de *quelqu'un.*
levantar la voz *al* cielo.	*pousser des cris* jusqu'au *ciel.*
llegar *á*.	*arriver* à, dans.
llevarse *de* calles, ó aventajarse á uno *en* el juego, etc.	*surpasser quelqu'un au jeu*, etc.
llevar *del* sobaco.	*mener* par dessous le *bras.*
dexarse llevar *de* una pasion.	*se laisser entraîner par une passion.*
Maliciar *en* todo.	*soupçonner* sur *tout.*
malquistarse *con*.	*se rendre odieux* à.
mantener á uno *á* pan y cuchillo, ó *á* pan y manteles.	*nourrir, donner la table* à *quelqu'un.*

matizar *de*, con varios colores.	*nuancer, tacheter* de diverses couleurs.
mejorar á uno *en* tercio y quinto.	*avantager quelqu'un en lui léguant* le tiers et le quint.
merecer *d, de*, con uno.	*mériter* auprès de quelqu'un.
meterse *con* uno.	*chercher noise* à quelqu'un.
meterse *d* gobernar.	*s'ingérer* de gouverner.
meterse *en* todo.	*fourrer son nez partout.*
meterse, entremeterse *en* asuntos agenos.	*se mêler* des affaires des autres.
mirar *á* oriente.	*envisager* l'orient.
mirar, procurar *por* los intereses de uno.	*viser* aux *intérêts* de quelqu'un.
mirarse *en* uno.	*se considérer* dans un autre, *le chérir comme soi-même.*
mirarse *en* algo.	*mettre tous ses soins* à, *bien réfléchir* sur une chose.
montar á caballo *en* una mula.	*monter* à cheval sur une mule.
motejar á uno *de* ignorante.	*dire* à quelqu'un en sa présence qu'il est un ignorant.
mover *á* lastima *á* uno.	*émouvoir la compassion* de quelqu'un.
Notar á uno *de* hablador.	*dire que quelqu'un est un bavard.*
no estar *para*.	*n'être pas* en humeur, ou en état de.
no hallarse *de* placer ó *de* tristeza.	*être fort gai, ou fort triste.*
no ir *en* zaga *d* otro *en* talentos, etc.	*n'être pas moins qu'un autre en talent*, etc.
no poder recabar *consigo, de* si.	*ne pouvoir gagner* sur *soi.*

no poder pegar los ojos en toda la noche.	*ne pouvoir dormir de toute la nuit.*
no tenerlas todas consigo.	*avoir de cuisans soucis.*
no tener que ver *con.*	*n'être pas comparable* à.
Obligar *á*, obligarse *á*, obligado *á.*	*obliger* à, *s'obliger* à, *obligé* de.
ocupar, ocuparse *en.*	*occuper, s'occuper* à.
oler *á.*	*avoir l'odeur* de.
olvidarse *de* algo.	*oublier quelque chose.*
opinar *en, sobre.*	*opiner* sur.
Pagar *con* palabras, ó *con* razones.	*payer* de *paroles.*
paladearse *con* algo.	*savourer une chose.*
pararse *en* alguna parte *á* descansar.	*s'arrêter quelque part* pour *se reposer.*
parir un niño, una niña (1).	*accoucher d'un garçon, d'une fille.*
participar *de.*	*participer* à.
particularizarse *con* uno.	*user de partialité* envers *quelqu'un.*
pasar el tiempo *en.*	*passer le tems* à.
pasar algo *por* la imaginacion.	*rouler quelque chose* dans *l'esprit.*
pasarse *de* maduro.	*se gâter pour être trop mûr.*
pasarse *de* bachiller.	*être reçu bachelier.*
pecar *de* necio, *de* bueno.	*pécher* par *bétise*, pour *être trop bon.*
pedir *por* alguno.	*demander quelqu'un.*
pegar *á, contra* la pared.	*coller* au, contre *le mur.*
pegar *en, contra* la pared.	*frapper* contre *le mur.*
penarse, afligirse *por.*	*s'affliger* de.
pensar *en*, meditar, reflexîonar *en, sobre.*	*penser* à, *méditer, réfléchir* sur.
perseverar *en.*	*persévérer* à.
pescar *con* red, *con* caña.	*pécher* au *filet* à la *ligne.*

---

(1) L'usage constant rejette ici la préposition *á*, malgré que la rigueur de la grammaire la demande.

picar *en*, *de* todo. — goûter un peu de *toutes les sauces*.

picarse , enojarse *de, por*. — *se fâcher* de.

plantar *en* , echar *á* la calle á uno. — *mettre à la rue, chasser quelqu'un*.

ponderar , exâgerar algo *de* grande. — *dire en exagérant qu'une chose est fort grande*.

poner órden *en*. — *mettre ordre* à.

poner *en*. — *mettre* à , dans , sur.

poner *á* oficio. — *donner* un *métier*.

poner *por* testigo. — *prendre* à *témoin*.

poner á uno *por* gobernador. — *nommer quelqu'un gouverneur*.

ponerse *en* los peligros. — *s'exposer* au milieu des *dangers*.

ponerse *en* peligro de. — *s'exposer* au *péril de*.

ponerse *de* luto. — *prendre* le *deuil*.

ponerse *á* zapatero. — *se faire cordonnier*.

porfiar, obstinarse *en* algo *con* uno. — *s'opiniâtrer* à une chose contre *quelqu'un*.

postrarse *en* tierra. — *se prosterner* à *terre*.

predicar *en* desierto. — *prêcher* dans le *désert*.

prendarse *de*. — *prendre de l'estime* pour.

prescindir *de* una razon. — *laisser de côté une raison*.

privar *con* uno. — *être le favori de quelqu'un*.

procurar hacer , ver *de* hacer. — *tâcher de faire*.

profesar amistad *á* uno. — *avoir de l'amitié* pour *quelqu'un*.

prometerse , lisonjearse que. — *se flatter* de.

me prometo *que* aprenderé. — *je me flatte d'apprendre*.

me lisonjeo *de* eso. — *je m'en flatte*.

propasarse *con* uno *en* algo — *passer les bornes de la bienséance envers quelqu'un en faisant une chose*.

prorumpir *en* un mar de llanto. — *se mettre à pleurer amèrement*.

proveer el empleo *en* uno.	*conférer l'emploi* à quelqu'un.
Quebrar el corazon *d.*	*émouvoir la compassion de.*
Recibir *de* todas partes.	*prendre à toutes mains.*
recibirse *de* abogado.	*subir l'examen* pour *être reçu avocat.*
reclinarse *en , sobre.*	*s'appuyer* contre , sur.
reconvenir *con* las mismas razones.	*réfuter* par *les mêmes raisons.*
regodearse *en , con.*	*se délecter , trouver du plaisir* à.
renegar *de* uno.	*renier quelqu'un.*
reparar *en.*	*s'appercevoir* de , voir.
repartir algo *á, entre* muchos.	*partager une chose* entre *plusieurs.*
reservar *para* algo.	*réserver* à, pour *une chose.*
resolverse *á* hacer.	*résoudre de faire.*
reventar , rabiar , morirse *por* hablar.	*avoir une forte envie de parler.*
rodear *con , de.*	*entourer* de.
Saber *á.*	*avoir la saveur* de.
sacar la cara *por* uno.	*répondre de quelqu'un.*
sacar *de* pila.	*tenir sur les fonts.*
sacar *en* limpio.	*en conclure.*
salir *á* compaña.	*entrer en campagne.*
salir , salirse *con* la suya , *con* ello.	*venir à bout de sa prétention.*
saltar *en* tierra.	*prendre terre* (t. de marine)
sentarse *en* la silla.	*s'asseoir* sur *la chaise.*
ser *de.*	*appartenir* à, *être* à.
ser amigo *de* jugar.	*aimer le jeu.*
servir *para* hacer , *para* el vestido , *á* uno.	*servir* à *faire,* pour *l'habit* à quelqu'un.
servir *de* algo.	*être utile* à *quelque chose.*
servir *de* cocinero.	*servir* en qualité de *cuisinier.*
sobresalir *entre* todos en ingenio.	*surpasser tous* en *esprit.*
soltar *la* presa.	*lâcher prise.*

soltar los perros *contra* uno.	*lâcher les chiens* après quelqu'un.
soltar *de* la mano.	*lâcher , donner comme par force.*
substituir *en* otro.	*substituer* en faveur d'un autre.
substraerse *de*.	*se soustraire* à.
suplicar *de* la sentencia.	*supplier* contre *la sentence*
surtir *de* víveres.	*fournir* les *vivres*.
suspirar *por* algo.	*soupirer* après *quelque chose.*
Tachar á uno *de* ligero.	*dire que quelqu'un est volage.*
tardar *en* venir.	*tarder* à *venir*.
temer ó temer *de* incomodar.	*craindre* d'incommoder.
tener un hijo , dos amigos, muchos sobrinos , etc. (1)	*avoir un enfant , deux amis, plusieurs neveux.*
tener derecho ó razon *para*.	*avoir droit ou raison* de.
tener inclinacion *al* vicio, amor *á* la virtud , horror *á* la crueldad, etc.	*avoir du penchant* pour le *vice* , *l'amour* de *la vertu* , *l'horreur* pour la *cruauté , etc.*
tener *con* que.	*avoir* de *quoi*.
tenerse *por* feliz.	*se croire heureux*.
teñir *de* azul.	*teindre* en *bleu*.
tirar *de* la capa.	*tirer* par *le manteau*.
tirar *á* verde.	*tirer* sur le *verd*.
tocar *el* violin.	*jouer* du *violon*.
tocar *á* misa, *á* muertos, *á* rebato.	*sonner* la *messe*, pour les morts , le *tocsin*.
tocar *en* el punto de la dificultad.	*toucher* au *point de la difficulté*.
tomar interes *en*.	*prendre part* à.
tomar *en* la mano.	*prendre* à *la main*.

---

(1) L'usage constant rejette encore ici la préposition *á*.

tomar *á* bien ó *á* mal. — *prendre* en *bonne ou mauvaise part : trouver bon, trouver mauvais.*

trabajar *en* las fraguas, *en* los caminos. — *travailler* aux *forges*, aux *chemins.*

traer *en* lenguas *á* uno. — *murmurer* contre *quelqu'un.*

tratar *en* lanas. — *faire le commerce des laines.*

tropezar *en* algo. — *heurter* contre *une chose.*

tropezar *con* algo. — *trouver quelque chose.*

Valuar *en* tal precio. — *évaluer* à *tel prix.*

venderse *por* amigo *á*. — *feindre* d'être *l'ami* de.

venir *en* ello, ó venir bien *en* ello. — *en être d'accord, y consentir.*

verse *con* uno. — *aller voir quelqu'un.*

verse precisado *á*. — *être contraint* de.

vivir ó morar *en* Francia, *en* la calle de, *en* su tierra — *demeurer* en *France*, à *la rue de*, dans *son pays.*

vivir *de* milagro. — *vivre* par *miracle.*

volar *por* el ayre. — *voler* en *l'air.*

volver *por* uno. — *prendre le parti* de *quelqu'un.*

volver las espaldas *de*, *por* miedo, *por* desprecio, etc. — *tourner le dos* de *peur*, par *mépris.*

Xeringar ó gastar la paciencia *á* uno. — *épuiser la patience* de, à *quelqu'un.*

Zapatearse *con* uno. — *disputer, se battre* contre *quelqu'un.*

Les mots qui ont de l'analogie avec les phrases ci-dessus ont souvent le même régime. Exemple :

Abochornarse, agraviarse, airarse, apesadumbrarse, desabrirse, desazonarse, encolerizarse, enconarse, enfadarse, enojarse, indignarse, etc. *con, contra* uno, *de*, *por* algo. — *Se mettre en colère, s'offenser, se fâcher, se courroucer, prendre de l'humeur* contre *quelqu'un* pour, à cause de, à propos de *quelque chose.*

ORTHOGRAPHE.

Souvenez-vous bien des règles de la manière de lire, et du détail que nous avons donné des parties du discours ; tâchez de bien retenir la manière d'écrire les noms et les verbes, la première fois que vous les étudierez par cœur, et vous écrirez orthographiquement. Les règles qu'on pourrait donner sur l'orthographe, ne seraient utiles qu'à ceux qui savent le *latin*, le *grec*, l'*arabe*, etc. Les curieux pourront les voir dans l'orthographe de l'Académie royale espagnole. Ajoutez cependant les observations suivantes.

1. On supprime l'*h* après *r* et après *t*. Exemple :

retórica rinoceronte.   *rhétorique, rhinocéros.*

teatro, Tomas, Teresa.   *théâtre, Thomas, Thérése*

2. Les mots pris du latin qui s'écrivent en français avec deux *mm*, sont écrits en espagnol avec *nm*. Exemple :

inmortal, inmenso.   *immortel, immense.*

3. Le *ph* des mots pris de l'hébreu et du grec a été subtitué par l'*f*. Exemple :

filósofo, fisica.   *philosophe, physique.*

4. Quelques mots qu'on écrivait autrefois avec *mp*, conformément à leur origine, sont écrits aujourd'hui avec un seul *n*. Exemple :

asuncion, redentor.   *assomption, rédempteur.*

5. Les diphtongues *ay*, *ey*, *oy*, *uy* s'écrivent avec *y grec* lorsqu'on les prononce d'une seule émission de voix, sans appuyer sur l'*y*. Exemple :

caygo, hay.   *je tombe, il y a.*

peyne, ley.   *peigne, loi.*

oygo, doy.   *j'entends, je donne.*

comboy, *ou* convoy, muy.   *convoi, très* ou *fort.*

Si l'on appuye sur l'*i* ce ne sont plus des diphtongues, ce sont deux syllabes avec *i* latin prononcées en deux tems. Exemple :

caido, creido.   *tombé, cru.*

oido, ruido.   *entendu, bruit.*

Excepté les 2.ᵉˢ personnes du pluriel des verbes qui ne portent point d'accent, ainsi que les noms de nombre *seis*, *veinte* et *treinta*. Exemple :

amais, temeis, sois. *vous aimez, craignez, êtes.*

Les voyelles *ui* de la 2.ᵉ personne du pluriel de l'indicatif des verbes finissant en *uir* forment deux syllabes où l'on appuye sur l'*i*. Exemple :

substituis, instruis. *vous substituez, ins-*
truisez.

Exceptez aussi la diphtongue *ui*, qui s'écrit avec *i* latin au commencement et au milieu des mots, en la prononçant d'une seule émission de voix. Exemple :

cuidado, descuido. *soin, négligence.*

Le nom *buytre*, vautour, en est excepté.

6. C'est une règle constante que l'*i* placé entre deux voyelles, sur lequel on n'appuye pas la voix, est toujours *y grec*, considéré comme lettre *consonne* qui forme syllabe avec la voyelle qui suit ; si on y appuye la voix, c'est toujours *i* latin qui forme syllabe séparée. Exemple :

rayo, cayendo. *foudre, en tombant.*
caia, veia, oia. *je tombais, voyais,*
entendais.

On considère également cette voyelle comme une consonne, lorsqu'elle est la première lettre du mot suivie de voyelle. Exemple :

yerba, yerro, yugo. *herbe, erreur, joug.*

Entre deux consonnes, ou après consonne on n'écrit jamais *y grec* : on doit écrire *lira*, *Gerónimo*, et non pas *lyra*, *Gerónymo*, malgré que l'*y* se trouve grec dans l'origine.

7. On ne double en espagnol d'autres consonnes que les deux *ll* et les deux *rr*, pour leur donner un son différent de celui qu'elles ont étant simples ; les deux *cc* avant *e*, *i*, dont le premier a le son du *k*, et les deux *nn* qu'on prononce distinctement.

8. On met des accens aigus sur des mots qui pourraient s'équivoquer avec d'autres ; l'espagnol n'a pas l'accent grave. Ex^{ple} :

si; sé; dé; tú; mí; él;   *oui, soi; je sais; qu'il*
  hácia, etc.   *donne; toi; moi; lui;*
     vers.

si ; se; de; tu; mi; el;   *si; se; de; ton, ta; mon,*
  hacia.   *ma ; le ; je faisais.*

Il faut aussi accentuer la préposition *á*, et les conjonctions *é, ó, ú.*

L'accent circonflexe ne sert que pour donner le son du *k* au *ch*, et le son de *cs* à l'*x*, qui précèdent la voyelle.

9. Les règles de la ponctuation sont à peu-près comme en français, excepté les points *interrogatifs* et *admiratifs* qui se mettent *doubles* ; l'un est renversé et précède la phrase, et l'autre la suit. Exemple :

  ¿ Que dice usted ?   *que dites-vous ?*

  ¡ Que terrible es la muerte! *que la mort est terrible!*

La grammaire de l'Académie royale espagnole dit que cela ne devrait se faire que dans les phrases *longues.*

Je considère comme *inutile* à un étranger qui *doit apprendre par cœur* les mots espagnols, la liste qu'on trouve dans l'orthographe de l'Académie royale espagnole sur les paroles dont elle *fixe* l'orthographe *douteuse* ; elle est cependant *très-utile* à un espagnol, parce qu'il est *accoutumé* à les voir écrits avec une orthographe différente.

LISTE ALPHABÉTIQUE DES ABRÉVIATIONS QU'ON EMPLOIE FRÉQUEMMENT DANS LES ÉCRITS.

A. C.	año christiano.	*an chrétien ou ère vulgaire.*
@	arroba ó arrobas.	*poids de 25 livres.*
AA.	Autores.	*Auteurs.*
Adm.or	Administrador.	*Administrateur.*
Ag.to	Agosto.	*Août.*
Am.o	Amigo.	*Ami.*
Ant.o	Antonio.	*Antoine.*

App.^{co}	Apostólico.	*Apostolique.*
Art. : Art.º	artículo.	*article.*
Arz͡bpo	Arzobispo.	*Archevéque.*
B.	Beato.	*Bienheureux.*
b. (*en las citas*)	buelta.	*tournez.*
B.ʳ	Bachiller.	*Bachelier.*
B.L.M.: B.l.m.	Beso ó besa la mano ó las manos.	*je baise* ou *il baise les mains.*
B.L.P.: B.l.p.ˢ	Beso ó besa los piés.	*je baise* ou *il baise les pieds.*
C. M. B.	Cuyas manos beso ó besa.	*dont je baise , ou il baise les mains.*
C. P. B.	Cuyos piés beso ó besa.	*dont je baise , ou il baise les pieds.*
B.ᵐᵒ P.ᵉ	Beatísimo Padre.	*très-Bienheureux Père*
Cam.ʳᵃ	Cámara.	*Chambre royale.*
Cap.	Capítulo.	*Chapitre.*
Cap.ⁿ	Capitan.	*Capitaine.*
Capp.ⁿ	Capellan.	*Chapelain.*
col.	coluna.	*colonne.*
com.º : comis.ʳⁱᵒ	comisario.	*commissaire.*
c.ᵃ : comp.ᵃ	compañía.	*compagnie.*
cons.º	consejo (*tribunal*).	*conseil (* tribunal *).*
conv.ᵗᵉ conven.ᵗᵉ	conveniente.	*convenable.*
corr.ᵗᵉ	corriente.	*courant.*
D. : D.ⁿ	Don (*tratamiento*).	*Dom* (titre).
D.ᵃ	Doña (*tratamiento*).	*Dame* (titre).
DD.	Doctores.	*Docteurs.*
D.ʳ	Doctor.	*Docteur.*
D͡ho	dicho.	*dit.*
D͡ha	dicha.	*dite.*
D͡ro	derecho (*substantivo*).	*droit.*
Diz.ᵉ : Diz.ʳᵉ	Diciembre.	*Décembre.*
Dom.º	Domingo (*nombre propio*).	*Dominique.*

ecc.º , ecc.ᵃ	Eclesiástico , Eclesiástica.	*Ecclésiastique.*
En.º	Enero.	*Janvier.*
Ex.ᵐᵒ , Ex.ᵐᵃ	Excelentísimo , Excelentísima.	*Excellentissime.*
fho	fecho.	*fait* ou *daté.*
fha	fecha.	*datée* ou *date.*
Feb.º Febr.º	Febrero.	*Février.*
fol.	folio.	*folio.*
Fr.	fray ó frey (*tratamiento*)	*Frère* (titre de religion)
Fran.co	Francisco.	*François* (nom propre).
Frnz	Fernandez (*apellido*).	*Fernandez* (nom de famille).
gue : g.de	gvarde.	*garde* (verbe).
gra	gracia.	*grace.*
Gen.l	General (*dignidad*).	*Général* (dignité)
gral	general (*adjetivo*).	*général* (adjectif).
Intend.te	Intendente.	*Intendant.*
Ill.e	Ilustre.	*Illustre.*
Ill.mo , Ill.ma	Ilustrísimo, Ilustrísima.	*Illustrissime.*
Jhs	Jesus.	*Jesus.*
Jph	Josef.	*Joseph.*
Ju.	Juan.	*Jean.*
lib.(*en las citas*)	libro.	*livre* (en citant un Auteur).
lib.s ó ♯.s , ſ , &	libras: sueldos: dineros.	*livres* (poids ou monnaie) : *sols : deniers.*
lin.	línea.	*ligne.*
Lic.do / Lido	Licenciado.	*Licencié* (degré t. d'université).
M. P. S.	Muy poderoso Señor.	*très-puissant Seigneur.*
M.e	Madre.	*Mère.*
M.r	Monsiur.	*Monsieur.*
m.or	mayor.	*plus grand.*
m.s a.s	muchos años.	*plusieurs années.*

Mag.^d	Magestad.	Majesté.
Man.^l	Manuel.	Manuel (nom propre).
May.^{mo}	Mayordomo.	Maître-d'hôtel.
Mig.^l	Miguel.	Michel.
Minro	Ministro.	Ministre.
Mrd	merced.	grace ou faveur.
Mrn	Martin.	Martin.
Mrnz	Martinez (apellido).	Martinez (nom de famille).
Mro	Maestro.	Maître.
mrs : m.^s	maravedís.	maravedis (petite monnaie).
M. S.	manuscrito.	manuscrit.
M. SS.	manuscritos.	manuscrits.
N. S.	nuestro Señor.	notre Seigneur.
N. S.^a	nuestra Señora.	notre Dame.
nro	nuestro.	notre.
nra	nuestra.	notre.
Nov.^e: Nov.^{re}: 9.re	Noviembre.	Novembre.
Obpo	Obispo.	Évêque.
Oct.^e: Oct.^{re}: 8.re	Octubre.	Octobre.
on.	onza ú onzas.	once ou onces.
orn	órden.	ordre.
P. D.	posdata.	post-scriptum.
p.^a	para.	par ou pour.
P.^e	Padre.	Père.
P.^o	Pedro.	Pierre.
p.^r	por.	par ou pour.
p.^{ta}	plata.	argent (métal).
p.^{te}	parte.	partie.
p.^{to}	puerto.	port.
pag.	página.	page.
pl.	plana.	page.
pp.^{co}	público.	public.
pral	principal.	principal.

P͡ror	Procurador.	Procureur.
Prov.or	Provisor.	Proviseur.
q.e	que.	que.
q.do	quando.	quand.
q.n	quien.	qui.
q.to	quanto.	combien : tout ce que.
R. P. M.	Reverendo Padre Maestro.	Révérend Père Maître.
R.l , R.les ó R.s	Real, Reales.	Royal , Royaux.
r.s	reales (*moneda*).	réaux (monnaie).
R͡mo	Reverendísimo.	très-Révérend.
R͡ma	Reverendísima.	très-Révérende.
R͡do	Reverendo.	Révérend.
R͡da	Reverenda.	Révérende.
R.vi	Recibí.	J'ai reçu.
S.	San ó Santo.	Saint.
S.n : S.to , S.ta	San : Santo , Santa.	Saint , Sainte.
S. M.	Su Magestad.	Sa Majesté.
S. S.d	Su Santidad.	Sa Sainteté.
S.r , S.or : S.ra	Señor : Señora.	Monsieur : Dame.
Seb.n	Sebastian.	Sébastien.
S͡ria:Secret.a:Secret.	Secretaría.	Secrétariat.
S͡rio:Secret.o:Secret.	Secretario.	Secrétaire.
Se.re : Set.e : 7.re	Setiembre.	Septembre.
Ser.mo , Ser.ma	Serenísimo , Serenísima.	Sérénissime.
serv.o	servicio.	service.
Serv.or : Serv.r	Servidor.	Serviteur.
sig.te	siguiente.	suivant.
SS͡mo : SS.mo	santísimo (*sacramento*).	très - Saint (sacrement).
SS͡mo P.e	Santísimo Padre.	très-Saint Père.
SS.no	Escribano.	Greffier.
SS.nia	Escribanía.	Greffe.
súp.ca : supp.ca	súplica ó suplica.	prière ou *il prie*.

sup.te : supp.te	suplicante.	*suppliant.*
Super.te	Superintendente.	*surintendant.*
ten.te	teniente.	*lieutenant.*
tom.	tomo.	*tome* ou *volume.*
t͡po	tiempo.	*tems.*
V. : V.e : Ven. : Ven.e	Venerable.	*Vénérable.*
V. A.	Vuestra Alteza.	*Votre Altesse.*
V. B.d	Vuestra Beatitud.	*Votre Béatitude.*
V. E : V. Ex.	Vuecelencia.	*Votre Excellence.*
v. g.	verbi gratia (*pris du latin.*)	*par exemple.*
V. M.	Vuestra Magestad.	*Votre Majesté.*
Vmd : V.d : Vm.	Usted.	*votre grâce* ou *vous.*
V.ds : Vm.s : Vmd.s	Ustedes.	*vos grâces* ou *vous* (au pluriel).
V. P.	Vuestra Paternidad.	*Votre Paternité.*
V. R.a	Vuestra Reverencia.	*Votre Révérence.*
V. S.	Vueseñoría ó Usía.	*Votre Seigneurie.*
V. S.d	Vuestra Santidad.	*Votre Sainteté.*
V. S. I.	Usía Ilustrísima.	*Votre Seigneurie Illustrissime.*
v.n	vellon.	*veillon* (espèce de monnaie).
vol.	volúmen.	*volume* ou *tome.*
v͡ro	vuestro.	*votre.*
v͡ra	vuestra.	*votre.*
x.mo	diezmo.	*dîme.*
Xp͡tiano	Christiano.	*Chrétien.*
Xp͡to	Christo.	*Christ.*
Xptobal	Christóbal.	*Christophe.*
Yg.la	Iglesia.	*Église.*
Ynq.or	Inquisidor.	*Inquisiteur.*

Tous les mots qui finissent en *miento* étant
polisyllabes , de même que ceux qui finissent en

S

menfè , dans l'abréviation finissent en m.^{to} et en m.^{te} . Exemple :

pensam.^{to}	pensamiento.	*pensée.*
adelantam.^{to}	adelantamiento.	*avancement.*
fingim.^{to}	fingimiento.	*feinte.*
buenam.^{te}	buenamente.	*bonnement.*
ciertam.^{te}	ciertamente.	*certainement.*
infaliblem.^{te}	infaliblemente.	*infailliblement.*

FIN DE LA GRAMMAIRE. (1)

----

(1) C'est après que l'écolier a fini le cours de la grammaire qu'il doit passer à la traduction d'espagnol en français et de français en espagnol. Toute autre manière d'apprendre une langue ne peut être que vicieuse.

SUPPLÉMENT.

REMARQUE SUR L'ANALOGIE DES MOTS FRANÇAIS ET ESPAGNOLS.

La langue espagnole a plusieurs mots pris des phéniciens , des grecs , des arabes , et d'autres nations qui ont dominé ou fréquenté l'Espagne ; mais étant surtout composée, comme la française, d'un très-grand nombre de paroles latines, entières ou alterées , qui furent introduites dans ces deux langues du tems des romains , et adoptées avec quelques changemens convenables au langage des anciens espagnols et gaulois , il en résulte qu'une grande partie de mots que l'une et l'autre langue conservent de la latine, ont une ressemblance très-remarquable ; c'est cette ressemblance dont il faut bien s'appercevoir, pour pouvoir apprendre et retenir en peu de tems un très-grand nombre de paroles espagnoles. A cet effet , je donne ici quelques observations très – utiles pour soulager la mémoire, quoique d'ailleurs pleines d'exceptions.

1.re Plusieurs mots qui en français s'écrivent avec *ch*, en espagnol sont écrits seulement par *c*. Exemple :

Chapon , charbon ,	capon , carbon ,
charité.	caridad.
chasteté , charrette.	castidad , carreta.
chandelle , chambre ,	candela, cámara, etc.
etc.	

2.e SUR LES TERMINAISONS DES SUBSTANTIFS.

AISON , ATION : ACION. —*Oraison , comparaison;*

nation, éducation, etc. Oracion, comparacion, nacion, educacion, etc.

AL : AL. *Animal, arsenal, canal, cardinal, etc.* Animal, arsenal, canal, cardenal, etc.

ANCE : ANCIA. *Vigilance, constance, persévérance, etc.* Vigilancia, constancia, perseverancia, etc.

AT : ADO. *Attentat, sénat, soldat, état, etc.* Atentado, senado, soldado, estado, etc.

ENCE : ENCIA. *Clémence, prudence, diligence, abstinence, etc.* Clemencia, prudencia, diligencia, abstinencia, etc.

ENT : ENTO. *Bâtiment, sacrement, ornement, etc.* Bastimento, sacramento, ornamento, etc.

ESSE : EZA. *Paresse, largesse, richesse, etc.* Pereza, largueza, riqueza, etc.

EUR : OR. *Chaleur, honneur, fleur, couleur, saveur, etc.* Calor, honor, flor, color, sabor, etc.

ICE : ICIO m. ICIA f. *Vice, sacrifice, justice, avarice, etc.* Vicio, sacrificio, justicia, avaricia, etc.

IE : IA. *Comédie, poésie, théorie, etc.* Comedia, poesia, teoria, etc.

IER : ERO. *Chevalier, perruquier, charpentier, savetier, etc.* Caballero, peluquero, carpintero, zapatero, etc.

ISME : ISMO. *Athéisme, déisme, christianisme, etc.* Ateismo, deismo, christianismo, etc.

ISTE : ISTA. *Liste, calviniste, panégiriste, modiste, etc.* Lista, calvinista, panegirista, modista, etc.

URE : URA. *Aventure, imposture, etc.* Aventura, impostura, etc.

DE : D. *Solitude, inquietude, etc.* Soledad, inquietud, etc.

GNE : ÑA. *Montagne, campagne, vigne, etc.* Montaña, campaña, viña, etc.

QUE : CA. *Amérique, rhétorique, etc.* América, retórica, etc.

TÉ : DAD. *Bonté, piété, libéralité, etc.* Bondad, piedad, liberalidad, etc.

3.ᵉ Sur la terminaison des adjectifs.

AIN, *IEN*; *AIS* (de nations): ANO; ES. *Américain, africain, romain, italien; français, portugais, hollandais, etc.* Americano, africano, romano, italiano; frances, portugues, olandes, etc. (*au féminin* ANA, ESA.)

AL, *EL*: AL. *Général, total, partial; tel, provisionnel, essentiel, etc.* General, total, parcial; tal, provisional, esencial, etc.

E: O. *Putride, modeste, sincère, perfide, liquide, etc.* Pútrido, modesto, sincero, pérfido, líquido, etc.

EUX: OSO. *Paresseux, généreux, gracieux, vicieux, vertueux, etc.* Perezoso, generoso, gracioso, vicioso, virtuoso, etc.

OCE: OZ. *Féroce, atroce, précoce, etc.* Feroz, atroz, precoz, etc.

BLE: BLE. *Misérable, insensible, dissoluble, etc.* Miserable, insensible, disoluble, etc.

LIER: LAR. *Particulier, régulier, séculier, etc.* Particular, regular, secular, etc.

QUE: CO. *Rauque, poétique, philosophique, etc.* Ronco, poético, filosófico, etc.

4.ᵉ Sur les terminaisons qui conviennent aux substantifs et aux adjectifs.

AIRE: ARIO. *Vicaire, salaire; précaire, téméraire, etc.* Vicario, salario; precario, temerario, etc.

AIN, *AN*: ANO. *Humain, sain; main, grain; océan, paysan, courtisan, etc.* Humano, sano; mano, grano; océano, paisano, cortesano, etc.

ANC; ANCO. *Banc, flanc; blanc, franc, etc.* Banco, flanco; blanco, franco, etc.

IF: IVO. *Nominatif; actif, passif, vif, etc.* Nominativo; activo, pasivo, vivo, etc.

IN: INO, IN. *Vin, jardin; fin, divin, etc.* Vino, jardin; fino, divino, etc.

OIRE : ORIO m. ORIA f. *Gloire, victoire, mémoire, histoire; exécutoire, etc.* Gloria, victoria, memoria, historia; executorio, etc.

ULE : ULO m. ULA f. *Cédule, particule; crédule, ridicule, etc.* Cédula, partícula, crédulo, ridículo, etc.

NT : NTE. *Pont, front, amant ; constant, diligent, prudent, etc.* Puente, frente, amante; constante, diligente, prudente, etc.

RECUEIL DES NOMS ADJECTIFS LES PLUS NÉCESSAIRES A SAVOIR.

Bon, mauvais, méchant.	bueno, malo, ruin.
savant, ignorant, sot.	sabio, ignorante, tonto.
grand, petit, haut, bas.	grande, pequeño, alto, baxo
gros, épais, mince.	grueso, espeso, delgado.
long, court, large.	largo, corto, ancho.
étroit, droit, tortueux.	estrecho, derecho, tuerto.
neuf, ancien, vieux,	nuevo, antiguo, viejo.
jeune, gras, maigre.	jóven, gordo, flaco.
lourd, léger, plein.	pesado, ligero, lleno.
vide, dur, mou.	vacío, duro, blando.
facile, difficile, doux.	fácil, difícil, dulce.
amer, aigre, propre.	amargo, agrio, limpio.
sale ; chaud, froid.	sucio, puerco; caliente, frio
frais, sec, humide.	fresco, seco, húmedo.
mouillé, fort, faible.	mojado, fuerte, débil.
roide, souple.	tieso, flexîble.
riche, pauvre ; adroit.	rico, pobre ; diestro, mañoso.
agile, mal-adroit.	ágil, torpe.
rusé, matois, simple.	astuto, socarron, sencillo.
habile, inhabile.	hábil, inhábil.
capable, incapable.	capaz, incapaz.
beau ; joli.	hermoso, bello ; lindo, bonito, bien parecido.
laid, de grand nez.	feo ; narigudo.

svelte , d'un maintien élégant , léger , et dégagé.	ayroso , garboso.
bavard , babillard.	charlador , bachiller.
plaisant , facétieux.	chistoso, gracioso, donoso.
railleur , badin.	burlon, chancero, zumbon.
vif ou spirituel.	despejado , vivaracho.
bien fait , généreux.	bizarro.
fameux , célèbre.	famoso , célebre.
heureux.	feliz, dichoso, afortunado, venturoso.
malheureux.	infeliz, desdichado, desgraciado.
qui se trouve dans un besoin pressant, dans un péril extrême.	apretado , apurado.
malade , maladif , sain.	enfermo, achacoso, sano.
vrai, faux, vraisemblable	verdadero, falso, verisímil.
invraisemblable.	inverosímil.
importun , incommode , ennuyeux.	importuno, cansado, pesado, molesto, enfadoso, incómodo.
gai , content , triste.	alegre , contento , triste.
mélancolique , fantasque.	melancólico, fantástico.
capricieux , bizarre.	caprichoso, extravagante, ó raro.
vertueux , vicieux.	virtuoso , vicioso.
sage , fou achevé.	cuerdo , loco rematado.
inconsidéré , bête.	necio, bobo, mentecato, simple.
prudent imprudent.	prudente , imprudente.
insensé, lourdaud, impertinent.	insensato, majadero, impertinente.
juste , injuste.	justo , injusto.
vaillant , lâche.	valiente , cobarde.
fidele , infidele.	fiel , infiel.
saint , sacré , profane.	santo, sagrado , profano.
benin , malin.	benigno , maligno.
humble, soumis , obéissant , désobéissant.	humilde , sumiso , obediente, desobediente.

hautain, altier, orgueil-leux, superbe, vain, arrogant.	altanero, altivo, orgu-lloso, soberbio, vano, arrogante.
innocent, coupable, cri-minel.	inocente, culpable, cri-minal ó reo.
sincère, ingénu.	sincero, ingenuo.
menteur, trompeur.	embustero, ó mentiroso, engañoso.
fin, flatteur.	fino, lisonjero.
chaste, lascif.	casto, lascivo.
modeste, immodeste.	modesto, inmodesto.
honnête, déshonnête.	honesto, deshonesto.
timide, craignant, peureux	tímido, temeroso, miedoso.
honteux, effronté.	vergonzoso, desvergonzado
hardi, insolent.	atrevido, insolente.
téméraire, querelleur.	temerario, pendenciero.
affable, doux, bourru.	afable, llano, zahareño.
poli, honnête; officieux.	cortes, político, urbano, civil; obsequioso.
rustre, mal-honnête.	rústico, descortes, incivil.
pieux, charitable.	piadoso, caritativo.
clément, miséricordieux.	clemente, misericordioso.
compatissant, tendre.	compasivo, tierno.
dur, cruel, vindicatif.	duro, cruel, vengativo.
docile, indocile.	dócil, indócil.
opiniâtre, entêté.	terco, porfiado, testarrudo.
libéral, franc.	liberal, franco.
généreux, prodigue.	generoso, pródigo.
économique, avare.	económico, avaro.
chiche, misérable.	cicatero, ruin, miserable.
affamé, altéré.	hambriento, sediento.
reconnaissant, ingrat.	agradecido, ingrato.
sobre; ivre, ivrogne.	sobrio; borracho.
gourmand, glouton, grand mangeur.	goloso, gloton, comilon.
oisif, paresseux.	ocioso, perezoso.
fainéant, indolent.	holgazan, indolente.
actif, diligent.	activo, diligente.
ami, ennemi.	amigo, enemigo.
constant, inconstant.	constante, inconstante.

éternel , perpétuel.	eterno , perpetuo.
continuel , mutuel.	continuo , mutuo.
réciproque , infini.	recíproco , infinito.
proche.	cercano, próxîmo , vecino, inmediato.
lointain.	lejano, distante, apartado.

De la plupart des adjectifs on forme des adverbes de *manière* , en rendant l'adjectif *féminin* et y ajoutant la terminaison *mente.* Exemple :

Continuo , prudente , fiel , regular, fácil, etc. continuamente , prudentemente , fielmente , regularmente , fácilmente , etc.	*Continuel, prudent, fidèle, régulier, facile, etc. continuellement , prudemment, fidélement, régulièrement , facilement , etc.*

Si deux ou plusieurs de ces adjectifs devaient concourir dans une même phrase , on n'ajouterait la terminaison *mente* qu'au dernier. Exemple.

On doit parler clairement, et d'une manière brière , et précise.	Se debe hablar clara , breve, y concisamente.

NOMS SUBSTANTIFS ABSTRAITS DES ADJECTIFS CI-DESSUS.

Bonté ; méchanceté.	Bondad ; maldad, ruindad.
science , ignorance.	ciencia , ignorancia.
sottise.	tontería, tontedad , etc.
grandeur ; petitesse.	grandor, tamaño; pequeñez
grosseur , épaisseur.	corpulencia , espesura.
le mince, hauteur, bassesse.	delgadez , altura , baxeza.
longueur, le court.	largaria , cortedad.
largeur , l'étroit.	anchura , estrechez.
droiture , tortuosité.	derechura , tortuosidad.
nouveauté, ancienneté.	novedad , antigüedad.
vieillesse , jeunesse.	vejez , juventud.
graisse , maigreur.	gordura , magrura.
poids , légèreté.	peso , ligereza.
plénitude , dureté.	plenitud , dureza.
mollesse , facilité.	blandura , facilidad.

T

difficulté, douceur.	dificultad, dulzura.
amertume, aigreur.	amargura, agrura.
propreté, saleté.	limpieza, suciedad.
cochonnerie.	cochinería, porquería.
chaleur, froid, fraîcheur.	calor, frio, fresco ó frescura
sécheresse, humidité.	sequedad, humedad.
force, faiblesse.	fuerza, debilidad.
roideur, souplesse.	tesura, flexîbilidad.
richesse, pauvreté.	riqueza, pobreza.
adresse.	maña, destreza.
agilité, mal-adresse.	agilidad, torpeza.
ruse, finesse.	astucia, socarronería.
simplicité.	sencillez.
habileté, inhabileté.	habilidad, inhabilidad.
capacité, incapacité.	capacidad, incapacidad.
beauté.	hermosura, belleza, beldad, buen parecer.
laideur, gros nez.	fealdad, narigon.
grâce, maintien élégant, noble.	buen ayre, ayrosidad, garbo.
bavardage, babil, caquet.	charla, cháchara, bachillería.
bon mot, plaisanterie.	dicho agudo, chiste.
bonne grâce.	gracia, gracejo, donayre.
raillerie, badinage.	burla, chanza, zumba.
vivacité.	despejo, vivacidad, viveza.
belle-mine, générosité.	bizarría.
renommée, célébrité.	fama, celebridad.
bonheur.	felicidad, dicha, fortuna, ventura.
malheur.	infelicidad, desdicha, desgracia.
besoin pressant, péril extrême.	aprieto, apuro.
maladie, indisposition.	enfermedad, achaque.
santé, vérité, fausseté.	salud, verdad, falsedad.
vraisemblance.	verosimilitud.
invraisemblance.	inverisimilitud.
importunité, incommodité, ennui.	importunidad, pesadez, molestia, incomodidad, enfado.

joie , contentement.	alegría , contento.
tristesse , mélancolie.	tristeza , melancolía,
fantaisie , caprice.	fantasía , capricho.
bizarrerie.	extravagancia , rareza.
vertu , vice , sagesse.	virtud , vicio , cordura.
folie ; bêtise.	locura ; necedad , bobería, simpleza.
prudence , imprudence.	prudencia , imprudencia.
impertinence.	majadería , impertinencia.
justice , injustice.	justicia , injusticia.
courage, lâcheté.	valor , cobardía.
fidélité, infidélité.	fidelidad , infidelidad.
sainteté , profanation.	santidad , profanidad.
benignité , malignité.	benignidad , malignidad.
humilité , soumission.	humildad , sumision.
obéissance.	obediencia.
désobéissance.	desobediencia.
hauteur, fierté.	altanería , altivez.
orgueil , superbe.	orgullo , soberbia.
vanité , arrogance.	vanidad , arrogancia.
innocence ; faute.	inocencia ; falta , culpa.
crime , délit.	crímen , delito.
sincérité , ingénuité.	sinceridad , ingenuidad.
le mensonge.	la mentira , el embuste.
tromperie , finesse.	engaño , finura.
flatterie, flatterie basse.	lisonja , adulacion.
chasteté , lasciveté.	castidad , lascivia.
modestie, immodestie.	modestia , immodestia.
honnêteté, deshonnêteté.	honestidad, deshonestidad.
timidité, crainte , peur.	timidez, temor , miedo.
honte , effronterie.	vergüenza , desvergüenza.
hardiesse , insolence.	atrevimiento , insolencia.
témérité.	temeridad.
querelle.	riña , pendencia.
affabilité.	afabilidad , llaneza.
politesse ; bon office.	cortesía , política , urbanidad , civilidad ; obsequio.
rusticité , malhonnêteté.	rusticidad , descortesía ; impolítica , incivilidad.

piété , charité.	piedad , caridad.
clémence , miséricorde.	clemencia , misericordia.
compassion , tendresse.	compasion , ternura.
dureté, cruauté, vengeance	dureza , crueldad , venganza.
docilité , indocilité.	docilidad , indocilidad.
opiniâtreté , entêtement.	terquedad , porfía.
libéralité , franchise.	liberalidad , franqueza.
générosité , prodigalité.	generosidad, prodigalidad.
économie , avarice.	economia , avaricia.
lésine , épargne sordide.	cicatería , escasez.
misère , faim , soif.	miseria , hambre , sed.
reconnaissance.	agradecimiento.
ingratitude.	ingratitud.
sobriété , ivresse.	sobriedad , borrachera.
gourmandise , gloutonnerie.	gula , glotonería.
oisiveté.	ocio , ociosidad.
fainéantise.	holgazanería.
paresse , indolence.	pereza, indolencia.
activité, diligence.	actividad , diligencia.
amitié , inimitié.	amistad , enemistad.
constance , inconstance.	constancia , inconstancia.
éternité , perpétuité.	eternidad , perpetuidad.
continuation , infinité.	continuacion , infinidad.
proximité.	cercanía, proxîmidad, vecindad , inmediacion.
éloignement.	distancia , trecho.

RECUEIL DES NOMS SUBSTANTIFS LES PLUS NÉCESSAIRES A SAVOIR. (1)

DU CIEL ET DES ÉLÉMENS.	DEL CIELO , Y ELEMENTOS.
DIEU , nature , ange.	DIOS , naturaleza , ángel.

(1) Les substantifs de ce recueil finissant en *o* ou en *or* ,

ame , esprit , diable.	alma , espíritu , diablo.
démon , fantôme , lutin.	demonio, fantasma, duende
paradis , purgatoire.	paraiso , purgatorio.
enfer , limbe , terre.	infierno , limbo , tierra.
eau , air , feu, la mer.	agua , ayre , fuego, el mar.
soleil , lune , étoile, astre.	sol , luna , estrella, astro.
la planète , la comète.	el planeta , el cometa.
rayon de lumière, ténèbres	rayo de luz , tinieblas.
nue , vent, pluie, ouragan.	nube, viento, lluvia, uracan
averse.	chubasco , aguacero , el-chaparron.
éclair, foudre, tonnerre.	relámpago , rayo , trueno.
neige , grêle , rosée.	nieve , granizo , rocío.
gelée , glace , verglas.	escarcha, yelo, carámbano
tremblement de terre.	terremoto.
brouillard , déluge.	niebla , diluvio.
froid , chaud , tempéré.	frio , calor , templado.
nord , midi.	norte , el mediodia.
couchant , levant.	poniente , levante.

Du Tems et des Saisons.

Del Tiempo , y Estaciones.

Jour, journée , nuit.	El dia , jornada, noche.
midi , minuit.	medio dia , media noche.
commencement, milieu, fin	principio , medio, el fin.
âge d'or, siècle.	siglo de oro , siglo.
an , mois , semaine.	año , mes , semana.
au commencement , au milieu, à la fin du siècle, de l'année, du mois, de la semaine, de l'été, etc.	á principios , á mediados ó á últimos , á fines del siglo , del año , del mes, de la semana , del verano , etc.
heure , quart , minute.	hora , quarto , minuto.
moment , instant.	momento , instante , rato.

sont masculins ; ceux en *a* sont féminins (excepté ceux qui ne peuvent convenir qu'aux hommes). Ceux qui ont ces terminaisons avec un autre genre, et ceux qui se terminent autrement , et dont le genre *diffère* dans les deux langues, portent l'article.

printems ; été.	primavera ; estío , verano.
automne , hiver.	otoño , hibierno.
jour de fête , ouvrier , gras , maigre.	dia de fiesta, de trabajo, de carne , de vigilia ó de ayuno , ó de pescado.
Janvier , Février, Mars.	Enero , Febrero , Marzo.
Avril, Mai , Juin.	Abril , Mayo , Junio.
Juillet, Août, Septembre.	Julio, Agosto , Setiembre.
Octobre , Novembre.	Octubre , Noviembre.
Décembre. Lundi.	Diciembre. Lúnes.
mardi , mercredi , jeudi.	mártes , miércoles, juéves.
vendredi , samedi.	viérnes , sábado.
dimanche. Avent.	domingo. Adviento.
le carnaval.	el carnaval , las carnestolendas.
le jour des cendres.	el miércoles de ceniza.
le carême , Pâque.	la quaresma , Pascua.
Pentecôte.	Pentecóstes ó Epifanía.
la Fête-Dieu.	dia del córpus ó del Señor.
la Toussaint.	todos los Santos.
le jour des morts.	la conmemoracion de los difuntos.
Noël.	Pascua de Navidad.
la veille.	la víspera ó vigilia.
le jour de l'an.	el dia de año nuevo.
récolte , vendange.	cosecha , vendimia.

DIGNITÉS , etc.	**DIGNIDADES , etc.**
Pape , cardinal.	Papa , cardenal.
patriarche , archevêque.	patriarca , arzobispo,
évêque, chanoine, prêtre.	obispo , canónigo, clérigo.
chapelain ; curé.	capellan ; cura , párroco.
vicaire, moine, religieuse.	vicario , frayle , monja.
église, paroisse, chapelle.	iglesia, parroquia, capilla.
autel , messe , vêpres.	altar , misa , vísperas.
enfant de chœur, croix.	monaguillo , cruz.
Empereur , impératrice.	Emperador , emperatriz.
empire, roi, reine.	imperio, rey , reyna.
règne , royaume.	reynado , reyno.

vice-roi, vice-reine.	virrey, virreyna.
prince, princesse.	principe, princesa.
duc, duchesse.	duque, duquesa.
comte, comtesse.	conde, condesa.
vicomte, vicomtesse.	vizconde, vizcondesa.
marquis, marquise.	marques, marquesa.
baron, baronne.	baron, baronesa.
chevalier, dame.	caballero, dama.
gentil-homme, roturier.	hidalgo, plebeyo.
gouverneur, secrétaire.	gobernador, secretario.
juge, avocat, procureur.	juez, abogado, procurador.
notaire, greffier.	notario, escribano.
clerc, huissier.	amanuense, alguacil.
prison, bourreau.	cárcel, verdugo.

ARTS, MÉTIERS, etc.	ARTES Y OFICIOS, etc.
Sculpteur, peintre.	Escultor, pintor.
architecte, maçon.	arquitecto, albañil.
négociant, horloger.	comerciante, reloxero.
libraire, imprimeur.	librero, impresor.
médecin, chirurgien.	médico, cirujano.
garçon chirurgien.	praticante.
apothicaire, perruquier.	boticario, peluquero.
orfèvre, forgeron.	platero, herrero.
ferblantier, chaudronnier.	hojalatero, calderero.
maréchal ferrant, vété-rinaire.	herrador, albéytar.
tailleur, cordonnier.	sastre, zapatero.
chapelier, menuisier.	sombrerero, carpintero.
serrurier, potier.	cerragero, alfarero.
tailleur de pierre, bri-quetier.	cantero, ladrillero.
vitrier, fripier.	vidriero, ropero de viejo.
tisserand, charretier.	texedor, carretero.
voiturier, muletier.	calesero, arriero.
maître, ouvrier, apprenti.	maestro, oficial, aprendiz.
acteur, actrice; musicien.	comediante, la, músico.
danseur, danseur de corde	baylarin, bolatin.
boulanger, pâtissier.	panadero, pastelero.

boucher, poissonnier.	carnicero, pescadero.
aubergiste.	mesonero, ventero, posadero.
auberge.	el meson, venta, posada.
cabarétier, cabaret.	tabernero, taberna.
gargotier.	bodegonero, figonero.
gargote.	el bodegon, el figon.
marchand en détail.	tendero.
magasin, boutique.	almacen, tienda.
blanchisseuse, lessive.	lavandera, colada.
valet, servante.	criado, criada.
chambrière, page, laquais.	camarera, page, lacayo.
cocher, cuisinier.	cochero, cocinero.
marmiton, jardinier.	galopin, jardinero.
le maître, la maîtresse.	el amo, el ama, f.

OUTILS, etc. — HERRAMIENTAS, etc.

Marteau, tenailles, lime.	Martillo, tenazas, lima.
hâche, vis, alêne.	acha, tornillo, alesna.
clou, clou à crochet.	clavo, escarpia.
ciseau, scie, rabot	cincel, sierra, cepillo.
enclume, forge, vrille.	el yunque, fragua, barrena.
le coin, presse, pinceau.	cuña, prensa, pincel.

DEGRÉS DE PARENTÉ, etc. — GRADOS DE PARENTESCO, etc.

Fiancé, ée; fiançailles.	Novio, a; esponsales.
époux, épouse.	esposo, esposa.
mari et femme.	marido y muger.
mariage; l'état, les devoirs du mariage.	casamiento; el estado, las obligaciones del matrimonio.
père, mère, fils, fille.	padre, madre, hijo, hija.
frère, sœur.	hermano, hermana.
grand-père, grand-mère.	abuelo, abuela.
bisaïeul, bisaïeule.	bisabuelo, bisabuela.
trisaïeul, trisaïeule.	tatarabuelo, a.
petit-fils, petite-fille.	nieto, nieta.

arrière-petit-fils , fille.	biznieto , biznieta.
fils, fille de l'arrière-petit-fils , ou fille.	tataranieto , a.
le fils aîné et le cadet.	el hijo mayor y el menor.
oncle, tante ; neveu, nièce.	tio, tia ; sobrino, a.
cousin , cousine.	primo , prima.
beau-père, belle-mère.	suegro, suegra.
beau-fils , belle-fille.	yerno , nuera.
beau-frère , belle-sœur.	cuñado , cuñada.
beau-père, belle-mère du second lit.	padrastro , madrastra.
beau-fils , belle-fille du premier lit.	hijastro , hijastra.

Pour les dix derniers on dit aussi : *padre político, madre política*, *hijo político*, etc.

frère, sœur de père.	medio hermano , a.
frère, sœur utérins.	hermano , a , de madre.
fils , fille par adoption.	prohijado , a.
accouchement.	parto, alumbramiento.
accouchée ; sage-femme.	parida ; comadre, partera.
chirurgien-accoucheur.	comadron , partero.
parrain, compère.	padrino, compadre.
marraine , commère.	madrina , comadre.
filleul , filleule.	ahijado , ahijada.
veuf, veuve ; veuvage.	viudo, a ; la viudez, la viudedad.
orphelin , orpheline.	huérfano, huérfana.
parent, te ; allié.	pariente, ta ; aliado.
l'aîné d'une grande maison	el mayorazgo.
héritier , héritage.	heredero, herencia.
les descendans.	los descendientes.
ancêtres.	mayores ó antepasados.

PARTIES DU CORPS, etc.   PARTES DEL CUERPO, etc.

Membre, tête.	Miembro, cabeza.
la cervelle , le cerveau.	los sesos, el celebro.
cou ; chignon.	cuello, pescuezo ; cogote.
chevelure , cheveu.	cabellera, cabello.
cheveu blanc, poil-follet.	cana, bozo.
poil, sourcil , tempe.	pelo, ceja, sien.

U

paupière, cil.   párpado, pestaña.
front, œil, vue.   la frente, ojo, vista.
oreille, ouïe, son.   oreja, oido, sonido.
nez, odorat, odeur.   la nariz, olfato, olor.
puanteur, bout du nez.   hedor, punta de la nariz.
les narines.   las ventanas de la nariz.
visage, face, rousseur, signe   rostro, cara, peca, lunar.
marque de petite-vérole.   pinta, hoyo de viruelas.
les traits du visage.   las facciones de la cara.
ride, verrue, bouton.   arruga, berruga, grano.
joue ; bouche.   mexilla, carrillo ; boca.
lèvre, langue, gencive.   labio, lengua, encía.
palais, filet de la langue.   paladar, frenillo.
nœud de la gorge.   la nuez de la garganta.
gosier, luette, mâchoire.   gaznate, gallillo, quixada.
dent, molaire, œillère.   el diente, muela, colmillo.
barbe, moustache, épaule.   barba, el bigote, espalda.
le dessus de l'épaule.   el hombro.
aisselle, épine du dos.   sobaco, espinazo.
rein, flanc, poitrine.   riñon, ijar, pecho.
le sein d'une femme.   los pechos de una muger.
tetin, bout de mamelle.   tetilla, pezon.
estomac ; ventre.   estómago ; barriga, vientre
nombril, aine.   ombligo, ingle.
côté ; côte.   lado, costado ; costilla.
hanche.   asentadera, cadera, nalga.
poumon.   pulmon, liviano, bofe.
cœur, râte, foie.   corazon, bazo, higado.
fressure, fiel ; vessie.   asadura, la hiel, vexiga.
les boyaux.   las tripas, los intestinos.
entrailles, chair, os.   entrañas, carne, hueso.
moelle.   medula, meollo, tuétano.
peau ; nerf.   piel, pellejo ; nervio.
veine, artère, sang.   vena, arteria, la sangre.
bras, cuisse, jambe.   brazo, muslo, pierna.
coude, main, poignet.   codo, la mano, puño.
doigt, tact, pouls.   dedo, tacto, pulso.
le pouce, l'index.   el pulgar, el indice.
le grand-doigt.   el dedo de enmedio, ó del
    corazon.
annulaire, petit : genou.   anular, meñique : rodilla.

l'os , *le gras de la jambe.*	espinilla, pantorrilla.
cheville , pied , talon.	tobillo , pié , zancajo.
plante, cou, empeigne du pied.	planta, garganta , *el* empeyne del pié.
orteil.	dedo ó pulgar del pié.
cor , engelure.	callo , *el* sabañon.
ongle , teint , taille.	uña , *la* tez, *el* talle.
la *mine , l'air.*	*el* semblante, *la* traza.
la *démarche.*	*el* modo de andar.
sommeil , somme , songe.	sueño.
voix , parole , le rire.	voz , palabra , risa.
les *pleurs , l'haleine.*	*el* llanto, *el* aliento.
soupir, éternument.	suspiro , estornudo.
hoquet, ronflement, geste.	hipo , ronquido, gesto.
grimace , posture.	*el* ademan , postura.
pucelle , célibataire.	doncella , soltero.
damoiseau , petit-maître.	pisaverde , petimetre.
borgne , aveugle , louche.	tuerto, ciego , bizco.
bossu.	corcovado , jorobado , gibado.
bosse.	corcova , joroba , giba.
boiteux, gaucher, manchot	coxo, zurdo , manco.
sourd , muet , bègue.	sordo, mudo , tartamudo.
chauve , nain , géant.	calvo , enano, gigante.
joueur de profession.	tahur.
voleur , traître , fripon.	ladron , traydor , pícaro.
coquin ; sorcier.	bribon; bruxo, hechicero.
mal de dents , de tête.	dolor de dientes, de cabeza.
fièvre.	calentura , fiebre.
fièvre tierce , quarte.	las tercianas, quartanas.
fièvre pourprée.	tabardillo.
chaud-froid , sueur.	los calosfrios , sudor.
toux , vomissement, frisson.	tos, vómito , temblor.
rhume.	resfriado , constipado , catarro.
colique.	dolor cólico, cólica.
cours de ventre.	fluxo de vientre.
peste , rage , goutte.	peste, rabia , gota.
mal-caduc , jaunisse.	gota coral , ictericia.

paralysie, hydropisie.	perlesía, hidropesía.
pleurésie, phthisie.	dolor de costado, tísica.
la vérole.	mal venéreo ó gálico.
rougeole, hemorroïdes.	el sarampion, almorranas.
gale; démangeaison.	sarna; picazon, comezon.
égratignure; blessure.	rasguño, araño; herida.
plaie, cicatrice, coup.	llaga, cicatriz, golpe.
coupure, contusion.	cortadura, contusion.
migraine, évanouissement	xaqueca, desmayo.
vie, mort, résurrection.	vida, muerte, resurreccion.

HABITS, etc.   VESTIDOS, etc.

'Linge, hardes.	Ropa blanca, ropa.
chapeau, bonnet de drap.	sombrero, montera.
bonnet; habit.	gorro; vestido, casaca.
revers, collet, parement.	solapa, collarin, buelta.
veste; manteau.	casaquilla, chupa; capa.
redingote, surtout, dou-	el capote, surtú, forro.
blure.	
robe de chambre; gilet.	bata; almilla, chaleco.
culotte, caleçons.	los calzones, calzoncillos.
bas, jarretière, chausson.	media, liga, escarpin.
botte, soulier, pantoufle.	bota, zapato, chinela.
boucle, mouchoir, chemise	hebilla, pañuelo, camisa.
jabot, manchette.	chorrera; vuelta, vuelo.
agraffe, bouton, bouton-	el broche, boton, el ojal.
nière.	
poche, gousset.	faltriquera, bolsillo.
gant, bâton, parapluie.	guante, palo, el paragua.
parasol, épée, ceinturon.	quitasol, espada, biricú.
fourreau, bout du fourreau.	vayna, contera.
garde, poignée, pommeau,	guarnicion, puño, pomo,
lame, pointe de l'épée.	hoja, punta de la espada.
rasoir.	navaja de afeytar.
savonnette.	bola de xabon.
perruque, coiffure.	peluca, peynado.
sac-à-poudre.	bolsa de los polvos.
pommade, bâton de pom-	pomada, cabo de olor.
made.	

peigne, peigne à démêler.	peyne, escarpidor.
montre, tabatière.	el relox, caxa.
prise de tabac.	polvo de tabaco.
couteau pliant, non pliant.	navaja, cuchillo.
pipe, poignard, lunette.	pipa, puñal, anteojo.
les lunettes, bourse.	los anteojos, bolsillo.
coiffe, bonnet.	cofia, escofieta.
collier, chapelet.	gargantilla, rosario.
boucle d'oreille.	el pendiente, arracada.
chaîne, bracelet.	cadena, manilla.
bague.	anillo, sortija.
corset, pourpoint.	justillo, jubon.
jupon noir, d'indienne, de fine toile.	basquiña, zagalejo ó guardapies, *las* enaguas.
tour de gorge, voile.	escote; mantilla, mantellina
dentelle, blonde, ruban.	el encaxe, blonda, cinta.
tablier, toilette, fard.	delantal, tocador, afeyte.
rouge; mouche.	bermellon, arrebol; el lunar
éventail, eau de senteur.	abanico, agua de olor.
étui, pelotte, aiguille.	estuche, acerico, aguja.
épingle, dé, ciseaux.	el alfiler, dedal, tixeras.
fil, soie, peloton.	hilo, seda, ovillo.
écheveau, devidoir.	madexa, devanadera.
aiguillée, quenouille.	hebra, rueca.
fuseau, savon; ouvrage.	huso, xabon, *la* labor.

### PARTIES D'UNE MAISON.	### PARTES DE UNA CASA.
Porte, guichet, gond.	Puerta, postigo, gozne.
vestibule, seuil.	zaguan, umbral.
fondement, toît, tuile.	cimiento, tejado, teja.
coin en dedans, au dehors.	rincon, esquina.
mur; cloison.	muro, *la* pared; *el* tabique.
plancher, étage, logement.	techo, alto, vivienda.
bas de l'escalier, degré.	pié de la escalera, escalon.
cour, puits, écurie.	patio, pozo, caballeriza.
citerne; jardin.	cisterna, el algibe; jardin.
remise, basse-cour, cave.	cochera, el corral, bodega.
dépense, office, galerie.	despensa, reposteria, galería

latrines.	letrina, latrina.
sallon, antichambre, salle.	salon, antecámara, sala.
salle de compagnie, à manger.	estrado, el comedor.
chambre; alcove.	aposento, quarto; alcoba.
cabinet; armoire.	gabinete, retrete; armario.
armoire dans le mur.	alacena.
four, cuisine, cheminée.	horno, cocina, chimenea.
le comptoir avec le principal et le commis.	el escritorio con el principal y el dependiente.
foyer, corridor, oratoire.	hogar, corredor, oratorio.
terrasse.	terrado, azotea.
galetas.	desvan, guardilla.
colombier, poulailler.	palomar, gallinero.
fenêtre, les vitres, balcon.	ventana, vidriera, balcon.
chaux, plâtre, brique, pierre.	cal, yeso, ladrillo, piedra.
planche, solive, poutre.	tabla, colaña, viga.
serrure, cadenas, verrou.	cerradura, candado, cerrojo
grille, jalousie, abat-jour.	reja; celosía, persiana.
clef, loquet, heurtoir.	llave, picaporte, aldaba.
gouttière, loyer.	gotera, alquiler.

MEUBLES D'UNE CHAMBRE.

MUEBLES DE UN APOSENTO.

Chambre garnie, lit.	Quarto alhajado, cama.
boisage de lit, de tente, etc. : lit-de-sangle.	el maderage, la tablazon ó armazon de cama, de tienda, etc. : catre.
chevet, paillasse, matelas.	cabecera, el xergon, colchon.
couverture de laine, piquée, simple.	manta, colcha, cobertor ó cubierta.
taie d'oreiller, drap de lit.	funda de almohada, sábana
pot de chambre, chaise percée.	servicio, sillico, el bacin.
lampe, lampe à 4 mêches, chandelier.	el candil, el velon, candelero.
mouchettes.	despabiladeras.
table, t. à écrire, chaise.	mesa, el bufete, silla.

fauteuil , tabouret.	silla poltrona, taburete.
canapé , banc , commode.	canapé , banco , cómoda.
bureau.	escritorio , papelera.
garderobe , caisse, coffre.	guardaropa , caxa , cofre.
malle , valise.	el baul , maleta , ó balija.
rideau , tapisserie.	cortina , tapicería.
carte géographique.	el mapa.
tableau , portrait.	quadro , retrato.
tapis pour la table.	sobremesa , tapete.
tapis pour les pieds.	alfombra.
poële, bassinoire, brasier.	estufa, calentador, brasero.
paravent ; berceau.	mampara, biombo ; cuna.
bassin à laver les mains.	la fuente , jofayna.
essuie-main, miroir.	tohalla , espejo.
brosse , vergettes.	escobilla , cepillo.
corbeille , panier.	cesta , canastillo.
cabas , balai , torchon.	capazo, escoba , rodilla.

POUR ÉTUDIER.	**PARA ESTUDIAR.**

École, chaire , classe.	Escuela , cátedra , aula.
étude, professeur , livre.	estudio, catedrático, libro.
cahier , encrier , encre.	quaderno , tintero , tinta.
plume , canif.	pluma , el cortaplúmas.
sablier ; sable.	salvadera; los polvos, arena
papier , p. gris , cire.	papel, de estraza, el lacre.
pain à cacheter , cachet.	oblea , sello.
règle, compas , crayon.	regla, compas , lápiz.
porte-crayon, porte-feuille	lapicero , cartera.
ouvrage, volume, page.	obra , tomo , página.
feuillet ; feuille entière.	hoja, foja ; pliego.
paquet, gazette , journal.	pliego , gazeta , diario.
lettre ; billet	carta ; billete , esquela.
enveloppe , adresse.	carpeta , sobreescrito.

INSTRUMENS DE MUSIQUE.	**INSTRUMENTOS DE MÚSICA.**

Violon , viole , basson.	Violin , el violon , baxon.
clavecin, psalterion, harpe	clave , salterio , arpa.

mandore , mandoline.	bandurria , bandola.
guitare , trompette , flûte.	guitarra, trompeta, flauta.
orgue , cor-de-chasse.	órgano , trompa de caza.
hautbois, clairon, flageolet	obues , clarin , caramillo.
fifre , sifflet , tambour.	pífano , pito , tambor.
cornemuse ; porte-voix.	zampona , gayta ; bocina.

ON TROUVE DANS LA CAVE.   SE HALLA EN LA BODEGA.

Tonneau , baril , cercle.	Tonel , barril , aro.
le robinet , et la cannelle du tonneau.	la llave de fuente , y la espita, ó canilla del tonel
le bondon de liége.	tapon ó tarugo de corcho.
la douve ; le foret.	las duelas; taladro, barrena
entonnoir , flacon.	embudo , frasco.
damejeanne, tire-bouchon	damesana , tirabuzon.
vinaigre , la lie , bière.	vinagre, las heces, cerbeza.
vin vieux, nouveau, blanc, rouge , doux , sec , tourné.	vino viejo , nuevo , blanco, tinto , dulce , enxuto , torcido.

LA BATTERIE DE CUISINE, etc.   LA BATERÍA DE COCINA.

Marmite , pot, couvercle.	Olla , puchero , cobertera.
chaudière, chaudron, poële	caldera , caldero , sarten.
gril , broche.	las parrillas, el asador.
mortier , le pilon.	mortero , la mano.
grande cuiller , trépied.	el cucharon , los trébedes.
seau , poulie , jarre.	pozal , garrucha , tinaja.
cruche, pot-à-l'eau.	cántaro , jarra , jarro.
plat, tourtière, casserole.	plato , tartera , cazuela.
écumoire , chenets.	espumadera , morillos.
crêmaillère , pincettes.	los llares , tenazas.
pèle ; soufflet, bougie.	paleta , el badil ; fuelle, cerilla.
pierre à feu , briquet, amadou.	el pedernal, eslabon, yesca.
lanterne ; falot.	linterna ; fanal , farol.

bois , charbon , cendre.	leña , carbon , ceniza.
tison , braise , flamme.	tizon , ascua , llama.
fumée , suye.	humo , el hollin.

L'APPAREIL DE LA TABLE.	EL APAREJO DE LA MESA.
Nappe , serviette.	Los manteles , servilleta.
couvert, cuiller, fourchette	cubierto , cuchara , el te- nedor.
couteau, salière, saucière.	cuchillo , salero , salsera.
soucoupe , l'huilier.	salvilla , las vinagreras.
réchaud , écuelle.	braserillo, escudilla.
tasse, assiette , verre.	taza , plato, vaso.
bouteille.	botella , redoma, limeta.
pain, vin, viande, poisson	pan, vino, carne, pescado.
soupe ; bouilli.	sopa ; olla, cocido.
bouillon , entrée , hachis.	caldo, principio , gigote.
plat à la sauce , fricassée.	guisado , el fricasé.
étuvée, béatilles, rôti.	estofado , los menudos , asado.
andouillette.	albóndiga , albondiguilla.
andouille.	longaniza de tripas.
saucisse , saucisson.	longaniza, salchichon.
boudin ; jambon.	morcilla ; pernil , jamon.
tourte , omelette , pâté.	torta , tortilla , pastel.
œufs pochés , à la coque , brouillés.	huevos estrellados , co- cidos , revueltos.
tranche de pain.	rebanada de pan.
tranche de viande.	tajada de carne.
le dessert , sorbet , glace.	los postres, sorbete, helado
confitures sèches , et li- quides.	los dulces, y los almíbares.

POUR ASSAISONNER.	PARA SAZONAR.
Vinaigre , huile , sel.	Vinagre, el aceyte , la sal.
poivre , safran , cannelle.	pimienta, azafran, canela.
clou de girofle.	clavo de especia, clavillo.
épices ; câpre.	especias , alcaparra.

moutarde, truffe.	mostaza, criadilla.
champignon.	hongo.
pomme de terre.	patata.
ail, oignon, persil.	ajo, cebolla, perexil.
orange, limon, pignon.	naranja, limon, piñon.
pistache, amande, noix.	alfónsigo, almendra, nuez.
noisette, lait, petit-lait.	avellana, la leche, suero.
fromage, beurre.	queso, manteca de vaca.
sain-doux.	enxundia, manteca de puerco.
recuite (lait bouilli); crême	el requeson; natilla, crema.
thé, café, chocolat, sucre.	te, café, chocolate, azúcar.

HERBES POTAGÈRES. YERBAS COMESTIBLES.

Salade, céleri, chicorée.	Ensalada, apio, achicoria.
cresson, endive, laitue.	berro, escarola, lechuga,
fenouil, sauge, marjolaine.	hinojo, salvia, mayorana.
mente, lavande.	yerba buena, espliego.
cerfeuil.	perifollo.
pourpier, oseille.	verdolaga, acedera.
rave, chervis, navet.	rábano, chirivía, nabo.
betterave, pastenade.	zanahoria, pastinaca.
artichaut, asperge.	alcachofa, espárrago.
poirée, carde, épinard.	acelga, cardo, espinaca.
porreau, mauve.	puerro, malva.
chou; chou-cabus, chou-fleur, brocoli.	la col, berza; repollo, la coliflor, bróculi.
aubergine, pomme d'amour	berengena, el tomate.
piment, citrouille.	pimiento, calabaza.
concombre; vermicelles.	pepino, cohombro; fideos.
macarrons, sorte de pâte.	macarrones, tallarines.

QUELQUES GRAINS ET LÉGUMES, etc. ALGUNOS GRANOS Y LEGUMBRES, etc.

Bled, avoine, orge.	trigo, avena, cebada.
seigle, maïs, millet, ris.	centeno, maiz, mijo, arroz.
panis, alpiste, fève.	panizo, alpiste, haba.
féverole; haricot.	el frixol, el frisol; judía.
caroube, vesce.	algarroba, el alverjon.

pois ; pois-pointu.   pésol , guisante ; garbanzo.
lentille , chénévis , tréfle.   lenteja , cañamon , trébol.
genièvre.   nebrina , *fruto del enebro.*
sénevé.   xenable , mostaza.
épeautre , criblures , son.   espelta , granzas , salvado.
farine , paille , foin.   harina , paja , heno.
luzerne , fourrage , épi.   mielga , forrage , espiga.

PLUSIEURS SORTES DE FRUIT.

VARIOS GÉNEROS DE FRUTA.

Abricot ; pêche.   Albaricoque ; albérchigo ; durazno , el melocoton.

pomme , de capendu.   manzana , camuesa.
poire, musquée, bergamotte   pera, cermeña, bergamota.
prune , cerise , bigarreau.   ciruela , guinda, cereza.
corme , jujube , mûre.   serba , azufayfa , mora.
fraise , datte; raisin , sec.   fresa , el dátil ; uva, pasa.
grappe , melon, m. d'eau.   racimo , melon , sandía.
nèfle , figue , f. hâtive.   níspola , higo , breva.
grenade , coing , citron-doux.   granada, membrillo, lima.
olive , châtaigne.   aceytuna , castaña.
pomme de pin , etc.   piña , etc.
queue de poire, de pomme, etc.   el pezon ó palillo de pera, de manzana, etc.
écorce d'amande , de me-lon , etc.   cáscara de almendra , de melon , etc.
trognon , pepin, noyau.   troncho , pepita , hueso.

ON VOIT AU JARDIN.

SE VE EN EL JARDIN.

Rose , œillet , jasmin.   Rosa , clavel , jazmin.
fleur de la passion.   la flor de la pasion.
pensée , jacinthe.   trinitaria , jacinto.
jonquille, narcisse, tulipe.   junquillo, narciso , el tuli-pan.
renoncule, lis, lis blanc.   ranúnculo, lirio , azucena.
anémone.   anémone , francesilla.
amaranthe ; genêt.   amaranto; ginesta, retama.
tubereuse , violette.   vara de jesé , violeta.

pavot , coquelicot.	adormidera , amapola.
camomille, fleur d'oranger	manzanilla , el azahar.
giroflée, tournesol, bouton.	el alelí, girasol , boton.
bouquet. Jardin potager.	ramillete. Huerto, huerta.
rosier , melonnière, vigne.	rosal , el melonar , vid planta.
vigne, vignoble.	viña , viñedo.
pommier , poirier.	manzano , peral.
cerisier, prunier, pêcher.	cerezo, ciruelo, melocoton.
abricotier ; olivier.	albaricoque ; olivo, oliva.
figuier, oranger, limonier.	higuera , naranjo , limon.
noyer, châtaignier.	nogal , castaño.
cèdre , peuplier , orme.	cedro , álamo, olmo.
chêne ; chêne-vert.	roble ; encina , carrasco.
hêtre , frêne, laurier.	haya , fresno , laurel.
ciprès, pin, sureau, lierre.	cipres, pino, sauco, yedra.
tilleul, aulne, buis , jonc.	tilo, chopo , box, junco.
roseau, lieu qui en est plein	caña , cañaveral.
romarin, thim , basilic.	romero, tomillo, albahaca
myrthe.	el arrayan , mirto , murta.
buisson.	matorral , maleza.
ronce , épine.	zarza , espina.
arbre ; plante ; mousse.	árbol; planta, mata; moho.
tronc, branche, rejeton.	tronco, ramo, pimpollo.
racine , écorce , feuille.	raiz , corteza , hoja.
espalier , treille, berceau.	espaldar , emparrado , parral.
allée , avenue , haie.	calle, alameda , seto.
bois , forêt , ombre.	bosque, selva , sombra.
bassin , jet-d'eau.	la fuente de jardin, surtidor
fontaine, canal , tuyau.	fuente, canal , caño.
gazon , verdure, pré.	césped, verdura, prado.
fumier ; graine.	estiércol; simiente, semilla

On voit a l'Écurie.   **Se ve en el Establo.**

Crêche , ratelier, crible.	El pesebre, astillero, criba.
étrille , bride , mors.	almohaza , freno , bocado.
les branches de la bride.	las camas del freno.
rène , étrier, sangle.	rienda , estribo , cincha.

poitrail , housse , selle.	petral , gualdrapa , silla.
arçon , tétière , croupière.	arzon , testera , gurupera.
cavesson ; licou.	cabezon ; cabestro, ramal.
bât , fers du cheval.	albarda , las herraduras.
fouet , éperon , joug.	látigo , espuela , yugo.
cheval de bon arrêt, entier, hongre , de bouche tendre, fort en bouche, fantasque , ombrageux.	caballo de buena para , entero, castrado, boquimuelle , desbocado , antojadizo , espantadizo.
bai , pie , alezan.	bayo , pia , alazan.
aux 4 pieds blancs; châtain.	quatralbo , calzado ; castaño.
gris pommelé ; grison.	tordo, rucio rodado; rucio
blanc du pied droit.	argel.
aubere, du poil blanc semé d'alezan et de bai.	overo.
rubican, du poil mêlé de blanc et de rouge pâle.	rubican.
paillet , d'un roux tirant sur le blanc.	pajizo.
isabelle.	de color de gamuza.
carrosse ; calêche.	coche , carroza ; calesa.
chaise.	silla volante , el calesin.
voiture, chariot, charrette	el carruage, carro, carreta.
roue , essieu.	rueda , exe.

On voit dans une Ville.	Se ve en una Ciudad.

Mur , fossé.	Muro , muralla ; foso.
double-fossé , boulevard.	contrafoso , baluarte.
créneau , canonnière.	almena , tronera.
parapet , esplanade.	parapeto , esplanada.
rempart , redoute.	terraplen , reducto.
porte-coulisse.	puerta caediza.
pont-levis.	puente levadizo.
fort , forteresse , tour.	fuerte , fortaleza , torre.
citadelle , château.	ciudadela , castillo.
quartier , faubourg.	barrio , arrabal.
grande , petite place.	plaza mayor , plazuela.

pavé , rue , petite rue.	empedrado , calle , calle-juela.
cul-de-sac.	callejon sin salida.
bourse , douane , poste.	lonja , aduana , posta.
courrier , marché, palais.	correo , mercado , palacio.
maison de ville.	casa de la ciudad ó del Ayuntamiento.
boucherie , poissonnerie.	carnicería , pescadería.
prison, promenade, boutique.	cárcel , paseo , tienda.
hôpital, enfans-trouvés.	hospital , niños expósitos.
couvent , collége.	convento , colegio.
paroisse , séminaire.	parroquia , seminario.
clocher , cloche.	campanario , campana.
salle de spectacle.	el corral de comedias.
théâtre, parquet, parterre.	teatro , luneta , patio.
loge ; coulisse.	aposento, palco ; bastidor.
loge où les acteurs s'habillent.	el vestuario.
toile , décoration.	el telon , decoracion.
orchestre.	orquesta.

ON VOIT A LA CAMPAGNE.   SE VE EN EL CAMPO.

Grand-chemin , route.	Camino real , carretera.
ornière, chaussée, sentier.	el carril, calzada, senda.
chemin de traverse.	atajo.
vallée ; montagne.	el valle ; el monte, montaña.
colline , coteau.	colina , collado , cerro.
côte ; roche.	cuesta , falda ; roca, peña.
rocher, rocher escarpé.	peñasco , risco.
caillou , ardoise.	guijarro , pizarra.
argile , craie , boue.	barro , greda , lodo.
gouffre , précipice.	sima , derrumbadero , despeñadero, precipicio.
grotte , caverne.	gruta , cueva , caverna.
torrent, rivière ; ruisseau.	torrente , rio ; arroyo, riachuelo , arroyuelo.

source ; bourbier. — el manantial ; charco, cenagal, lodazal.

lac ; marais. — lago, laguna ; pantano.

étang ; vivier. — estaño, estanque ; vivero.

champ, plaine, désert. — campo, llanura, desierto.

cité, ville du second ordre. — ciudad, villa.

village ; bourg ; petit bourg. — aldea ; pueblo, lugar ; caserío.

métairie, ferme, bergerie. — granja, quinta, aprisco.

berger, troupeau, ouvrier. — pastor, rebaño, trabajador.

journalier, laboureur. — jornalero, labrador.

moissonneur, vendangeur. — segador, vendimiador.

charrue, sillon, pioche. — arado, surco, el azadon.

faux, faucille, aire. — guadaña, hoz, era.

L'ARMÉE.

EL EXÉRCITO.

Armée de terre, navale. — Exército, armada.

escadre, flotte, flottille. — esquadra, flota, flotilla.

avant-garde, arrière-garde. — vanguardia, retaguardia.

cavalerie, infanterie. — caballería, infantería.

artillerie, régiment. — artillería, regimiento.

compagnie, escadron. — compañía, esquadron.

bataillon, brigade, troupe. — batallon, brigada, tropa.

rang, file, garnison. — hilera, fila, guarnicion.

tente, bagage, camp. — tienda, bagage, campo.

étendart, drapeau, pavillon. — estandarte, bandera, pabellon.

militaire, milice, discipline. — militar, milicia, disciplina.

général en chef. — general en xefe.

généralissime. — generalisimo.

capitaine-général. — capitan general.

amiral, amirauté. — almirante, almirantazgo.

lieutenant-général. — teniente general.

maréchal de camp. — mariscal de campo.

brigadier, colonel. — brigadier, coronel.

lieutenant-colonel. — teniente coronel.

commandant, commissaire — comandante, comisario.

maréchal-des-logis.	aposentador , mariscal de lógis , sargento de caballería.
chef d'escadre, fourrier.	xefe de esquadra , furriel.
major , sergent-major.	mayor , sargento mayor.
aide-major.	edecan , ayudante mayor.
capitaine , lieutenant.	capitan , teniente.
sous-lieutenant, enseigne.	subteniente , alférez.
cornette.	alférez de caballería.
officier bréveté de...	oficial graduado de...
l'état-major, sergent.	la plana mayor , sargento.
caporal , soldat.	cabo , soldado.
cavalier.	soldado de caballería.
recrue, canonnier, dragon.	la recluta, artillero, dragon
hussard, piquier, fusilier.	húsar , piquero , fusilero.
mousquetaire, carabinier.	mosquetero , carabinero.
grenadier, le trompette.	granadero , la trompeta.
tambour, fifre, mineur.	tambor , pífano , minador.
pionnier , vivandier.	gastador , vivandero.
approvisionnement de vivres.	surtimiento ó abasto de víveres.
volontaire, détachement.	voluntario, destacamento.
piquet de soldats.	piquete de soldados.
quartier-général.	quartel general.
corps-de-garde, guérite.	cuerpo de guardia, garita.
sentinelle.	centinela.
vedette.	centinela de á caballo.
espion, ronde, patrouille.	la espía , ronda , patrulla.
escarmouche.	escaramuza.
embuscade.	emboscada , celada.
guerre, bataille, combat.	guerra , batalla , combate.
poste, défilé, passage.	puesto, desfiladero, paso.
munitions de bouche et de guerre.	municiones de boca, pertrechos de guerra.
paye , prêt, chambrée.	paga, pre, rancho.
pillage, trève, armistice.	saqueo, tregua, armisticio.
siège, assaut, secours.	sitio, asalto, socorro.
sortie, victoire, déroute.	salida, victoria, derrota.
retraite, revue, reforme.	retirada, revista, reforma.
prise d'une ville.	toma de una ciudad.

capitulation , ôtage.   capitulacion , rehen.
tranchée , batterie, mine.   trinchera , batería , mina.
fascine, brêche, exercice.   fagina , brecha , exercicio.
manœuvre, évolution, paix   maniobra, evolucion, paz.

LES ARMES.   LAS ARMAS.

Arme offensive , défensi-   Arma ofensiva, defensiva,
   ve , à feu , blanche.   de fuego , blanca.
pièce d'artillerie , canon.   pieza de artillería , cañon.
affût , piérrier, mortier.   cureña , pedrero, mortero.
coulevrine , arquebuse.   culebrina , el arcabuz.
mousquet , fusil , fusil de   mosquete , fusil, escopeta.
   chasse.
carabine , mousqueton.   carabina , trabuco.
pistolet , bombe, grenade.   pistola , bomba , granada.
boulet.   bala de cañon ó de calibre.
poudre , balle. Sabre.   pólvora , bala. Sable.
estoc, cimeterre, coutelas.   estoque, alfange, chafarote
couteau de chasse.   cuchillo de monte.
épée, poignard , dague.   espada , puñal , daga.
lance , pique , baïonnette.   lanza , pica , bayoneta.
hallebarde , hâche.   alabarda , hacha.
cartouche, giberne, fronde   cartucho , cartuchera ,
     honda.
arc , flêche , carquois.   arco , flecha, aljaba.
cotte de mailles.   cota de mallas.
cuirasse ; casque.   coraza , peto ; yelmo ,
     casquete.
écu , bouclier.   escudo , broquel, rodela,
     adarga , tarja.

LA MER ET LES NA-
VIRES AVEC LEURS
APPARAUX.   EL MAR Y NAVIOS CON
SUS APAREJOS.

Plage , rivage, bord , flot.   Playa , ribera , orilla , ola.
le calme , bonace.   calma , bonanza.
tempête , bourrasque.   tempestad , borrasca , tor-
     menta.
navire de haut bord.   navío de alto bordo.

X

vaisseau, bâtiment, na- | navío, buque, baxel, la na-
vire marchand. | ve ó la nao mercantil.
de cent tonneaux. | de cien toneladas.
galion, galiote, galéace. | galeon, galeota, galeaza.
galère, frégate, brigantin. | galera, fragata, bergantin.
paquebot, brûlot, barque. | paquebot, brulote, barca.
esquif, chaloupe. | esquife, chalupa, lancha, el bote.

les agrêts. | las xarcias ó aparejos.
la carcasse du navire. | el casco del navío.
poupe, proue, rame, ancre. | popa, proa, remo, áncora.
gouvernail, timon, voile. | gobernalle, timon, vela.
mât; vergue. | mástil, palo, árbol; verga.
antenne; cable. | antena; cable, maroma.
corde; boussole. | cuerda, cabo; brúxula.
biscuit. Capitaine, pilote. | bizcocho. Capitan, piloto.
marinier, équipage. | marinero, la tripulacion.
mousse, pirate, corsaire. | grumete, el pirata, corsario
armateur, batelier, rameur | armador, barquero, remero
galérien; comite. | galeote, forzado; cómitre.
mer adriatique, baltique. | mar adriático, báltico.
atlantique, pacifique. | atlántico, pacífico.
magellanique, caspienne. | magelánico, caspio.
orientale, occidentale. | oriental, occidental.
septentrionale, australe. | septentrional, austral.
glaciale, océane, du sud. | helado, océano, del sud.
rouge, blanche, noire. | roxo, blanco, negro.
méditerranée, archipel. | mediterráneo, archipiélago.
île, continent, cap. | isla, continente, cabo.
golfe, promontoire, détroit | golfo, promontorio, es-
 | trecho.

isthme, hâvre, baie. | istmo, surgidero, bahía.
écueil, banc de sable. | escollo, banco de arena.
côte, naufrage. | costa, naufragio.
bon sauvement. | buen salvamento.

DRAPS ET TOILÉS.   PAÑOS Y LIENZOS.

Brocard, tissu d'or, d'ar- | Brocado, tisú de oro, de
gent. | plata.

damas ; velours.

panne , peluche.
drap de laine, de soie ;
  teint d'écarlate.
lisière , satin , taffetas.
gaze , molleton , serge.
camelot , nanquin.
toile de coton , basin.
indienne , indienne fine.
mousseline , batiste , etc.

damasco ; terciopelo, ve-
  lludo.
el tripe , felpa.
paño de lana , de seda ,
  grana.
orilla , raso , tafetan.
gasa , bayeta , sarga.
camelote , nanquin.
bombasí , cotonía.
indiana , zaraza.
muselina , batista.

MÉTAUX , etc.

Mine, minéral, métal, or.
argent ; mercure.
fer, acier , rouille.
fer-blanc ; plomb.
étain , bronze , cuivre.
laiton , verre , cristal.

METALES , etc.

Mina, mineral, metal, oro.
plata ; mercurio, azogue.
hierro ; acero , el orin.
lata, hoja de lata ; plomo.
estaño ; bronce , cobre.
laton , vidrio , cristal.

PIERRES PRÉCIEUSES.

Diamant,agathe,améthiste
beril , le bézoard.
la chrisolite , cornaline.
une escarboucle,émeraude
grenat , une hiacinthe.
une opale,rubis,sardoine.
saphir ; sanguine.
la serpentine , la topaze.
turquoise , camaïeu.
jais , ambre , corail.
marbre, albâtre,porphire
jaspe , perle , ivoire.

PIEDRAS PRECIOSAS, etc.

Diamante,ágata,amatista.
berilo , la bezoar.
el crisólito , cornerina.
un carbunclo , esmeralda.
granate , un jacinto.
un ópalo, rubí, la sardónix
zafir , zafiro ; sanguinaria.
el serpentin , el topacio.
turquesa , camafeo.
azabache , ámbar , coral.
mármol , alabastro, pórfido
jaspe , perla , marfil.

QUELQUES MARCHAN-
DISES.

ALGUNAS MERCADERIAS.

Coton , soie , chanvre.
cuir en poil, marroquin.

Algodon , seda , cáñamo.
cuero al pelo , cordoban.

soude, barrille, goudron.	sosa, barrilla, alquitran.
brai; poix; suif.	brea; pez, pega; sebo.
chandelle, tabac.	vela de sebo, tabaco.
eau-de-vie, esprit-de-vin.	el aguardiente, espiritu de vino.
sparterie, natte, liége.	esparto, estera, corcho.

QUELQUES DROGUES.	ALGUNAS DROGAS.
Aloès, alun, amidon.	Aloe, alumbre, almidon.
anis, antimoine, arquifoux	anis, antimonio, alcohol.
arsenic, assafétida.	arsénico, asafétida.
bois de campêche, de Fernanbouc.	palo de tinte, brasil de campeche, de Fernambuco.
bois de réglisse.	raiz de orozuz.
bol d'Arménie.	bol de Armenia, bolo arménico.
borax.	borrax, atíncar.
buis du levant.	box del levante.
cacao, café, camphre.	cacao, café, alcanfor.
canefice, cannelle.	cañafistola, canela.
cantaride, céruse.	cantárida, el albayalde.
cire, cochenille, colle.	cera, cochinilla, cola.
coloquinte, couperose.	coloquíntida, caparrosa.
coque du levant.	coco levantino.
crême de tartre.	el cremor de tártaro.
cubèbe, cumin, curcuma:	cubeba, comino, cúrcuma.
dictame de Crête.	díctamo de Creta.
dent d'éléphant.	el diente de elefante.
eau-forte, encens.	agua fuerte, incienso.
éponge, fanons de baleine.	esponja, barbas de ballena.
galle, garence, gingembre.	agalla, rubia, gengibre.
girofle.	clavillo, clavo de especia.
gomme arabique.	goma arábiga.
gomme copale, adragant.	el ánime copal, tragacanta.
de Gedda, de Barbarie, etc.	de Gedda, de Berbería.
graine de Kermès.	grana de Kérmes.
Huile de lin, de vitriol, de baleine, de térébinthe.	aceyte de linaza, de vitriolo, de ballena, de terebinto.

indigo, ipecacuana.	añil, ipecacuana.
iris de Florence.	la íris de Florencia.
Jalap, jaune de Naples.	Xalapa, ocre de Nápoles.
jus de limon, lacque.	zumo de limon, laca.
manne, mastic, miel.	mana, almáciga, la miel.
minium, myrrhe, moutarde	minio, mirra, mostaza.
nacre, noix muscade.	el nácar, nuez moscada.
opium, orpiment.	opio, orpimente.
pierre ponce, d'aimant.	piedra pómez, iman.
poivre, potasse.	pimienta, potasa.
quinquina, rhubarbe.	quina, ruibarbo.
résine, safranum.	resina, alazor.
salsepareille.	zarzaparrilla.
sang de dragon, savon.	sangre de drago, xabon.
sel ammoniac, de saturne.	sal amoniaca, de saturno.
séné; soufre.	la sen, sena; azufre.
storax, suc de réglisse.	estoraque, zumo de orozuz.
sucre, sumac.	azúcar, zumaque.
tamarin.	tamarindo.
vanille.	vaynilla, vaynica.
verdet.	cardenillo, verdete.
vermillon, vitriol.	bermellon, vitriolo.
yeux d'écrevisse.	ojos de cangrejo.

COULEURS.   COLORES.

Blanc, noir, gris, brun.	Blanco, negro, pardo, moreno.
vermeil; rouge.	bermejo, colorado; roxo.
roux, pourpre, incarnat.	rubio, púrpura, encarnado.
écarlate.	color de grana, escarlata.
cramoisi, vert, foncé.	carmesí, verde, obscuro.
vert d'olive, vert-brun.	verde de oliva, verdinegro.
bleu, jaune, paillé.	azul, amarillo, pajizo.
couleur fauve, de lion, orangée, changeante.	color anteado, leonado, anaranjado, tornatin.
violet, blanchâtre.	morado, blanquizco.
noirâtre, rougeâtre.	negruzco, bermejizo.
verdâtre, grisâtre.	verducho, parducho.
jaunâtre.	amarillento.

POIDS ET MESURES.	PESOS Y MEDIDAS.
Poids , balance.	Peso , balanza.
quintal , 25 livres , livre.	quintal , arroba , libra.
once , gros , grain.	onza , adarme , grano.
mesure , boisseau , le 12.ᵉ du boisseau.	medida , fanega , celemin.
pinte , outre.	azumbre , pellejo.
pied , pouce , ligne.	pié , pulgada , línea.
pas , toise , aune.	paso , toesa , ana.
aune et empan d'Espagne.	vara , palmo.
mille , lieue.	milla , legua.

MONNOIES.	MONEDAS.
Une pièce.	Una moneda , una pieza.
quadruple.	doblon de á ocho , onza de oro.
demi-quadruple.	doblon de á quatro , media onza.
pièce de 20 francs , de 10 fr., de 5 fr.	doblon de oro , medio doblon , escudito.
piastre forte.	duro, peso duro, peso fuerte
demi-piastre forte.	medio duro , etc.
piastre simple , ducat.	peso, peso sencillo, ducado.
un franc , demi-franc.	una peseta , media peseta.
réal , quarto , ochavo.	real , quarto , ochavo.
maravedi.	maravedí.
pièce de deux quartos.	parpalla, parpallota, parpasola , perpejana.
livre , sou , denier.	libra , sueldo , dinero.
louis , livre tournois.	luis , libra tornesa.
un écu de trois , de cinq, de six francs.	un peso, un escudo de tres, de cinco, de seis francos.
guinée , livre sterling.	guinea , libra esterlina.
un napoléon, un sequin.	un napoleon , un cequi.

NATIONS.	NACIONES.
Europe , Asie.	Europa , Asia.

Amérique, Afrique.	América, África.
France, Espagne.	Francia, España.
Portugal, Angleterre.	Portugal, Inglaterra.
Ecosse, Irlande.	Escocia, Irlanda.
Allemagne, Hongrie.	Alemania, Hungría.
Autriche, Saxe, Bohême.	Austria, Saxonia, Bohemia
Prusse, Hollande, Russie.	Prusia, Olanda, Rusia.
Pologne, Suisse, Suède.	Polonia, Suiza, Suecia.
Vestphalie, Dancmarck.	Vestfalia, Dinamarca.
Italie, Naples, Sicile.	Italia, Nápoles, Sicilia.
Gènes, Genève.	Génova, Ginebra.
Turquie, Grèce, Mauritanie	Turquía, Grecia, Morería.
Barbarie, Egypte, Chine.	Berbería, el Egipto, China.
Perse, Japon, Alger.	Persia, Japon, Argel.
Tunis, Maroc, Arabie.	Túnez, Marruecos, Arabia.
Tartarie, Sardaigne, Corse.	Tartaria, Cerdeña, Córcega
Majorque, Minorque.	Mallorca, Menorca.
Chypre, Ivice, Malthe.	Chipre, Iviza, Malta.
Flandre, Lorraine.	Flándes, Lorena.
Castille, Catalogne.	Castilla, Cataluña.
Galice, etc.	Galicia, etc.
Européen, asiatique.	Europeo, asiático.
américain, africain.	americano, africano.
français, espagnol.	frances, español.
portugais, anglais.	portugues, ingles.
écossais, irlandais.	escoces, irlandes.
allemand, hongrois.	aleman, húngaro.
autrichien, saxon.	austríaco, saxon.
bohèmien, prussien.	bohemo, prusiano.
hollandais, russe.	olandes, ruso.
polonais, suisse.	polaco, suizo.
suédois, vestphalien.	sueco, vestfaliano.
danois.	danes, dinamarques.
italien, napolitain.	italiano, napolitano.
sicilien, génois.	siciliano, genoves.
génévois, turc, grec.	ginebrino, turco, griego.
barbaresque, égyptien.	berberisco, egipcio.
chinois, persan, japonnais	chino, persa, japones.
algérien, tunisien.	argelino, tunecino.
marroquin, maure.	marrueco, moro.

arabe , tartare.	árabe , tártaro.
sarde , corse.	sardo , corso.
majorquin , de Minorque.	mallorquin , menorquin.
cyprien , d'Ivice.	cipriano , ivicenco.
malthais , flamand.	maltes , flamenco.
lorrain , castilan.	lorenes , castellano.
catalan , galicien, etc.	catalan , gallego , etc.

VILLES PRINCIPALES.	CIUDADES PRINCIPALES.
Alexandrie, Amsterdam.	Alexandría , Amsterdam.
Bâle, Barcelone , Berlin.	Basilea, Barcelona, Berlin.
Berne, Bruxelles, Cadix.	Berna , Brusélas , Cádiz.
Caire , Cologne.	Cayro , Colonia.
Constantinople.	Constantinopla.
Copenhague , Dresde.	Copenhague , Dresde.
Dublin , Edimbourg.	Dublin , Edimburgo.
Florence , Hambourg.	Florencia , Hamburgo.
La Haye, Lisbonne, Londres	Haya , Lisboa , Lóndres.
Lyon, Madrid, Marseille.	Leon , Madrid , Marsella.
Mayence , Messine.	Maguncia , Mesina.
Modène , Montpellier.	Módena , Mompeller.
Moscou , Munich.	Moscou , Munich.
Palérme , Paris , Parme.	Palermo , Paris , Parma.
Pétersbourg, Philadelphie.	Petersburgo , Filadelfia.
Plaisance, Rome, Smyrne	Placencia, Roma, Smirna.
Stokholm , Strasbourg.	Stokolmo . Strasburgo.
Turin , Trèves.	Turin , Tréveris.
Varsovie , Vénise.	Varsovia , Venecia.
Versailles, Vienne, Zurich.	Versalles , Viena, Zurich.

NOMS DE PERSONNES.	NOMBRES DE PERSONAS.
Agathe , Agnès , Albert.	Agata , Ines , Alberto.
Alexis , Ambroise.	Aléxos , Ambrosio.
Amélie , Ange.	Amelia , Angel.
Angélique , Anne.	Mariángela , Ana.
Antoine , Augustin.	Antonio , Agustin.
Barbe, Barthelemy.	Bárbara , Bartolomé.
Béatrix , Benoît.	Beatriz , Benito.

Bénédictine, Bernard.	Benita, Bernardo.
Brigitte, Blaise, Cécile.	Brígida, Blas, Cecilia.
Charles, Charlotte.	Cárlos, Carlota.
Christophe, Cyr, Claude.	Christóbal, Ciro, Claudio.
Claire, Clément, Cloud.	Clara, Clemente, Clodoaldo
Côme, Denis, Dominique.	Cosme, Dionisio, Domingo
Édouard, Élizabeth.	Eduardo, Isabel.
Étienne, Eugène.	Estévan, Eugenio.
Eustache, Félix.	Eustaquio, Félix.
François, Frédéric.	Francisco, Federico.
Géneviève, Georges.	Genoveva, Jorge.
Gerard, Germain, Giles.	Gerardo, German, Gil.
Grégoire, Guillaume.	Gregorio, Guillelmo.
Henri, Henriette, Hilaire.	Enrique, Enriqueta, Hilario
Hiacinthe, Ignace.	Jacinto, Ignacio.
Innocent, Jacques.	Inocencio, Jayme, Santiago
Jean, Jérôme, Joseph.	Juan, Gerónimo, Josef.
Jules, Laurent, Lazare.	Julio, Lorenzo, Lázaro.
Louis, Louise, Luc.	Luis, Luisa, Lúcas.
Luce, Lucréce.	Lucía, Lucrecia.
Magdelaine, Marc.	Madalena, Márcos.
Marie, Marguerite.	María, Margarita.
Marthe, Martin, Mathias.	Marta, Martin, Matías.
Mathieu, Maure, Maurice.	Mateo, Mauro, Mauricio.
Maximilien, Michel.	Maximiliano, Miguel.
Nicolas, Pascal, Paul.	Nicolas, Pascual, Pablo.
Pauline, Philippe, Pierre.	Paulina, Felipe, Pedro.
Remy, Renaud.	Remigio, Reynaldo.
Richard, Roch, Rose.	Ricardo, Roque, Rosa.
Rosalie, Sabine, Samuel.	Rosalía, Sabina, Samuel.
Sebastien, Simon, Sophie.	Sebastian, Simon, Sofía.
Stanislas, Sulpice.	Estanislao, Sulpicio.
Susanne, Theodore.	Susana, Teodosio.
Thérèse, Thomas, Ursule.	Teresa, Tomas, Ursula.
Valentin, Victoire.	Valentin, Victoria.
Vincent, Xavier, etc.	Vicente, Xavier, etc.

ORDRES RELIGIEUX, etc.	**ÓRDENES RELIGIOSAS, etc.**
Chanoine régulier.	Canónigo reglar.

Y

congrégation de St. Phi- | congregacion del Oratorio.
lippe Neri.

père de l'agonie. | padre agonizante.

ignorantin, ou de la pieu- | esculapio , de la escuela
se école. | pia.

grand-carme. | carmelita calzado.

carme-déchaux. | carmelita descalzo.

jacobin, de S. Dominique. | dominico , predicador.

maturin , de la merci. | mercenario, de la merced.

grand-augustin, déchaux. | agustino calzado, descalzo.

grand-trinitaire, déchaux | trinitario calzado, descalzo

minime , servite, capucin. | mínimo, servita, capuchino

cordelier. | francisco , franciscano.

moine de S. Benoît , de | monge benedictino , ber-
S. Bernard, chartreux, | nardino , cartuxo , etc.
etc. etc.

le père Jean. | el padre Juan.

la mère Marie. | la madre Maria.

frère François, sœur Agnès | fray Francisco, sor Ines.

frère Giles (laïc non profès) | el hermano Gil (donado.)

catholique , chrétien. | católico , christiano.

protestant , calviniste. | protestante , calvinista.

luthérien , déiste , athée. | luterano , deista , ateo.

hérétique , juif , païen. | herege , judío , pagano.

mahométan. | mahometano.

grec-schismatique. | griego cismático.

idolâtre , fanatique. | idólatra , fanático.

conscience , religion. | conciencia , religion.

fanatisme , superstition. | fanatismo, supersticion.

JEUX , etc. — JUEGOS , etc.

Mail, paume , les quilles. | Mallo , pelota, los bolos.

le billard ; boules. | billar , los trucos ; bochas.

le trictrac. | las tablas reales, chaquete.

damier, dames, les échecs. | tablero, damas, el axedrez.

pion , dame , dé , cornet. | peon, dama, dado, cubilete.

colin-maillard. | la gallina ciega.

la loterie , une loterie. | la lotería , una rifa.

toupie , boule ; mourre. | peonza, bola, morra.

les cartes, un jeu de cartes.	los naypes , una baraja.
as, roi, dame, valet.	as , rey , caballo, sota.
les mains , les couleurs.	las bazas , los palos.
cœur, carreau, pique, trèfle	oro , copa , espada , basto.
le piquet, la manille, etc.	los cientos , la malilla.
un point. Danse ; bal.	un tanto. Danza ; bayle , sarao.
promenade , saut, course.	paseo , salto , carrera.
chasse , pêche , escrime.	caza , pesca , esgrima.
manège , musique , chant.	manejo , música , canto.
ariette , air , chanson.	arieta , canto , cancion.
refrain ; couplet.	estribillo ; copla , coplilla.

ANIMAUX QUADRU-PÈDES , etc.	ANIMALES QUADRÚ-PEDOS , etc.

Bête , bête féroce.	Bestia , fiera.
lion , lionne , lionceau ; griffe ; crinière.	leon , leona , leoncillo ; garra , zarpa ; greña , melena.
rhinocéros , sa femelle.	rinoceronte, la abada.
hyène, léopard, panthère.	hiena , leopardo, pantera.
tigre, tigresse, ours, ourse.	tigre , tigre , oso , osa.
loup , louve ; louveteau.	lobo, loba ; lobezno, lobito
loup cervier ; marin.	lince, lobo cerval; marino.
l'éléphant et sa trompe.	el elefante y su trompa.
sanglier, laie, marcassin, leurs défenses.	jabali, jabalina , lechonci-llo de jabalí, sus colmillos
singe, guenon, à longue queue	mono , mona , mico.
renard , renarde.	zorro, zorra.
cerf, biche , faon.	ciervo , cierva, cervatillo.
civette , furet.	gato de algalia , huron.
fouine.	garduña , fuina.
martre zibeline , belette.	marta cebellina, comadreja
l'hermine , l'écureuil.	el armiño , la ardilla
daim ; chevreuil.	gamo ; corzo, cabra montés.
le chamois , blaireau.	la gamuza , texon.
hérisson , la taupe.	herizo , el topo.
le lièvre, lapin, lapereau.	la liebre, conejo , gazapo.
la souris, le rat.	el raton , la rata.

bête de somme, monture.	acémila, caballería.
bétail, cheval, jument.	ganado, caballo, yegua.
poulain, le bidet, mule.	potro, la jaca, mula.
mulet; étalon.	mulo, macho; garañon.
âne; anesse.	asno, burro, borrico, jumento; burra, borrica.
chameau, taureau, bœuf.	camello, toro, buey.
vache; veau.	vaca; ternero,a, becerro, a, novillo.
bélier, brebis, agneau.	carnero, oveja, cordero.
bouc, chèvre.	macho de cabrío, cabra.
chevreau, chat, chatte.	cabrito, gato, gata.
chien, chienne, mâtin.	perro, perra, mastin.
levrier, levrette, barbet.	galgo, galga, perro de aguas
chien d'arrêt, couchant, limier, courant, dogue.	perro de muestra, perdigue-ro, sabueso, podenco, alano
un épagneul.	un perrito de falda.
une meute de chiens.	una trailla de perros.
cochon; truie; cochon de lait.	tocino, cochino, puerco, marrano, lechon, cerdo; puerca, lechona; gorrino
le petit d'un lion, etc.	cachorro.
poil, crin, soie.	pelo, la crin, cerda.
corne; sabot, queue.	cuerno, asta; casco, cola.
museau, chevrier, vacher.	hocico, cabrero, vaquero.
houlette; étable.	cayado; quadra, establo.
étable à cochon.	zahurda, pocilga, chiquero.

ANIMAUX VOLATILES.	ANIMALES VOLÁTILES.
Oiseau de proie, carnassier	Ave de rapiña, carnívoro.
un aigle, aiglon, leurs serres.	una águila, aguilucho, sus garras.
vautour, épervier, faucon.	buytre, gavilan, halcon.
gerfaut, lanier, sacre.	gerifalte, alcotan, sacre.
émérillon, tiercelet.	esmerejon, torzuelo.
chat-huant, hibou.	la lechuza, buho.
mouchet, tête-chevres.	mochuelo, chotacabras.
chauve-souris.	murciélago, morceguillo.
perroquet; perruche.	papagayo, loro; cotorra.
pie; geai.	urraca, marica, grajo.

étourneau , sansonnet.	estornino , tordo.
oie ; canard.	oca, ganso , pato; ánade.
cercelle , crécerelle.	cerceta, zarceta; cernícalo.
martinet , mouette.	vencejo , gaviota.
rossignol , chardonneret.	ruiseñor , xilguero.
serin , pinçon , verdier.	canario, pinzon, verderon.
linotte, calandre , merle.	pardillo, calandria, merla.
hirondelle , petit oiseau.	golondrina , paxarico.
volaille , dindon.	volatería , pavo.
poule-dinde , coq, poule.	pava , gallo , gallina.
chapon, poulet, poulette.	capon , pollo , polla.
poussin, colombe, pigeon.	pollito , paloma , pichon.
pigeonneau , caille.	pichoncito , cordorniz.
perdrix, perdreau, bécasse	perdiz, perdigon , becada.
becfigue , francolin.	becafigo , francolin.
faisan ; grive.	faysan ; tordo , el zorzal.
ortolan , tourterelle.	hortelano , tórtola,
moineau , alouette.	gorrion , cogujada.
cigne ; paon.	cisne ; pavon , pavo real.
autruche , cicogne , grüe.	el avestruz, cigüeña, grulla.
corbeau , coucou.	cuervo , cuclillo.
aile , plume , crête , bec.	ala , pluma , cresta , pico.
croupion , nid , œuf.	rabadilla , nido , huevo.
cage , volière , oiseleur.	jaula, paxarera, paxarero.
glu , filet , piége.	liga , la red , trampa.

ANIMAUX AQUATIQUES	ANIMALES AQUÀTILES.

Baleine, dauphin, congre.	Ballena , delfin , congrio.
morue , merluche.	bacallao, abadejo, merluza
hareng, anchois, sardine.	arenque, anchova, sardina
écrévisse, cancre, casseron	langosta, cangrejo, calamar
barbue , barbeau , sole.	mero , barbo , lenguado.
brochet , lamproie , raie.	sollo , lamprea , raya.
esturgeon , dorade.	esturion , doradilla.
anguille , truite , alose.	anguila , trucha , sábalo.
turbot , carpe , huitre.	rodaballo , carpa , ostra.
moule, poisson à coquille.	almeja , marisco.
hameçon , ligne à pêcher.	anzuelo, caña de pescar.
appât , écaille , écaille.	cebo, concha, escama.

arête, ouïe, nageoire.	espina, agalla, aleta.

AMPHIBIES, VERMINES, REPTILES, INSECTES, etc.	ANFIBIOS, SABANDIJAS, RÉPTILES, INSECTOS, etc.
Crocodile; loutre.	Cocodrilo, cayman; nutria.
tortue, castor.	tortuga, castor.
grenouille, sangsue.	rana, sanguijuela.
tetard, serpent.	renacuajo, la serpiente.
couleuvre; vipère.	sierpe, culebra; vívora.
basilic, animal fabuleux.	basilisco, animal fabuloso.
ver; lézard.	gusano, la lombriz; lagarto.
petit lézard, crapaud.	lagartija, sapo.
escargot, limace; limaçon.	limaza, babaza, babosa; caracol.
escarbot, scorpion.	escarabajo, escorpion.
araignée, fourmi, grillon.	araña, hormiga, grillo.
cloporte.	cochinilla, cucaracha, corredera.
artison, teigne, pou.	carcoma, polilla, piojo.
lente, puce, punaise.	liendre, pulga, chinche.
abeille, aiguillon, essaim.	abeja, aguijon, enxambre.
rûche, rayon de miel.	colmena, panal de miel.
hanneton, taon, mouche.	abejarron, tábano, mosca.
cantharide, bourdon.	cantárida, zángano.
mouche luisante.	luciérnaga.
cousin, moucheron.	zancudo, mosquito.
guêpe; cigale.	abispa; cigarra, chicharra.
sauterelle, chenille.	langosta, oruga.
papillon, ver à soie.	mariposa, gusano de seda.

RECUEIL DES VERBES LES PLUS NÉCESSAIRES A SAVOIR.

DE L'ETUDE.	DEL ESTUDIO.
Étudier, apprendre.	Estudiar, aprender.
s'appliquer, enseigner.	aplicarse, enseñar.

élever, instruire.	criar, educar; instruir.
donner et prendre leçon.	dar leccion ó licion.
tourner le feuillet.	volver la hoja.
inventer, composer.	inventar, componer.
lire, écrire, signer.	leer, escribir, firmar.
plier, cacheter une lettre.	doblar, cerrar una carta.
mettre l'adresse.	poner el sobreescrito.
se tromper.	equivocarse, errar.
corriger; effacer.	corregir, enmendar; borrar
retoucher, transcrire.	retocar, trasladar.
copier; critiquer.	copiar; criticar, censurar.
commencer; finir.	empezar; acabar, concluir.
continuer.	continuar, proseguir.
perfectionner, savoir.	perfeccionar, saber.
se souvenir, oublier.	acordarse, olvidar.

Pour Parler.   Para Hablar.

Prononcer, parler, dire.	Pronunciar, hablar, decir.
crier, faire des cris.	gritar, dar gritos.
babiller; conter.	charlar; contar, referir.
rapporter.	relatar, hacer relacion.
écorcher une langue.	chapurrear una lengua.
reciter, expliquer.	recitar, explicar.
détailler, se taire.	explicar por menor, callar
déclarer, publier.	declarar, publicar.
appeler, demander.	llamar, pedir.
interroger.	pedir, preguntar.
prier, supplier.	pedir, rogar, suplicar.
répondre, converser.	responder, conversar.
causer, avertir.	platicar, advertir.
commander, persister.	mandar, persistir.
insister, avouer.	insistir, confesar.
assurer, nier.	asegurar, negar.
exagerer.	exâgerar, ponderar, en-carecer.
approuver, désapprouver.	aprobar, desaprobar.
prendre la défense.	defender.
prohiber, défendre.	prohibir, vedar.
gronder, disputer, quereller	regañar, disputar, reñir.

raisonner, sur une difficulté	razonar, raciocinar.
persuader, convaincre.	persuadir, convencer.
marmotter.	hablar entre dientes.
parler du nez, médire.	ganguear, murmurar.
bégayer, balbutier.	tartamudear, titubear.
prononcer en espagnol l's	cecear, sesear.
comme c, le c comme s.	
proposer, conseiller.	proponer, aconsejar.

POUR MANGER ET POUR BOIRE. — PARA COMER Y BEBER.

Avoir appétit, faim, soif, envie de manger.	tener apetito, hambre, sed, gana de comer.
manger, boire, mâcher.	comer, beber, mascar.
avaler en retirant l'haleine	sorber.
avaler, goûter, découper.	tragar, probar, trinchar.
couper de pain, jeûner.	partir pan, ayunar.
déjeûner; dîner, manger.	almorzar; comer.
goûter, souper, inviter.	merendar, cenar, convidar
se rassasier, boire un coup	hartarse; echar un trago.
verser à boire.	echar ó dar de beber.
s'enivrer.	embriagarse, emborracharse.
manger en ville.	comer fuera de casa.
nourrir, donner la table.	alimentar, dar la mesa.
accommoder, fricasser, faire la cuisine.	guisar.
servir, lécher, sucer, ronger	servir, lamer, chupar, roer

ACTIONS DE LA VIE. — ACCIONES DE LA VIDA.

Naître, baptiser, croître.	Nacer, bautizar, crecer.
engraisser, maigrir.	engordar, enflaquecerse.
vivre, se marier, accoucher	vivir, casarse, parir.
allaiter, vieillir.	criar, envejecer.
devenir veuf, veuve.	enviudar.
mourir, ensevelir.	morir, sepultar.
enterrer, embaumer.	enterrar, embalsamar.
hériter, ressusciter.	heredar, resucitar.

POUR S'HABILLER.	PARA VESTIRSE.
se déshabiller, se changer	Desnudarse, mudarse.
se chausser, se déchausser	calzarse, descalzarse.
se raser, se faire raser.	afeytarse.
se laver, se baigner.	lavarse, bañarse.
se peigner, se faire peigner	peynarse.
se poudrer.	empolvarse, echarse polvos
se boutonner, se lacer.	abotonarse, atacarse.
s'agraffer, se couvrir.	abrocharse, arroparse.
s'affubler, se déguiser.	embozarse, disfrazarse.
prendre le deuil.	ponerse de luto.
porter le deuil.	andar de luto.

ACTIONS NATURELLES.	ACCIONES NATURALES.
Rire, pleurer, soupirer.	Reir, llorar, suspirar.
éternuer, bailler.	estornudar, bostezar.
tousser, souffler, siffler.	toser, soplar, silbar.
écouter, cracher.	escuchar, escupir.
se moucher.	sonarse.
étendre les bras, les jam-	desperezarse, esperezarse,
bes quand on est las.	estirarse.
saigner du nez, etc.	echar sangre de, por las
	narices, etc.
suer, voir, regarder.	sudar, ver, mirar.
entendre; sentir, flairer.	oir; oler.
toucher, tâter, manier.	tocar, palpar, manosear.
être enrhumé.	estar constipado, resfriado
s'enfler, pincer.	hincharse, pellizcar.
piquer, égratigner.	punzar, arañar.
chatouiller, gratter.	hacer cosquillas, rascar.
roter; lacher de l'eau.	regoldar; mear, hacer agua
aller à la selle.	hacer, ir ó dar del cuerpo.
se coucher, sommeiller.	acostarse, dormitar.
dormir, s'endormir, rêver.	dormir, adormecerse, soñar
bercer, ronfler, veiller.	mecer, roncar, velar.
reposer, s'éveiller.	descansar, despertarse.
se lever, se lever matin.	levantarse, madrugar.

Z

ACTIONS DE LA MÉMOIRE, ET DE L'IMAGINATION.	ACCIONES DE LA MEMORIA, Y DE LA IMAGINACION.
Concevoir, penser, méditer	Concebir, pensar, meditar
s'imaginer, se figurer.	imaginarse, figurarse.
réfléchir, discourir.	reflexîonar, discurrir,
connaître, savoir, vouloir	conocer, saber, querer.
croire, attirer, aveugler.	creer, atraer, cegar.
délibérer, déterminer.	deliberar, determinar.
résoudre, décider.	resolver, decidir.
douter; observer.	dudar; observar, reparar.
deviner, faire attention.	adivinar, atender.
avoir soin, soupçonner.	tener cuidado, sospechar.
indiquer, désirer, espérer.	indicar, desear, esperar.
attendre, feindre, mentir.	aguardar, fingir, mentir.
craindre, avoir peur.	temer, tener miedo.
épouvanter, faire peur.	espantar, amedrentar, asustar, hacer ó dar miedo.
tressaillir.	sobresaltarse.
faire semblant de.	hacer como *que ó si.*
il fait semblant de ne pas le voir.	hace como *que* no lo ve, ó como *si* no lo viese.
dissimuler, contrefaire.	disimular, contrahacer.
imiter; égaler.	imitar, remedar; igualar.
surpasser, excéder.	sobrepujar, exceder.
tenter en vain de.	intentar en vano.
essayer, éprouver.	ensayar, probar.
juger; en conclure.	juzgar; concluir, inferir.
s'opiniâtrer, s'obstiner.	porfiar, obstinarse.
céder, se désister, avérer.	ceder, desistir, averiguar.
vérifier, collationner.	verificar, comprobar.
être ravi, se réjouir.	alegrarse.
en être fâché, s'affliger.	sentir, afligirse.
se chagriner.	apesadumbrarse.
s'ennuyer.	fastidiarse, aburrirse.
se fâcher.	enojarse, enfadarse, etc.
enrager, s'appaiser.	rabiar, aplacarse.
se calmer, se modérer.	calmarse, moderarse.

ACTIONS D'AMOUR ET DE HAINE.	ACCIONES DE AMOR Y ODIO.
Aimer, chérir, caresser.	Amar, querer, acariciar.
flatter, embrasser.	lisonjear, abrazar.
faire une révérence.	hacer una cortesía.
baiser, saluer, louer.	besar, saludar, alabar.
reprimander, châtier.	reprehender, castigar.
reprocher, mépriser.	echar en cara, despreciar.
se plaindre; fouetter.	quejarse; azotar, dar azotes
battre, venger, menacer.	cascar, vengar, amenazar.
récompenser.	premiar, recompensar.
mériter, contenter.	merecer, contentar.
satisfaire, exempter.	satisfacer, exîmir.
haïr, abandonner.	aborrecer, abandonar.
faire honte, oser.	avergonzar, atreverse.
féliciter, faire son compliment.	dar el parabien, la enhorabuena.
faire un compliment de condoléance.	dar el pésame.
envoyer promener.	enviar en hora mala.
complimenter.	cumplimentar.
importuner, molester, ennuyer.	molestar, importunar, cansar.
pardonner, accuser.	perdonar, acusar.
excuser, disculper.	excusar, disculpar.
obéir, désobéir.	obedecer, desobedecer.
condamner, insulter.	condenar, insultar.
provoquer, défier.	provocar, desafiar.
se battre, vaincre.	reñir, vencer.
attaquer.	embestir, acometer, atacar.
persécuter, dépouiller.	perseguir, despojar.
voler; tuer.	robar, hurtar; matar.
étouffer; assommer.	ahogar, sufocar; aporrear.
bénir, maudire.	bendecir, maldecir.
chasser, renvoyer.	echar fuera, despedir.
protéger; soulager.	proteger, amparar; aliviar.
délivrer; racheter.	librar, libertar; rescatar.

ACTIONS DE DIVERTISSEMENT, etc.	ACCIONES DE DIVERSION, etc.
Se divertir, se récréer.	Divertirse , recrearse , holgarse.
chanter, danser, jouer.	cantar, baylar, jugar.
gager, perdre, gagner.	apostar, perder, ganar.
risquer.	arriesgar, aventurar.
donner la revanche.	dar el desquite.
tricher.	trampear, hacer trampas.
être quitte, mêler.	quedar en paz, barajar.
couper, écarter.	alzar, descartarse.
couper avec un a-tout.	fallar.
renoncer, faire les mains.	renunciar, ganar las bazas.
se moquer, badiner.	burlarse, chancearse.
sauter, courir, sautiller.	saltar, correr, brincar.
folâtrer.	juguetear, retozar.
monter à cheval.	montar á caballo.
galoper.	galopear.
mettre pied à terre.	apearse.
lutter, faire des tours.	luchar, hacer habilidades.
danser sur la corde.	baylar en la maroma.
faire des armes.	esgrimir.
jouer, accorder des instrumens de musique.	tocar ó tañer, acordar ó templar instrumentos de música.

POUR LES MALADIES.	PARA LAS ENFERMEDADES
Soigner un malade.	Cuidar de un enfermo.
panser, bander, sonder une blessure.	curar, bendar, sondear una herida.
bassiner une plaie.	lavar una llaga.
garder le lit ; guérir.	hacer cama ; curar, sanar.
traiter une maladie.	curar una enfermedad.
aller mieux.	mejorar, ir mejor.
être convalescent.	convalecer.
empirer, aller plus mal.	empeorar, ir peor.
saigner, se faire saigner.	sangrar, sangrarse.

prendre médecine , se purger.	estar de purga, purgarse, tomar una purga.
donner un lavement.	dar ó echar una ayuda.
relever de maladie.	salir de enfermedad.
ôter l'espoir de la santé.	desahuciar.

ACTIONS DE MOUVEMENT.	ACCIONES DE MOVIMIENTO.
Remuer ; se remuer.	Mover, menear; menearse.
aller , venir; partir.	ir, venir; partir, salir.
s'en aller; arriver.	irse, marcharse ; llegar.
revenir, retourner.	volver acá , volver allá.
revenir sur ses pas.	volver atras , retroceder.
s'approcher , s'éloigner.	acercarse , alejarse.
s'absenter, se promener.	ausentarse , pasearse.
avancer , se fatiguer.	pasar adelante , cansarse.
marcher ; reposer.	andar, caminar; descansar.
rester , se tenir debout.	quedarse , estarse en pié.
faire un tour , heurter.	dar una vuelta , tropezar.
prendre congé, dire adieu.	despedirse.
fuir, s'enfuir, disparaître.	huir , huirse, desaparecer.
suivre , éviter, échapper.	seguir , evitar , escapar.
attraper , atteindre.	coger , alcanzar.
poursuivre ; fouler.	perseguir; pisar , hollar.
glisser, s'appuyer, tomber.	resbalar , apoyarse , caer.
aller au-devant , entrer.	ir á recibir , entrar.
sortir, monter, descendre.	salir , subir , baxar.
passer, s'arrêter, traverser	pasar, detenerse, atravesar.
envoyer ; remettre.	enviar , mandar; remitir.
adresser, se hâter.	dirigir , apresurarse.
tarder , s'asseoir, nager.	tardar , sentarse , nadar.
plonger, submerger.	chapuzar, sumergir.
se noyer.	anegarse , ahogarse.
voyager, naviguer.	viajar, navegar.
côtoyer , croiser.	costear , cruzar.

ACTIONS DES MAINS.	ACCIONES DE MANOS.
Faire, agir, exécuter.	Hacer, obrar , executar.

travailler, préparer.	trabajar, preparar.
arranger, déranger.	componer, descomponer.
fermer, ouvrir, renfermer.	cerrar, abrir, encerrar.
hausser; baisser.	alzar, levantar; abaxar.
fermer, ouvrir le rideau.	correr, descorrer la cortina
remplir, vider, verser.	llenar, vaciar, verter.
répandre, mouiller, sécher	derramar, mojar, secar.
tremper, essuyer.	empapar, enxugar.
montrer, faire voir.	mostrar, enseñar, hacer ver
mêler.	mezclar, enredar.
démêler.	desenredar.
amollir, endurcir.	ablandar, endurecer.
étendre; étrécir.	extender, tender; estrechar
élargir, allonger.	ensanchar, alargar.
raccourcir, lier, délier.	acortar, atar, desatar.
nouer, dénouer.	añudar, desañudar.
plier, déployer, peser.	plegar, desplegar, pesar.
arracher, couper, creuser.	arrancar, cortar, cavar.
défricher, piocher.	desmontar, barbechar.
labourer, semer, planter.	arar, sembrar, plantar.
tailler les vignes, glaner.	podar las vides, espigar.
enter; moissonner, faucher	enxertar; segar.
atteler les chevaux.	uncir los caballos.
amasser, ramasser.	amontonar, acopiar.
fendre du bois.	partir leña.
cueillir, recueillir, jeter.	coger, recoger, echar.
tirer de la poche.	sacar de la faldriquera.
rompre, casser, déchirer.	romper, quebrar, desgarrar
dépecer, tailler en pièces.	despedazar, destrozar.
serrer, lâcher, saisir.	apretar, soltar, agarrar.
saisir avec violence.	arrebatar.
cacher; couvrir.	ocultar, esconder; cubrir.
découvrir, chercher.	descubrir, buscar.
trouver, rencontrer.	hallar, encontrar.
nettoyer, salir.	limpiar, ensuciar.
tacher.	manchar, emporcar.
balayer, blanchir, savonner	barrer, limpiar, xabonar.
blanchir la maison.	enjalbegar la casa.
laver la vaisselle.	fregar, hacer el fregado.
rincer, fouiller.	enjuagar, registrar.

chauffer ; refroidir.	calentar ; enfriar, resfriar.
attiédir, peindre, graver.	entibiar, pintar, grabar.
dessiner, ébaucher.	dibuxar, bosquejar.
sculpter, bâtir, abattre.	esculpir, edificar, derribar.
broder, dorer, argenter.	bordar, dorar, platear.
enchasser ; percer, trouer.	engastar ; agujerear.
boucher, déboucher, scier.	tapar, destapar, aserrar.
clouer, déclouer, coller.	clavar, desclavar, encolar.
courber, redresser.	encorvar, enderezar.
imprimer, relier.	imprimir, enquadernar.
polir, unir, coudre, filer.	pulir, allanar, coser, hilar.
tricoter, doubler.	hacer media, aforrar.
faufiler, repasser.	hilvanar, aplanchar.
raccommoder, arranger.	remendar, componer.
garnir, dégarnir.	guarnecer, desguarnecer.
seller un cheval, ferrer.	ensillar un caballo, herrar.
brider, chasser, pêcher.	enfrenar, cazar, pescar.
prendre, laisser.	tomar, dexar.
arrêter, arrêter sur mer.	prender, apresar.
mendier, fainéanter.	mendigar, holgazanear.
vagabonner.	vagamundear.

POUR ACHETER ET POUR VENDRE.

PARA COMPRAR Y VENDER.

Traiter, acheter, vendre.	Tratar, comprar, vender.
convenir du prix, évaluer.	ajustar el precio, valuar.
taxer, valoir, coûter.	tasar, valer, costar.
compter plus qu'il ne coûte	sisar.
revenir à tel prix, offrir.	salir á tal precio, ofrecer.
marchander, surfaire.	regatear, pedir demasiado.
prêter, emprunter.	prestar, pedir prestado.
engager, dégager.	empeñar, desempeñar.
s'endetter, faire crédit.	empeñarse, fiar.
prendre à crédit, comp-	tomar al fiado, á dinero
tant.	contante ó de contado.
devoir, payer, tromper.	deber, pagar, engañar.
donner, troquer, livrer.	dar, trocar, entregar.
accepter ; recevoir, ôter.	aceptar, recibir, quitar.
augmenter, diminuer.	aumentar, disminuir.

charger, recommander.	encargar, encomendar, recomendar.
promettre, garder, avoir.	prometer, guardar, tener.
dépenser, épargner.	gastar, ahorrar.
employer, trafiquer.	emplear, traficar.
négocier, commercer.	negociar, comerciar.
mesurer, étaler.	medir, poner á la vista.
faire banqueroute.	hacer bancarrota, quebrar
lever boutique, s'enrichir.	poner tienda, enriquecerse
prospérer, se ruiner.	prosperar, arruinarse.
prodiguer, s'appauvrir.	desperdiciar, empobrecer.
envelopper, développer.	envolver, desenvolver.
rouler, dérouler.	arrollar, desarrollar.
embarquer, débarquer.	embarcar, desembarcar.
emballer, encaisser.	embalar, encaxonar.

ACTIONS DU CULTE.   ACCIONES DEL CULTO.

Se prosterner, s'agenouiller	Postrarse, arrodillarse, hincarse de rodillas.
entendre la messe, prier.	oir misa, rezar.
observer les fêtes.	guardar las fiestas.
confesser, communier.	confesar, comulgar.
adorer, se convertir.	adorar, convertirse.
pécher, manquer, s'humilier	pecar, faltar, humillarse.
se repentir; être touché de componction.	arrespentirse, compungirse
se sauver, se damner.	salvarse, condenarse.
faire dire une messe.	mandar decir una misa.
faire l'aumône.	hacer ó dar limosna.
faire pénitence.	hacer penitencia.
prendre les ordres.	ordenarse.
jurer, blasphemer, abjurer.	jurar, blasfemar, abjurar.
apostasier, profaner.	apostatar, profanar.

POUR LE LOGEMENT.   PARA EL ALOJAMIENTO

Monter une maison.	Poner casa.
se loger, meubler, orner.	alojarse, alhajar, adornar.
tapisser, demeurer.	entapizar, vivir.

habiter, déménager.   habitar , mudar de casa.
frapper à la porte.   llamar á la puerta.
mettre le verrou.   echar el cerrojo.
donner son adresse.   dar las señas de su casa.

CHATIMENS ET SUPPLICES.   CASTIGOS Y SUPLICIOS.

Donner la question.   Dar tormento.
étrangler sur un échafaud   dar garrote en un cadalso.
pendre , rouer , empaler.   ahorcar, enrodar, empalar
égorger , décapiter.   degollar , cortar la cabeza.
guillotiner , écarteler.   guillotinar , desquartizar.
fusiller , passés par les   arcabucear, pasar por las
    armes.   armas.
écorcher , fouetter.   desollar , azotar.
marquer , exiler.   marcar , desterrar.
mettre au carcan.   sacar á la vergüenza.
passer par les verges.   dar baquetas.
envoyer aux galères.   echar á presidio.
mettre à l'amende.   multar.
mettre les fers aux pieds,   echar grillos , esposas ,
    des menottes, à la chaîne   cadenas.
mettre dans un cachot.   echar en un calabozo.

ACTIONS MILITAIRES.   ACCIONES MILITARES.

Être en recrue.   Estar de bandera.
recruter , s'enrôler.   reclutar, sentar plaza.
être sous les armes.   estar sobre las armas.
lever un régiment.   levantar un regimiento.
battre la caisse.   tocar la caxa.
battre aux champs.   tocar la marcha.
sonner de la trompette.   tocar la trompeta.
faire halte , faire séjour.   hacer alto, hacer descanso.
camper , escarmoucher.   acampar, escaramuzar.
surprendre , désarmer.   sorprehender , desarmar.
déclarer la guerre.   declarar la guerra.
entrer en campagne.   salir á campaña.
livrer bataille, combattre   dar batalla , pelear.
tirer , faire feu.   disparar , hacer fuego.

amorcer, charger, bourrer	cebar, cargar, atacar.
mettre, coucher en joue.	apuntar.
pointer, braquer le canon.	apuntar, asestar el cañon.
remporter la victoire.	ganar la victoria.
se mettre en désordre.	desordenarse.
mettre en déroute.	derrotar.
mettre en fuite.	poner en fuga, ahuyentar.
tailler en pièces, ravager.	destrozar, asolar.
saccager, assiéger, bloquer	saquear, sitiar, bloquear.
faire une sortie.	hacer una salida.
harceler l'ennemi.	fatigar al enemigo con continuos ataques.
enclouer les canons.	clavar la artillería.
donner un assaut.	dar un asalto.
faire jouer une mine.	hacer volar una mina.
dresser une batterie.	formar una batería.
battre, saper, miner.	vencer, zapar, minar.
contreminer, fortifier.	contraminar, fortificar.
se retrancher.	atrincherarse.
ouvrir la tranchée.	abrir la trinchera.
capituler, se rendre.	capitular, rendirse.
faire des prisonniers.	hacer prisioneros.
massacrer.	pasar á cuchillo.
tuer, faire quartier.	matar, dar quartel.
faire main basse.	no dar quartel.
blesser, se retirer.	herir, retirarse.
mettre à feu et à sang.	entrar á sangre y fuego.
monter la garde.	entrar de guardia.
être de garde.	estar de guardia.
relever la garde.	mudar la guardia.
descendre la garde.	salir de guardia.
poster des sentinelles.	poner centinelas.
relever une sentinelle.	mudar una centinela.
être en faction.	estar de centinela.
passer en revue.	revistar.
passer la revue.	pasar la revista.
défiler, détacher.	desfilar, destacar.
réformer, marcher.	reformar, marchar.
donner le congé.	dar la licencia.
finir son congé.	acabar su tiempo.

être en congé à.	estar con licencia en.
faire l'exercice.	hacer el exercicio.
manœuvrer, escadronner.	maniobrar , esquadronar.
commander, être à la tête.	mandar , capitanear.
battre patrouille.	patrullar.
faire la ronde.	rondar.
faire la découverte.	hacer la descubierta.
reconnaître , déserter.	reconocer , desertar.
faire le prêt.	dar el pre.
être en garnison.	estar de guarnicion.
cantonner, emmagasiner.	acantonar , almacenar.

RECUEIL DE QUELQUES PHRASES

QUI , PAR LA DIFFÉRENCE DES IDÉES ET DU RÉGIME , PRÉSENTENT DES DIFFICULTÉS AUX COMMENÇANS. (1).

ACTE *de naissance.*	Fe de bautismo.
âgé de , âgée de.	de edad de.
homme sans aveu , *sans feu ni lieu.*	hombre que no tiene quien responda por él.
pot à l'eau: *moulin à huile: salle* à manger : *chambre* à coucher : *boîte* à tabac : *matière à procès : maison* à *trois étages* , à *trois ménages* , *etc.*	jarra *de* agua : molino *de* aceyte : sala *de* comer : aposento *de* dormir : caxa *para* tabaco : materia *de* pleyto : casa *de* tres altos , *para* tres familias , etc.
les armes , un falot à *la main* : *les larmes* aux *yeux* : *la main* au *chapeau* , *etc.*	*con* las armas , *con* una linterna *en* la mano : *con* las lágrimas *en* los ojos : *con* la mano *en* el sombrero , etc.

---

(1) La pratique , la lecture des bons livres , et surtout les grands dictionnaires peuvent seuls suffire à une matière si vaste. Ce recueil contient néanmoins ces phrases dont l'usage est le plus fréquent. Une des plus grandes difficultés d'une langue, étant de bien saisir la propriété des mots , j'invite les amateurs à y porter une grande attention.

à la place de , au lieu de	en lugar de , en vez de.
au *préjudice de Pierre*.	con perjuicio de Pedro.
au *péril de la vie*.	con peligro de la vida.
au *nombre des autres*.	en el número de los demas.
au *prix de son père*.	en comparacion de su padre
au gré de *mes vœux*.	segun mis deseos.
ainsi que *le soleil dissipe les nuages* , ainsi *la science détruit l'erreur*.	así como el sol disipa las nubes , *así* , *del mismo modo* la ciencia destruye el error.
à *mesure que*...	conforme, á proporcion que
c'est à *présent que*...	ahora sí que...
aussitôt *que chacun*...	al punto que cada qual...
il me fâcha à *tel point*...	me enfadó en tanto grado...
après *Dieu, Dieu excepté*	de Dios abaxo.
on attend après *moi*.	me están aguardando.
on crie après *vous*.	claman *contra* Vm.
le *tailleur est* après *mon habit*.	está el sastre trabajando en mi vestido.
je le comprends. Après :	lo entiendo ; *adelante*.
accoucher, mettre au monde	dar á luz , parir.
acheter de rencontre.	comprar de lance.
s'adresser à quelqu'un pour...	acudir á uno para.
agir doucement , avec précaution.	ir, obrar con tiento , con cuidado.
agir à l'amiable ou par la force.	andar á buenas ó á malas.
il s'agit, il est question de.	se trata de.
aimer mieux , préférer.	mas querer , querer mas.
ajouter foi.	dar fe.
ajoutez à cela.	júntase , añádese á esto.
alléguer des motifs de jalousie à la personne aimée.	pedir zelos.
aller rejoindre quelqu'un.	volver á encontrar á uno.
aller au-devant des difficultés , de ce qui fait plaisir à quelqu'un.	precaver , vencer , prevenir las dificultades, prevenir el gusto de uno.

aller au-devant de quel-qu'un qui revient.	ir, salir á recibir á uno que vuelve.
il n'est pas arrivé, je vais, je cours au-devant de lui.	todavía no ha llegado, voy á ver si viene.
je vais vous annoncer.	voy á dar aviso, á entrar el recado` de su venida.
nous allons *le* voir.	ahora lo *verémos.*
j'espère que nous allons souper *ensemble.*	espero que *cenarémos* juntos.
s'il allait rapporter.	si traxese.
n'allez-vous pas croire?...	acaso creerá Vm.?
je vais rentrer, je reviens.	vuelvo luego.
ne va pas t'endormir.	cuidado con no dormirte.
il y va de la vie, de l'honneur.	va la vida, el honor.
cela va sans dire, s'entend, parle tout seul.	es muy regular, ya se sabe, ya se ve.
au pis aller.	por mal que vaya ó suceda.
je vous apprendrai ce qui est arrivé.	le participaré, le diré, le haré saber lo que ha sucedido.
le maître apprend *à l'écolier, l'écolier* apprend *du maître.*	el maestro *enseña* al discípulo, el discípulo *aprende* del maestro.
j'ai appris *cette nouvelle.*	he *sabido* esta noticia.
arracher, crêver les yeux.	quebrar, sacar, arrancar los ojos.
arracher les dents.	sacar, arrancar los dientes.
arracher au trépas.	arrancar *de* los brazos de la muerte.
qu'il s'arrange, ce sont sos affaires.	allá se las haya, con su pan se lo coma.
arrêter quelqu'un, le saisir.	echar la mano encima á uno.
arriver à bon port.	llegar bueno y sano.
la dame arrivée *d'hier.*	la señora *que llegó* ayer.
qu'en arriva-t-il ?	en que paró el negocio?
assister quelqu'un dans ses derniers momens.	asistir á uno en su última enfermedad.

s'attacher à quelqu'un.   coger ley, cariño, afecto, voluntad á uno.

je ne m'attendais pas à cela   no me creia yo eso.

s'attirer l'attention de.   llevarse la atencion de.

avoir besoin de.   necesitar de.

avoir bouche en cour.   tener mesa en palacio.

avoir de la peine, être pauvre.   tener, padecer trabajos, miseria.

avoir de la peine à.   tener dificultad, trabajo *en.*

avoir de mauvaises habitudes.   estar hecho á, ó tener malas mañas.

avoir des propos, disputer contre quelqu'un.   reñir de palabras con alguno.

avoir du débit, du débouché.   tener salida, despacho.

avoir en *main.*   tener *á* mano.

avoir entre les *mains.*   tener entre manos.

avoir la bonté de.   servirse de.

avoir la main (au jeu).   ser mano.

avoir l'intention de.   hacer ánimo de.

avoir l'oreille juste.   tener buen oido, el oido fino

avoir la tête dure, légère; la vue basse, la conscience large, etc.   ser duro, ligero de cabeza; corto de vista; ancho de conciencia, etc.

avoir le cœur de.   tener, bastar el ánimo *para*

avoir le front de.   tener bastante descaro *para*

avoir l'œil sur quelqu'un.   no perder á uno de vista, observar su conducta.

avoir sur les bras.   tener á su cargo.

avoir tout à souhait.   tener todo lo que se desea.

avoir une chose sur le cœur.   estar resentido, tener resentimiento de algo.

avoir un grand flegme.   tener mucha cachaza.

avoir un rendez-vous.   tener cita, estar citado.

avoir un tête-à-tête.   estar á solas, tener una conferencia secreta.

il a l'air *de plaider.*   parece que esté pleyteando

il y a à craindre, à dire.   hay *que* temer *que* decir.

il y a beaucoup de différence entre ceci et cela.   va, hay mucha diferencia de esto con aquello.

il y en a *qui disent.* — no *falta* quien dice.
BIENS *immeubles.* — bienes raices.
bonnes fortunes (en amour) — intrigas de amor.
bon homme, bonhomie. — buen juan, buena pasta.
bâton de vieillesse. — báculo de vejez.
bois à brûler, de charpente — leña, madera.
vous savez bien. — ya sabe Vm.
pouvez-vous bien *me dire?* — podria Vm. decirme?
si vous voulez bien. — si usted quiere.
j'aurais bien *voulu.* — me hubiera alegrado de.
badiner, railler. — gastar chanzas, chufletas.
battre à plate couture. — derrotar enteramente.
battre des mains. — dar palmadas, palmotear.
battre la mesure. — llevar el compas.
battre le pavé — ser callegero, callegear.
battre l'eau. — trabajar en vano.
battre le tambour. — tocar la caxa,
battre monnoie. — acuñar moneda.
se battre, disputer, gronder — reñir.
se battre à coups de bâton — andar á palos.
blasphémer, jurer. — votar, echar votos.
blesser la pudeur la mo- — ofender el pudor, la mo-
  destie, la religion, etc. — destia, la religion, etc.
blesser l'oreille. — chocar, disonar al oido.
boire à la santé de. — brindar á la salud de.
brisons là – dessus. — dexemos eso.
se brouiller. — romper las amistades,
  — enemistarse.
il m'a *brouillé avec lui.* — me ha puesto mal con él.
brûler du désir de. — desear con ansia.
CAISSE, *boîte, tabatière,* — caxa.
  tambour.
la carrière *des armes.* — la *carrera* de las armas.
le jeu de la course. — el juego de la *carrera.*
maille aux bas. — *carrera* en las medias.
tour de baguettes. — *carrera* de baquetas.
un certain *Pierre me le* — un *tal* Pedro me lo dixo,
  dit, mais je ne me sou- — pero no me acuerdo de
  viens pas de cet homme. — *tal* hombre.

chassé, gibier : gros gibier, menu gibier.	caza : caza mayor, caza menor.
c'est charmant *de le voir.*	es un gusto, es un gozo, da gusto, da gozo el verlo.
c'est une chose étonnante *que l'esprit de cet enfant.*	es un *pasmo* el talento de este niño.
couche de peinture, etc.	capa de pintura, etc.
coupe - gorge, lieu plein de brigands , de voleurs.	mal paso, parage lleno de bandidos, de bandoleros, de salteadores.
un coupe - jarret.	un rompe esquinas , un perdona vidas.
un coup de tonnerre , un coup de foudre.	un trueno, un rayo.
cette nouvelle est un coup de foudre *pour moi.*	esta noticia es un *golpe fatal* para mi.
encore un coup *je vous dis*	otra vez le digo.
ah ! pour le coup *je l'ai deviné.*	ahora si que lo he acertado
prophétie après coup.	profecia despues de sucedido y visto el lance.
j'en veux davantage, car *je l'aime.*	quiero mas , *que* me gusta.
comme *nous commencions*	*quando* empezábamos.
vous savez comme *il mérite.*	ya sabe Vm. *quanto* merece.
voyez comme *c'est fâcheux:* comme *il est laid!*	vea Vm. *quan* desagradable es : *que* feo es !
restez comme cela.	quédese Vm. *asi.*
et comment, et pourquoi cela ?	y porque ?
casser un testament, etc.	anular un testamento.
casser un officier.	quitar el empleo á un oficial
chercher à savoir.	procurar saber.
chercher querelle.	armar una quimera , armar pendencias.
commencer à connaître une chose qu'on apprend.	tomar, ir tomando el tino, el tiento á una cosa que se aprende.

commercer avec quèlqu'un — tener tratos con uno.

compter par, sur ses doigts — contar con los dedos.

je vous ferai connaître ma résolution. — le haré saber mi resolucion.

se contenter de bonnes raisons. — pagarse de buenas razones.—

en conter à quelqu'un. — contar, echar mentiras á uno.

en conter à une femme, conter des fleurettes. — cortejar, echar requiebros á una muger.

corner aux oreilles à quelqu'un. — pudrir los oidos, rallar las tripas á uno.

les oreilles me cornent. — los oidos me zumban.

courir çà et là sans dessein — andar de zeca en meca.

courir sans frein, agir sans être corrigé. — andar á sus anchuras.

coûter un doigt de la main, coûter cher. — costar un ojo de la cara, costar un sentido.

crever de rire. — dar carcajadas, reventar de risa.

crever, être transporté de colère. — reventar, bramar, bufar de ira, de cólera, etc.

croire facilement. — tener buenas tragaderas, creerse de ligero.

croire fermement. — creer á macha martillo, á pié juntillas, á puño cerrado, á ojos cerrados.

croire sans peine. — creer sin dificultad.

croire que quelqu'un est dans un tel endroit. — hacer á uno en tal parte.

DÉBUT (t. de théâtre.) — primera representacion.

dettes criardes. — deudas menudas, lo que se debe á gente menesterosa.

difficile à contenter. — mal contentadizo.

c'est dommage. — es lástima.

il est bien doux pour moi de pouvoir. — es para mí una grande satisfaccion el poder.

c'est un drôle *de corps.* — es un buen compañero.

il veut que je sois sa dupe. — quiere engañarme.

je ne serai pas sa dupe. — no me engañará.

un *bavard*, etc. *de cette force.*	un hablador semejante.
plutôt mourir que de *voir.*	ántes morir que ver...
c'est de *même que.*	es *lo* mismo que.
d'un côté... de l'autre.	*por* una parte...*por* la otra.
de *mon côté, pour moi, etc.*	*por* mi parte, en quanto á mí.
de *peur de : laisse-le* de peur qu'*il ne te morde.*	*por* miedo de : déxale, *no sea que* te muerda.
que je suis malheureux d'avoir voulu... d'être obligé de.	quan desgraciado soy *por* haber querido... *por* verme precisado á...
si dès ce soir je pouvais.	si esta misma noche pudiera.
dès mon plus jeune âge.	desde mis tiernos años.
voici une table, écrivez dessus.	ahí está una mesa, escriba Vm. *encima de ella.*
la rivière du *Tage*, de la *Seine.*	el rio Tajo, el rio Sena.
je suis bien aise du *retour* de *mon fils.*	me alegro de *que* haya vuelto mi hijo. (1)
demander raison.	pedir satisfaccion.
je ne demande pas mieux.	eso es lo que yo quiero ; no deseo otra cosa.
il ne demande pas mieux.	eso es lo que mas desea él.
demeurer les bras croisés.	estarse mano sobre mano.
aller, venir demeurer *chez quelqu'un.*	ir, venir *de asiento* en casa de alguno.
dépenser prudemment.	gastar con su cuenta y razon.
descendre vîte l'escalier.	apretar escaleras abaxo.
je descends, je descends.	voy á baxar al instante.
devenir amoureux de.	enamorarse de.
devenir fou, riche, etc.	volverse loco, hacerse rico, etc.
devenir gras, maigre, pâle, etc.	ponerse, hacerse, volverse gordo, flaco, pálido, etc.

---

(1) On prend souvent les phrases entières *substantivement.*

diminuer le prix.	baxar el precio.
dire des injures, parler avec indécence.	echar sapos y culebras.
dire ses prières.	rezar.
dire le chapelet, etc.	rezar el rosario, etc.
dire tout net.	decir claramente.
regardez-le seulement un quart-d'heure, et vous m'en direz des nouvelles.	mírelo Vm. por un quarto de hora no mas, y me dará ó volverá Vm. la respuesta.
les Tyriens, dis-je, *ont...*	los Tiros, *como digo,* han...
donner dans le panneau.	caer en la trampa.
vous donnez là-dedans?	Vm. se lo cree? se dexa Vm. embaucar?
donner dans le travers.	entregarse á una vida licenciosa.
donner des motifs de jalousie.	dar zelos.
donner du nez contre le mur.	romperse las narices contra la pared.
donner du nez en terre.	caer de hocicos.
donner, émettre sa voix.	dar su voto, votar.
donner gratuitement.	dar dado.
donner la bénédiction.	echar, dar la bendicion.
donner la table à quelqu'un.	dar la comida y la bebida, dar la mesa á uno.
donner le mot.	dar el santo.
donner le nom.	poner nombre.
donner quittance.	dar carta de pago.
donner tête baissée.	precipitarse á ojos cerrados.
donner une mauvaise tournure à ce qu'on dit.	interpretar mal lo que se dice.
se donner de la tête contre le mur.	darse de cabezadas contra la pared.
s'en donner.	holgarse quanto se puede.
dresser des piéges.	armar lazos, redes (asechanzas *au figuré*).
dresser une embûche.	armar una emboscada ó celada.

dresser une tente, un lit. — armar una tienda, una cama.

EN voici bien d'un autre: à l'autre à présent. — ahora sí que estamos frescos, lindos, bonitos, etc.: otra xeringa.

je naquis en mil huit cent. — yo nací en el año de mil y ochocientos.

Jesus - Christ ne pâtit pas en tant que Dieu. — Jesuchristo no padeció en quanto Dios.

il verra en son tems si son espoir est fondé. — al freir de los huevos lo verá.

échoir (l'époque du payement.) — caer, vencer, cumplir el plazo del pago.

échoir en partage. — caer en suerte.

écouter, voir attentivement — abrir tanto el oido, el ojo.

écrire des remarques, annoter. — apuntar, anotar, hacer apuntaciones, anotaciones

élever jusqu'aux nues. — ensalzar hasta las estrellas.

employer le sec et le vert. — no dexar roso ni velloso.

cette raison l'emporte sur l'autre. — esta razon prepondera á la otra.

emprunter sans dessein de rendre. — pegar un petardo.

cet homme-là est un escroc, un filou, il vous empruntera de l'argent, qu'il ne vous rendra pas. — ese hombre es un estafador, un tramposo, un petardista, un ratero, le pegará á Vm. algun petardo.

je m'enflamme d'un beau zèle. — un gran zelo me inflama.

s'ennuyer du travail. — cansarse del trabajo.

ne venez pas m'ennuyer. — no me venga Vm. con calenturas.

s'énoncer d'une manière gauche. — explicarse, darse á conocer de un modo ridículo.

entendre malice. — ser malicioso, obrar con malicia.

entendre raillerie. — saber de chanzas.

entrer dans un grande colère. — hincharse las narices á uno.

entrer sans avertir, à l'improviste.	entrarse de rondon, de sopeton, como D. Pedro por su calle.
épouser un parti ; les intérêts de.	abrazar un partido ; tomar, abrazar los intereses de.
essayer un habit.	probarse un vestido.
éteignez une de ces lumières.	ha parido la gata ?
cela étonnera.	eso dará mucho golpe.
être à l'extrêmité.	estar al cabo.
être à propos.	ser del caso.
être hors de propos.	no venir al caso.
être à son aise, riche.	ser rico, estar acomodado.
être au bout de son latin.	no saber mas.
être après quelqu'un.	ir, andar tras alguno.
être bien-aise de.	alegrarse de.
être bien ou mal ensemble.	estar bien ó mal unos con otros.
être content de soi-même.	estar muy pagado de sí.
être d'un même génie.	congeniar.
être en chaleur (les bêtes).	estar, andar en zelo.
être en mal d'enfant ; faire ses couches ; être en couche.	tener dolores de parto ; estar de parto ; estar parida.
être en négligé.	andar vestido de barrio.
être en pleine santé.	estar rebosando de salud.
être en marché, marchander une chose.	estar en tratos de, sobre una cosa.
être hors d'haleine.	estar jadeando, jadear.
être jaloux.	tener zelos, ser zeloso.
être la fable du peuple.	ser traido en lenguas.
être de moitié.	ir á la parte.
être né d'une race.	descender de un linage.
être près, auprès de.	estar al lado de.
être sujet à caution.	no ser muy de fiar.
être sujet à s'enivrer.	ser borracho de vicio, tener por vicio el emborracharse.

être sur le retour, vieillir. — entrar en dias, empezar á ser viejo.

être surpris, vaincu, reconnaissant, au fait, etc. — quedar atónito, vencido, agradecido, enterado, etc.

être tout mouillé. — estar hecho una sopa, una agua.

être tranquille. — perder cuidado.

être un peu lettré. — tener puntas de letrado.

en être aux prises. — haber ya llegado á las manos.

en être fâché. — sentir; tener sentimiento, pesadumbre de.

j'en suis bien fâché. — lo siento mucho.

en être quitte à bon marché — quedar bien librado.

il en est des femmes comme des fleurs. — son las mugeres como las flores: lo mismo sucede con las mugeres que con las flores.

ces affaires où en sont-elles? — en que estado se hallan estos asuntos?

dans l'état où il est. — en el estado en que se halla.

il est à craindre, à désirer. — es de temer, de desear.

c'est ma faute. — yo me tengo la culpa: es por culpa mia.

c'est pour en mourir. — hay para morirse.

c'est qu'il devait le faire. — porque debia hacerlo.

ce n'est pas que, non qu'il manquât de génie. — no porque careciese de ingenio.

ce n'est pas vrai; si fait. — no hay tal; si tal.

je suis à vous à l'instant. — ahora mismo estoy con Vm.

je ne suis dans l'affaire que pour. — no entro en el asunto sino para.

la peste soit de: que le tonnerre écrase le. — llévese la peste, una legion de diablos: parta un rayo al...

étrenner un habit, etc. — echarse, ponerse un vestido nuevo, etc.

FEU *mon père* , *feu ma* | mi padre , mi madre que
mère. | gloria goce , que en paz

descanse , que esté en
el cielo , que Dios haya.

c'est la fête *de mon père* . | son *los dias* de mi padre.

fontaine , source , bassin | fuente.
à laver , cautère.

je ne l'achète pas , faute | no lo compro *por no te-*
d'argent. *Si vous n'avez* | *ner* dinero. Si no tiene
pas d'argent , cela n'y | Vm. dinero, *no quede*
fait rien, *prenez-le.* | *por eso* , tómelo Vm.

ce qu'il faut *pour écrire,* | *recado* de escribir , de co-
pour coudre , etc. Les | ser, etc. El *recado* de la
provisions , les comes- | plaza. Hay buen *recado*
tibles du marché. Il y | de peras. Le enviaré un
a une bonne provision | *recado* paraque venga.
de poires. Je le ferai | Muchos *recados* , mu-
avertir *pour qu'il vien-* | chas memorias á todos.
ne. Beaucoup de com-
plimens à tout le monde.

j'ai failli *à être pris.* | por poco me prenden; poco
se ha faltado que me
prendiesen.

il avait failli *à être tué.* | por poco le mataban; poco
se ha faltado que no le
matasen.

peu s'en faut ; *peu s'en* | poco falta ; poco faltó que
est fallu *que je ne tom-* | cayese , por poco me
basse ; j'ai pensé, j'ai | caygo.
manqué de tomber.

il me faut, *il* te faut, *il* | necesito , necesitas , nece-
lui faut, *il nous faut,* | sita, necesitamos, nece-
il vous faut , il leur | sitais , necesitan. Nece-
faut. Il me fallait, etc. | sitaba , etc.

s'il faut *dire le vrai.* | si va á decir verdad.

tant s'en faut *qu'il le fasse;* | tan léjos está de hacerlo ;
tant s'en fallait *qu'il le* | tan léjos estaba de de-
dit. *S'il en* faut croire. | cirlo. Si *debemos* creer.

il s'en faut *plus de la moi-* | falta mas de la mitad; ni
tié ; il s'en faut *bien.* | con mucho.

il ne faut pas jouer tou-jours ; ne fera-t-on que jouer?
no ha de ser todo jugar; todo ha de ser jugar?

se fâcher et mettre en désordre.
echarlo todo á rodar.

faire bien ses affaires.
hacer su agosto, irle bien á uno.

dans une presse les filous font leurs orges.
en un apreton de gente los rateros hacen su agosto.

faire bon ou mauvais ménage.
vivir en buena ó mala union el marido y la muger.

faire bonne chère.
regalarse espléndidamente, á pedir de boca.

faire bonne ou mauvaise mine.
poner buena ó mala cara.

faire les grimaces qui précèdent les pleurs.
hacer pucheros ó pucheritos.

faire de l'air.
correr, hacer ayre.

faire des avances.
adelantar dinero.

faire des démarches.
dar pasos.

faire, tenir des discours à perte de vue.
hablar mucho y disparatadamente, sin ton ni son.

faire des façons.
gastar cumplimientos.

faire des politesses.
obsequiar.

faire entendre raison.
poner *en, d la* razon.

faire honneur à ses affaires
quedar lucido en sus cosas.

faire l'amitié de.
hacer el favor de.

faire la cour, l'amour.
cortejar, galantear.

faire la loi.
dar, poner la ley.

faire la petite bouche.
hacer melindres, *el, del* melindroso.

faire le bel esprit.
presumir de ingenioso, de entendido.

faire le brave en paroles.
echar roncas, bravatas, baladronadas, fieros.

faire les honneurs d'une maison.
recibir la gente, hacerle compañía y regalarla.

faire lit à part.
apartar cama.

faire parade de son argent
echar doblonadas.

faire payer ; faire peur.	llevar ; dar, poner miedo.
faire pitié, honte, tort, route, emplette, rencontre, etc.	dar lástima, avergonzar, perjudicar, viajar, comprar, encontrar.
faire sa provision de.	aviarse de.
faire ses pâques.	cumplir con la iglesia.
faire son bon jour.	confesar y comulgar.
faire sur soi le signe de la croix.	santiguarse, persignarse.
faire taire quelqu'un.	tapar la boca á uno.
faire tête à l'ennemi.	hacer cara al enemigo.
faire tout son possible.	hacer uno quanto puede.
faire un éclat de rire.	soltar una carcajada.
faire un faux pas.	tropezar como para caer.
faire un ferme propos.	tomar la firme resolucion.
faire un grand tapage.	meter mucha bulla.
faire un saut ; une chûte.	dar un salto, un brinco ; una caida.
faire vœu de.	votar que, hacer voto de
se faire des affaires.	exponerse á desazones.
se faire jour, se frayer un chemin.	abrirse un camino.
se faire soldat, moine, etc.	meterse soldado, frayle.
se faire un devoir.	mirar como una obligacion
se faire un nom.	acreditarse.
s'en faire accroire.	presumir de sí.
être riche et s'en faire honneur.	ser rico y saberlo lucir.
faites vos affaires.	cuide Vm. de sus asuntos.
cette nouvelle fait beaucoup de bruit.	no se habla mas que de esta noticia.
il est fait pour attendre.	él debe aguardar.
il croit que tous les hommes sont faits pour lui.	se cree que todos los hombres han nacido para él.
il n'est pas fait pour.	no es él digno, capaz, *etc.* de
se faufiler adroitement dans tous les festins.	ser el perrito de todas bodas.
fendre les eaux, les airs.	surcar las aguas, los vientos
le sommet fend les nues.	la cima *pasa de* las nubes.
filer doux.	no levantar el pico.

filer le parfait-amour.   cortejar con disimulo y constancia, gastar muchos suspiros.

je finirai peut-être par l'acheter.   tal vez al último lo compraré.

fondre en larmes.   deshacerse en lágrimas.

fondre sur l'ennemi.   acometer al enemigo.

fouiller partout.   registrar por todas partes.

fourmiller de monde.   hervir de gente.

frapper d'étonnement.   hacer impresion, sensacion

frapper du pied contre terre.   dar patadas en el suelo.

GOUVERNANTE *d'un enfant ; d'une personne âgée.*   aya ; ama de llaves, muger de gobierno.

c'est un gaillard *qui...*   es un *páxaro* que...

j'en ai pour garant *le...*   me lo asegura el...

grièvement malade.   enfermo de cuidado.

les gens *comme il faut.*   la gente de forma.

les gens *d'église, de lettres, de guerre, etc.*   los eclesiásticos, los letrados, los militares.

les gens *de la campagne.*   la gente del campo.

les gens *d'épée.*   la gente de capa y espada.

les gens *de rien.*   la gente baxa.

les gens *de robe.*   los togados, gente de golilla

les gens *de loi.*   la gente de justicia.

les gens *du monde.*   la gente mundana.

les jeunes, les vieilles gens.   los jóvenes, los viejos.

les braves, les honnêtes gens.   la gente honrada, de bien.

les bonnes, les mauvaises, les sottes gens.   la gente sencilla, perversa, tonta.

les plates, les pauvres, les petites gens.   la gente sosa, los pobres, la plebe.

gagner gros.   tener una ganancia loca.

gagner la haine, l'estime.   grangearse el odio, el afecto

gagner les bois.   huirse á los bosques.

gagner quelqu'un à force d'argent ou autrement.   cohechar á uno.

gagner une fluxion, etc.   coger, pillar una fluxion.

gagner un endroit pour s'évader. — llegar á, hallar un lugar por donde escaparse.

la nuit nous gagna au milieu du bois. — nos cogió la noche en medio del bosque.

je gage que je vais... gage que si, gage que non. — á que voy... á que sí, á que no.

gardez cela. — alce, guarde Vm. eso.

gâter les enfans. — dar mala crianza á los niños

c'est un enfant gâté. — es un niño mal criado.

c'est un gâteur d'enfans. — de tanto querer á los hijos los echa á perder.

gêner. — hacer mala obra, estorbar, incomodar.

HEUREUSEMENT, malheureusement que; c'est fort heureux, c'est malheureux. — por fortuna, por desgracia; es mucha fortuna, es una desgracia.

homme d'affaires; de loi. — apoderado, agente, abogado

honnête homme. — hombre de bien, honrado.

honnête femme. — muger de bien, honrada.

s'habiller en femme, en berger, de drap, de blanc. — vestirse de muger, de pastor, de paño, de blanco.

se hâter, se dépêcher. — darse prisa, apresurarse, despacharse.

se hâter, s'empresser de faire, d'écrire, etc. — hacer, escribir, etc. inmediatamente, luego, etc.

hausser le prix. — subir el precio.

INDÉPENDANT : je suis entièrement indépendant. — independiente: no tengo padre ni madre, ni perro que me ladre.

qu'importe? il ne m'importe pas, il ne l'importe pas, etc. — que le hace? no se me da, no se te da nada, un bledo, un pito.

imposer un tribut. — echar, imponer un tributo.

s'informer de plusieurs. — tomar voces ó lenguas.

cela ne m'inquiète pas. — eso no me da cuidado.

intenter procès contre quelqu'un. — armar pleyto á uno.

JAMAIS à Dieu ne plaise. — nunca Dios tal quiera.

cela n'est jamais *arrivé*. *En dias de Dios* ha sucedido tal cosa. *En los dias de la vida ó en mi vida* lo haré.

Je ne le ferai jamais.

jeune homme, jeune fille, jeune demoiselle, jeune cheval, jeune arbrisseau, etc. — jóven, muchachita, señorita, caballito, tierno arbolito.

joueur de gobelets, de marionnettes. — titeretero.

jour de naissance. — dia de cumpleaños.

ouvrage à jour. — obra á claros.

jetter au nez. — echar *en* cara.

jouer de malheur, avoir du guignon. — ser desgraciado, tener mala estrella.

jouer de son reste. — echar el resto.

jouer l'innocence. — aparentar la inocencia.

jouer une comédie. — representar una comedia.

jouer le rôle de père noble, de premier amoureux, de première actrice, de valet, de soubrette: avec succès. — hacer, representar el papel de barba, de primer galan, de primera dama, de gracioso, de graciosa: con aplauso.

jouer un grand rôle. — hacer mucho papel.

jouer un mauvais tour. — pegar un chasco.

se jouer à quelqu'un. — armarla con uno.

se jouer de quelqu'un. — burlarse de uno.

LA *France est un bon pays, l'Espagne est riche, l'Allemagne est vaste.* — Francia es buena tierra, España es rica, Alemania es vasta.

la *tête baissée*, les *bras croisés*, la *main ouverte*, etc. — con la cabeza baxa, *con* los brazos cruzados, con la mano abierta, etc.

le *vingt Mars.* — à veinte *de* Marzo.

ce *malheur arriva* au *printems*, le *printems passé.* — sucedió esta desgracia *en* la primavera, *en* la última primavera. (1)

____

(1) Les verbes *acaecer, acontecer* et *suceder* gouvernent la préposition *en* pour marquer le *tems*.

lit *d'une rivière*; lit *de pierres, de paille, etc.*	la *madre* de un rio; *capa* de piedras, de paja, etc.
bon, bonne comme je le suis.	bueno, buena como soy.
c'est précisément comme je le disais , comme je le veux , comme il me le paraissait.	cabalmente es como yo decia , como quiero , como me parecia.
je lui *croyais des enfans.*	creia que tuviese hijos.
j'en reviens toujours là.	siempre me vuelvo *á lo mismo.*
j'étais bien loin *de savoir, de la vérité , etc.*	estaba yo muy *léjos* , muy *ageno* de saber , de la verdad.
lâcher prise.	soltar *la* presa.
loger quelqu'un.	dar posada á uno.
MAISON *de force.*	galera de las mugeres.
les petites maisons.	el hospital de los locos.
la *maîtresse , le galant.*	*el* cortejo , el cortejo.
mauvais sujet , écervelé.	un calavera.
médisant.	deslenguado, murmurador
mille pardons, Monsieur.	perdone Vm. Caballero.
personne fort ménagère.	persona muy *de su casa.*
toile,pain,etc. de ménage.	lienzo , pan *casero.*
tout le monde. —	toda la *gente.*
que dira le monde?	que dirá la *gente* ?
la morte-*saison.*	la temporada en que se halla poco trabajo.
il n'y a pas moyen *de.*	no hay forma, ó modo de.
moi je *dormais ,* toi tu *veillais , et* lui il *alla...* vous *et* moi nous *irons;* toi *et* lui vous *irez,etc.*	yo estaba durmiendo, *tu* velando, y *él* fué... usted y yo irémos; tú y él iréis.
ma foi ni moi non plus.	á fe que , vaya que , por vida mia, ni yo tampoco
mon cher *père ,venez ,* ma chère *mère vous deman-* de : mon cher *ami,* mon frère , *etc.*	padre, venga Vm., madre pide por Vm. : amigo , hermano , etc.

elle feignit même *de.*	y aun fingió que. (1).
et votre naufrage même *ne...*	y ni aun su naufragio...
de mon mieux , *de ton* mieux , *de son* mieux.	lo mejor que yo puedo, puedes, puede; podia, pude, podré, etc.
pour mieux *connaître.*	para conocer mejor. (2)
c'est ce que vous avez de mieux *à faire.*	es *lo mejor* que Vm. puede hacer.
manger des *deux côtés.*	comer á dos carrillos.
manger son blé en herbe.	gastar anticipadamente.
manquer à quelque chose.	faltar *en* algo.
manquer à quelqu'un.	agraviar á uno.
manquer de quelque chose	carecer de algo.
manquer de respect, d'é*gards.*	faltar *al* respeto , *á* las atenciones debidas.
manquer son coup.	errar el golpe.
manquer une belle occasion.	perder una buena ocasion.
j'ai manqué de tomber.	estuve á pique de caer.
marcher avec gravité.	echar piernas.
marcher sans faire du bruit.	andar quedo , quedito.
marcher sur les traces de.	imitar, seguir las huellas de
ménager l'amitié.	conservarse la amistad.
ménager le tems.	economizar el tiempo.
ménager les petits esprits.	andar con tiento con la gente de cortos alcances.
ménager quelqu'un.	guardar atenciones con uno
ménager sa santé.	mirar *por,* cuidar *de* su salud.
ménager un rendez-vous.	proporcionar una cita.
ménagez vos mots.	mire Vm. como habla.
mener quelqu'un par le nez	gobernar á uno como se quiera , á su modo.
mettre à la voile.	hacerse á la vela.

---

(1) Mettez toujours la conjonction *méme* avant le verbe , et ajoútez *y* avant.

(2) On met comunément les adverbes aprés l'infinitif.

mettre au hasard.	poner á Dios y á la ventura, aventurar, arriesgar.
mettre au jour.	dar ó sacar á luz.
mettre au net.	sacar, poner *en* limpio.
mettre bas, faire ses petits	parir.
mettre dans de beaux draps.	poner en un pantano.
mettre des bijoux en gage.	empeñar alhajas.
mettre en comparaison une chose avec une autre,	poner en paralelo, poner ó comparar una cosa con otra.
mettre en peine.	dar, causar cuidado.
mettre en un panier percé.	echar en saco roto.
mettre ordre à ses affaires	disponer sus cosas.
mettre ordre aux abus.	remediar los abusos.
mettre quelqu'un à la porte	despedir, echar fuera á uno.
mettre quelqu'un sur la voie de.	indicar á uno los medios de
mettre sur le tapis : il y a quelque chose sur le tapis	entablar un asunto : se trata de algo.
mettre sur *pied une armée*	poner un exército *en* pié.
se mettre à courir.	echar, apretar á correr.
se mettre à couvert de l'eau ; d'un malheur.	ponerse al abrigo del agua; en cobro, en salvo, huyendo de una desgracia.
se mettre à la raison.	allanarse, allegarse, ajustarse, ponerse, reducirse á la razon.
se mettre à pleurer, etc.	ponerse, empezar, echar á llorar.
se mettre à table.	sentarse á la mesa.
se mettre à table sans être invité.	entrarse de gorra, comer de gorra, ser gorrero.
se mettre au-dessus des préjugés.	sacudir el yugo *de*, sobreponerse á las preocupaciones.
se mettre dans l'embarras	buscarse desazones.
se mettre en peine.	estar con cuidado.
de quoi vous mettez-vous en peine ?	que cuidado le da á Vm. ?

se mettre en réputation.	cobrar fama.
se mettre sous la protection de quelqu'un.	ampararse, favorecerse de alguno.
modérer les passions.	templar, calmar, moderar las pasiones.
monter la montre.	dar cuerda al relox.
montrer au doigt.	señalar con el dedo.
NAPPE d'eau.	despeñadero de agua.
natif de mon pays.	hijo de mi tierra.
navré de douleur.	traspasado, penetrado, lleno de dolor.
ce n'est pas pour ton nez.	no es para tus hocicos, para tus barbas.
nu-tête, nu-pieds, nu-jambes.	con la cabeza desnuda, con los piés descalzos, con las piernas desnudas.
tout nu ; jambes nues.	en cueros, en carnes ; en piernas.
l'épée nue.	la espada desenvaynada.
je ne doute pas qu'il ne vienne.	no dudo que venga.
plus belle que je ne croyais	mas linda de lo que creia.
il ne rit, ni ne chante.	ni rie, ni canta.
ne fût-ce que pour.	aunque ó quando no fuera sino por.
naviguer à pleines voiles, sans voiles.	navegar, correr á todo trapo, á palo seco.
n'avoir aucun savoir-faire: je ferai voir mon savoir-faire.	no tener oficio ni beneficio: haré ver mi talento, mi industria.
n'y avoir pas de justice à	no haber ley de Dios ni conciencia para.
ne dire plus mot.	no hablar mas palabra.
ne faire rien qui vaille.	no hacer cosa á derechas.
n'être pas embarrassé à.	no tener dificultad en.
n'être embarrassé de rien.	no tener empacho de nada.
n'épargner personne.	no perdonar á nadie.
n'épargner aucun moyen.	no omitir ningun medio.
ne pas cesser et ne pas manquer de faire.	no dexar de hacer.

ne pouvoir s'empêcher de. — no poder dexar de.

n'en faire pas moins. — no dexar por eso de hacer.

il n'en défit pas moins l'ennemi. — no dexó por eso de derrotar al enemigo.

ne pas fermer l'œil de la nuit. — no pegar los ojos en toda la noche.

ne point donner aux autres le tems de parler. — hablárselo todo.

ne s'attacher qu'à. — no prendarse , no hacer caso sino de.

n'en pouvoir plus. — no poder mas.

je ne le crois pas. — cuéntaselo á tu abuela.

il ne l'obtiendra pas. — lo logrará como mi abuela.

OREILLE sourde (faire l') — hacer orejas de mercader.

génies opposés. — genios encontrados.

habit d'ordonnance. — vestido de uniforme.

s'opiniâtrer, prolonger la dispute. — andar en dares y tomares, en dimes y diretes.

oublier une chose. — pasarse de la memoria , pasarse por alto algo á uno

on y va , j'y vais. — allá voy, allá voy , ya voy.

PAIN de bougie. — librillo de cerilla.

pain de sucre. — pilon de azúcar.

ce qu'il fait dans ce pays-là. — lo que él hace en aquellos mundos de Dios.

parterre d'un jardin. — quadro de flores.

pas de la porte. — umbral de la puerta.

pâté d'encre : pieds de mouche : trait de plume : parafe. — borron: garabatos : rasgo: rúbrica.

le pauvre homme , pauvre diable. — pobrecito, pobre diablo.

ce valet cherche une place: cet homme a une bonne place : faites-moi de la place. — este criado busca una conveniencia, un acomodo: este hombre tiene un buen empleo : hágame Vm. lugar.

il serait plaisant que. — habria que reir si...

conte fait à plaisir. — cuento inventado.

nouvelle faite à plaisir. — noticia supuesta.

une bonne pratique.	un buen parroquiano.
la portée *du fusil : à une portée de fusil :* crédit *en compte : on va à sa poursuite, on le talonne.*	el *alcance* del fusil : á un *tiro* de fusil: *alcance* en cuenta. van á su *alcance,* le persiguen corriendo.
la puissance de faire.	el poder de hacer.
les puissances de l'Europe	las potencias de Europa.
mille réaux par *mois.*	mil reales *al, cada, por* mes
par là *j'ai connu.*	*con eso* he conocido.
par *parenthèse.*	*entre* paréntesis.
il n'est plus *tems.*	*ya* no es tiempo.
il est des plus *riches, des* plus *vaillans.*	es rico, valiente como el que mas.
bonne à son humeur près.	buena *ménos* su condicion
à tout propos : venir à propos, mal à propos : gronder mal à propos ; à propos de rien : à propos savez-vous ?	á cada instante : llegar á tiempo, á contratiempo: reñir sin razon, fuera del caso ; por una friolera, por quítame allá esas pajas : ahora que me acuerdo, ántes que se me olvide, sabe Vm.?
pâlir.	ponerse amarillo, pálido.
paraître (un édit, etc.)	salir un decreto, etc.
parler à cœur ouvert.	hablar con sinceridad, confianza, satisfaccion.
parler à l'oreille.	hablar al oido.
parler du nez.	ganguear, hablar gangoso.
parler gras.	cecear : proferir palabras obscenas.
parler haut.	levantar el pico.
parler raison.	hablar en razon.
parler vrai.	hablar en verdad.
partir, venir, emporter, apporter, etc.	partirse, venirse, llevarse, traerse, etc. ó partir, etc.
passer quelqu'un en âge.	llevar tiempo á uno.
penser en soi-même.	echar sus cuentas entre sí.
perdre la patience.	salir de sus casillas.
perdre l'espoir.	caerse de ánimo.
perdre l'esprit.	perder la chabeta.

perdre ses peines. — perder su trabajo.

le vin pétille. — salta el vino.

placer un domestique. — acomodar á un criado.

s'il vous plaît, *s'il vous* plaisait *de me dire.* — si Vm. *quiere,* si Vm. *quisiese* decirme.

faites-moi ce plaisir, s'il vous plaît. — hágame Vm. este favor ; *por Dios.*

dites-moi s'il vous plaît. — hágame Vm. el favor de decirme.

que veut dire cela , s'il vous plaît? *Où prenez-vous, s'il vous* plaît ?... — que signifia eso ?... de donde saca usted?...

se plier au génie de. — acomodarse al genio de.

plonger l'épée, etc. — encaxar , meter la espada.

se plonger dans le vice. — encenagarse en los vicios.

porter bien son bois. — tener buena planta , buen garbo, presentarse bien.

porter de bons habille-mens. — gastar, traer, llevar buenos vestidos.

porter envie. — tener envidia.

se porter à la vertu. — inclinarse á la virtud.

le canon porte *jusques.* — el cañon *alcanza* hasta.

tous les coups portent. — todos los tiros *aciertan.*

le décret porte. — el decreto contiene , dice.

cet arbre porte *de bon fruit ;* porte *ses branches jusques...* — este árbol *lleva , produce* buen fruto; *levanta, extiende* sus ramas hasta.

pousser des gémissemens, des cris , le dernier soupir , etc. — dar ó echar gemidos, gritos, la última boqueada, etc.

pousser en arrière. — echar , empujar atras.

pousser l'effronterie jusques à. — llevar la desvergüenza hasta.

pousser quelqu'un à bout. — apurar á uno la paciencia.

pousser, porter quelqu'un à — incitar , mover á uno á.

pousser trop loin la politesse , l'amour de la vertu , etc. — ser con exceso cortés , amante de la virtud, etc.

le blé pousse. — el trigo *sale.*

prendre à bail. — tomar *en* arrendamiento.

prendre à cœur.	tomar á pechos.
prendre à part, tirer à l'écart quelqu'un.	llamar aparte á uno.
prendre au dépourvu.	coger desprevenido.
prendre bien son tems.	aprovecharse del momento favorable.
prendre de l'embonpoint.	engordarse, ponerse gordo.
prendre de travers.	tomar á mal.
prendre fantaisie à quelqu'un de faire une chose.	antojársele á uno el hacer algo.
prendre garde : prends, prenez garde de ne pas faire, dire, etc. : prends garde de ne pas tomber, de ne pas te salir, etc.	tener cuidado: cuidado con no hacer, decir, etc. : mira, no sea que caygas, que te ensucies, etc.
prendre, se donner la peine de.	tomarse el trabajo de.
prendre, fixer le jour.	señalar dia.
prendre le change.	quedar engañado, engañarse.
prendre bien ses mesures.	echar bien sus líneas.
prendre ses sûretés.	asegurarse.
prendre, avoir soin de.	cuidar, tener cuidado de.
prendre sur soi.	tomar á su cargo.
prendre un air sérieux.	ponerse serio.
prendre une bonne ou mauvaise tournure.	llevar buena ó mala traza.
prendre une chose à toute extrêmité, fort à l'étroit	tomar una cosa muy por el cabo.
prendre un ton bien résolu	hablar con mucho denuedo.
se prendre de paroles.	contrapuntarse, trabarse de palabras.
s'en prendre à quelqu'un.	echar la culpa á uno.
s'y prendre bien ou mal.	empezar bien ó mal.
où prend-il ce qu'il dit ?	de donde saca lo que dice ?
il me presse, il ne me donne pas le temps de.	me *apresura*, no me da tiempo de.
il me presse pour que je le lui dise.	me *insta, solicita, aprieta* paraque se lo diga.

il n'a eu rien de plus pressé *que de.*
lo primero que ha hecho ha sido.

prêter la main ; l'oreille à une proposition.
ayudar ; dar oidos á una proposicion.

prêter main-forte.
dar socorro á la justicia, favor al rey.

prier , inviter à dîner.
convidar á comer.

je vous en prie , je vous en conjure : je vous prie de croire : dites-moi, je vous prie : comment fait-il, je vous prie, pour…
por Dios : puede Vm. creer : hágame Vm. el favor de decirme : como lo hace para…

ce pays produit *de bons chevaux.*
esta tierra *cria* buenos caballos.

publier un édit.
echar ó publicar un edicto ó bando.

QUELQU'UN *m'a dit.*
un sugeto , cierto sugeto me ha dicho.

quelques livres.
unos quantos libros.

quelques plumes.
unas quantas plumas.

quel impertinent tu es !
dale bola , que pesado !

quel tapage est-ce ?
anda el diablo suelto?

quelle comparaison y a-t-il entre ceci et cela ?
que tiene que ver esto con aquello ?

cet homme a de très- bonnes qualités.
este hombre tiene muy *buenas prendas.*

avant que de faire.
ántes de hacer…

c'est un plaisir que d'aller.
es gusto *el ir…*

il ne mérite que trop.
merece *muy bien.*

que sait-on…
quien sabe… quien lo sabe.

que je serais bien-aise de…!
como , quanto , lo que me alegraria de..!

qu'il y a de fous !
lo que hay de locos !

que ne parliez-vous à tems.
hablara yo para mañana.

tant d'hommes que j'ai vus.
tantos hombres *como* he visto.

vous verrez qu'il n'y a pas.
Vm. verá *como* no hay…

que deviendrai-je ? que deviendrais-tu ? qu'est-il devenu ?
que será de mí? que seria de ti? que se ha hecho ?

qu'est-ce que c'est que cela?	que es esto?
qui que je sois.	sea yo *quien*, *el que*, *la que* sea ó fuere : qualquiera que yo sea ó fuere. (1)
qui que je fusse.	fuese yo *quien*, *el que*, *la que* fuese ó fuera : qualquiera que yo fuese ó fuera.
quoi que je fasse.	haga yo lo que haga ó hiciere : por mas que yo haga. (2)
quoi que je fisse.	hiciese yo lo que hiciese ó hiciera : por mas que yo hiciese.
quoi qu'il arrive.	suceda lo que suceda ó sucediere. (3)
quoi qu'il arrivât.	sucediese lo que sucediese ó sucediera.
quel que soit son mérite.	sea *qual*, *el que* sea ó fuere su mérito : qualquiera que sea ó fuere su mérito (4)
quelle que fût sa constance, etc.	fuese *qual*, *la que* fuese ó fuera su constancia : qualquiera que fuese ó fuera su constancia.
quadrer ou ne pas quadrer (une chose avec une autre)	decir bien ó no decir bien una cosa con otra.

(1) Cette phrase peut être conjuguée aux six personnes du subjonctif et de l'optatif simples et composés. Voyez page 56.

(2) Cette phrase et d'autres semblables peuvent être conjuguées aux six personnes du subjonctif et de l'optatif simples et composés.

(3) Cette phrase *impersonnelle* et d'autres semblables peuvent avoir lieu à la troisième personne du singulier du subjonctif et de l'optatif simples et composés.

(4) Cette phrase peut avoir lieu à la 3e. du singulier et à la 3e. du pluriel du subjonctif et de l'optatif simples et composés.

RENSEIGNEMENS.

informaciones ó informes, instrucciones, indicios, noticias.

une robe *très-mignonne.*

una bata muy mona.

un homme riche ; *un manger* exquis ; *une* belle *toile.*

un hombre *rico* ; una comida *rica*, exquisita ó regalada; un lienzo *rico*

rien *de plus naturel.*

no hay *cosa* mas natural.

il n'y a rien *de moins vrai.*

no hay *cosa* mas falsa.

il n'y a rien de tel que *de bien savoir.*

no hay *cosa como* el saber bien.

ce n'est rien *en comparaison des peines qui surviendront.*

esto son tortas y pan pintado.

D'un homme rusé *on dit :*

De un hombre astuto se dice :

Il sait bien ce que c'est que de vivre : il ne se laissera pas affiner : il fuit plus que manger son pain : il est bien dessalé : c'est un fin renard.

bien sabe quantas son cinco: llegaos á él que se le cae la capa: no le echaréis dado falso, ó metedle el dedo en la boca : que hobo es el mozo! que buen zorro! bonico es el niño.

se raccommoder, faire sa paix.

volver á las amistades, hacer las paces.

s'en rapporter à quelqu'un.

conformarse, referirse, atenerse al dictámen de otro.

ne s'en rapporter qu'à soi.

no fiarse sino de sí mismo.

ravir : ravir l'ame.

tomar por fuerza : embelesar.

cela est rebattu..

eso se ha dicho ya mil veces

rechercher en mariage.

pretender para casarse.

recommencer sur de nouveaux frais.

empezar de nuevo.

y regarder de près.

mirar, ver, exâminar con escrúpulo.

cela me regarde : *il ne me* regarde pas, *il ne te* regarde pas, *etc.*

eso me *interesa* : no me va ni me viene, no te va ni te viene, etc.

il s'ennuye, il regrette *son pays.*	está triste , *siente* el no estar ó quisiera hallarse en su tierra.
toute l'Egypte regrettait *le roi Sesostris.*	todo Egipto *sentia* la pérdida del rey Sesóstris.
vous regretterez *sur le trône la vie pastorale.*	deseará Vm. en el trono la vida pastoril.
je regrette *, je ne* regrette *pas cet homme.*	echo ménos , no echo ménos á este hombre.
remettre son esprit, asseoir son jugement.	asentar el juicio , tomar tino.
le temps se remet.	el tiempo se asienta.
se remplir de honte.	correrse de vergüenza.
rendre ce qu'on a emprunté.	devolver lo que se ha pedido prestado.
rendre compte , raison.	dar cuenta , razon.
rendre heureux , sage.	hacer feliz , cuerdo.
rendre confus , joli , etc.	confundir, hermosear, etc.
rendre la sentence en faveur de.	sentenciar *á* favor de.
rendre la vie , à la vie.	volver la vida , á la vida.
rendre les armes.	rendir las armas.
rendre témoignage.	dar testimonio , dar fe.
rendre service.	servir, hacer favor.
rendre visite.	hacer visita.
se rendre à la force.	rendirse á la fuerza.
se rendre à un endroit.	ir á , hallarse en un lugar.
se rendre maître.	apoderarse.
se rendre malade.	coger una enfermedad, perder la salud , enfermar.
cette maison rend *par an.*	esta casa rinde al año.
rentrer en soi-même.	volver en sí , enmendarse.
il me reste *à faire , etc.*	me queda *que , por* hacer.
retaper un chapeau.	armar un sombrero.
la montre retarde ; avance; va bien.	el relox atrasa, anda atrasado ; adelanta , anda adelantado ; anda bien.
réussir, échouer dans un projet.	salir bien ó mal en un proyecto.
revoquer le bannissement.	alzar el destierro.

c'est un vilain, il ne fait que roter.	es un cochino, no hace mas que echar regüeldos.
rougir.	ponerse colorado, salir los colores al rostro , sonrosearse.
rouler carrosse.	mantener coche.
SCÈNE : *faire une* scène *du diable.*	alboroto: alborotarlo todo
à la satisfaction *de tout le monde.*	á gusto de todos.
cela ne fut pas suffisant *pour me le faire croire.*	esto no fué *parte* para hacérmelo creer.
sans rancune.	tan amigos como de ántes.
dix mille réaux de rente qu'on touche sans *peine,* sans *frais.*	diez mil reales de renta limpios de paja y polvo.
si cela était *bon je l'acheterais.*	*á ser* esto bueno yo lo compraria.
sous peine de.	so pena , baxo pena de.
sous prétexte.	con pretexto, con achaque.
sous aucun prétexte.	por ningun pretexto.
sur le point de me perdre.	á pique de , en peligro de perderme.
savoir bon gré.	agradecer.
vous ne sauriez croire.	no *pudiera* Vm. figurarse
semer la zizanie.	levantar chismes.
il te sied *bien de vanter ton amitié.*	te *está* bien el hacer alarde de tu amistad.
il ne sied *pas bien, il ne convient pas aux demoiselles de tant parler*	no *está* bien á las doncellas el hablar tanto.
l'habit lui sied *bien, parfaitement bien.*	el vestido le *cae, sienta ó va* bien , pintiparado
à quoi cela sert-*il ?*	*de* que sirve eso?
sentir bon ou mauvais.	oler bien ó mal.
ne le sentez-*vous pas? je* sens *que cela doit être ainsi.*	no lo *comprehende* Vm.? conozco que eso debe ser así.
sonner (l'heure.)	dar la hora.
sonner les cloches.	tocar las campanas.

E c

cela sort de, n'est pas con- | eso desdice de su carácter.
forme à son caractère.

je ne m'en soucie pas, je | no me da cuidado, no se
ne m'en soucie guères. | me da nada.

souffler (t. de théâtre). | apuntar.

ici on ne souffre pas. | aqui no se *permite*.

cela ne souffre *point de* | esto no *admite* dilacion.
remise.

je souffre *bien des peines*. | *padezco* muchos trabajos.

je ne puis le souffrir. | no puedo aguantarle.

souhaiter le bon jour ; le | dar los buenos dias ; las
bon soir. | buenas tardes, las bue-
| nas noches (1).

il me souvient que. | me acuerdo que...

il suffit de dire. | basta *con* decir.

surprendre en menterie. | coger en mentira.

l'esprit de cet enfant sur- | sorprehende, asombra el
prend. | talento de este niño.

je suis surpris de votre | extraño, quedo sorprehen-
manière d'agir. | dido de su modo de
| obrar.

il me surprit la nuit. | me sorprehendió en la
| noche.

survenir (une maladie à). | dar una enfermedad á.

TABLETTE de chocolat. | ladrillo de chocolate.

tablette de sucre. | caramelo.

les tablettes. | el librito de memoria.

terre en friche. | tierra yerma.

toile d'araignée. | telaraña.

tour de force. | habilidad de cuerpo.

tour de passe-passé. | juego de manos.

troupe de comédiens. | compañía de cómicos.

tel qu'une fleur. | semejante á una flor.

il me fâcha tellement que. | me enfadó tanto, en tanto
| grado que.

tout autre que moi. | otro que yo.

---

(1) On dit *buenos dias* jusqu'à midi; *buenas tardes* depuis midi jusqu'au coucher du soleil ; *buenas noches* après
le coucher du soleil.

il est tout *naturel : entrez* tout *doucement : parlez* tout *bas.*	es *muy* natural : entre Vm. *muy* poco á poco : hable Vm. *muy* baxo.
ils partirent tous *furieux : elles restèrent* tout *é- tonnées : ma montre est* toute *gâtée.*	se fuéron *muy* enfurecidos: se quedáron *muy* mara- villadas : mi relox está *enteramente* echado á perder.
tant mieux ; *tant pis.*	mejor, me alegro; lo siento
est-il toujours *à la porte ?*	*todavía* está en la puerta ?
trève de cérémonie ; trève de raillerie , etc.	afuera los cumplimientos; dexémonos de chanzas, chanzas aparte.
j'ai trop *à cœur de faire voir.*	es muy vivo el deseo que tengo de hacer ver.
il n'est que trop *vrai...*	es *muy* verdad.
se taire.	callar, callarse la boca, el pico.
tâter le pouls (le médecin)	tomar el pulso.
tâter le pouls à quelqu'un.	sondear la opinion de uno.
tâter la finesse du drap.	tocar lo suave del paño.
tâter d'une perdrix , etc.	probar una perdiz , etc.
tendre, dresser des piéges.	armar trampas.
tendre la main.	alargar la mano.
tendre les tapisseries.	colgar las tapicerías.
ces raisons tendent *à me tromper.*	estas razones *se dirigen* á engañarme.
tenir bon , ferme.	mantenerse firme.
tenir compte d'une somme; d'un bienfait.	abonar una suma ; acor- darse con gratitud de un beneficio.
tenir un compte exact.	llevar una cuenta exâcta.
tenir compagnie.	hacer compañía.
tenir conversation à quel- qu'un.	mantener , tener , dar con- versacion á uno.
tenir la main à une chose : j'y tiendrai la main.	poner cuidado en , zelar la observancia de algo : pondré cuidado en ello.
tenir lieu de père.	servir de padre.
tenir pour vu.	dar por visto.

tenir quelqu'un le bec dans entretener á uno con pala-
   l'eau.   bras.
tenir tête à quelqu'un. hacer rostro ó cara á uno
se tenir caché. estarse oculto.
se tenir debout. estarse, tenerse en pié.
se tenir en haleine. estar en exercicio.
se tenir, être sur ses gardes estar sobre sí, sobre aviso.
je tiens *à ma place.* aprecio mi empleo.
je tiens *à mes habitudes.* me es duro ó difícil el des-
    habituarme.

tu tiens *de ton père.* te pareces á tu padre.
à qui tient-*il?* de quien depende?
il ne tient, *il ne* tenait, en mi mano, en tu mano,
   etc. qu'à moi, qu'à toi,   en su mano, etc. *está,*
   qu'à lui, etc.   *estaba,* etc.
il tient *trop de place.* ocupa demasiado lugar.
il ne s'en tint *pas là, mais...* no *paró* en esto, sino que...
de qui le tenez-*vous?* de quien lo *sabe* Vm.?
tenez, *l'entendez-vous?* *escuche* Vm., *le oye* Vm.?
tenez, *le voyez-vous?* *mire* Vm., *le ve* Vm.?
tenez, *lisez.* *tome* Vm., *lea* Vm.
qu'à cela ne tienne. no será eso un obstáculo.
il n'y a amitié qui tienne. no hay amistad que *valga.*
tirer à la courte-paille. echar pajas.
tirer d'affaire. sacar de un aprieto.
tirer de peine. sacar de cuidado.
tirer l'épingle du jeu. sacar su partido.
tirer les vers du nez. sonsacar á uno lo que sabe.
se tirer d'un grand bour- salir de un gran peligro,
   bier, l'échapper belle.   salir de una y buena.
toiser des yeux. mirar de piés á cabeza.
tomber de son haut, des nues quedarse helado, pasmado.
tomber sur l'ennemi. echarse sobre el enemigo.
toucher de l'argent. cobrar dinero.
toucher le cœur. conmover, enternecer.
touché de gratitude. movido, lleno de agradeci-
    miento.

touché des malheurs. conmovido, enternecido,
    condolido, apiadado, las-
    timado de las desgracias

tourner casaque.	hacerse de otro bando.
tourner en ridicule.	ridiculizar.
tourner la tête à quelqu'un	trastornar la cabeza á uno.
ne génez pas le commerce pour le tourner selon vos vues.	no incomode el comercio para *dirigirle* segun sus miras.
la terre tourne autour du soleil.	la tierra *gira* al rededor del sol.
tracasser.	enredar, embrollar.
cette nouvelle me tracasse l'esprit.	esta noticia me pone en cuidado.
cela traînera en longueur.	eso irá largo.
trancher du grand.	hacer de grande.
travailler mal, grossièrement.	ser chapucero, hacer chapucerías.
tromper : être ingrat.	dar perro : dar gatazo.
vous ne me tromperez pas par ces raisons.	á otro perro con ese hueso.
on se tromperait à moins.	se engañaria uno con *ménos*
se trouver mal, s'évanouir.	desmayarse.
USAGE : cette toile est d'un bon usage.	uso, práctica, costumbre, estilo : este lienzo es muy *duradero*.
dites-moi un peu; voyez un peu; regardez un peu, etc.	dígame Vm.; vea Vm.; mire Vm., etc.
user d'adresse.	darse maña.
VOLÉE de canons.	descarga de cañones.
volée de coups de bâton.	manta de palos, paliza.
volée de moineaux.	banda de gorriones.
gens de la haute volée.	gente de distincion.
vous voilà bien déconcertés.	bien lucidos ó frescos se han quedado ustedes
je crois que voilà de la logique.	creo que puede eso llamarse lógica.
sous le voile de l'amitié.	con apariencias de amistad
se vanter, se donner des airs.	echar plantas.
veiller, passer la nuit.	velar, hacer vela, trasnochar.

vendre, donner un débou- / despachar, dar salida.
ché.

venir à bout de. / lograr, conseguir, alcanzar

venir de faire. / acabar de hacer.

venir d'arriver : il ne fait / acabar de llegar, no hacer
que d'entrer. / mas que llegar : ahora
/ mismo acaba de entrar

en venir aux mains. / llegar á las manos.

en venir aux voies de. / valerse de los medios de.

il dit, il fait, il mange, / quanto se le *antoja* dice,
etc. tout ce qui lui vient / hace, come, etc.
dans l'idée.

il ne vient *pas de blé* / no se cria, no nace, no crece
dans ce champ. / trigo en este campo.

il vint s'emparer de la / *fué* á apoderarse de la
Géorgie. / Georgia. (1)

verser de l'eau à la rue. / echar agua á la calle.

verser le sang de. / derramar la sangre de.

l'huile se verse. / se derrama el aceyte.

vider une querelle. / terminar una pendencia.

vivre au jour la journée. / gastar cada dia quanto se
/ gana.

vivre, retiré chez soi. / arrinconarse *en* su casa.

du vivant de mon père. / quando vivia mi padre.

voler sur le grand chemin. / saltear.

en vouloir à quelque cho- / dirigir sus miras á algo :
se : le capitaine en vou- / el capitan dirigia sus
lait à ce village. / miras á esta aldea.

je m'en veux d'avoir. / siento haber.

PHRASES MÉTAPHORIQUES.

'Andar á la flor del berro. / *Vivre oisif, ne faire rien
/ d'utile.*

arrancársele á uno el alma / *éprouver une grande peine
del corazon. / excitée par la compas-
/ sion.*

---

(1) On emploie le verbe *venir* lorsqu'on se trouve sur
les lieux où se rend la personne dont on parle.

baylarle á uno el agua delante. — *contenter quelqu'un dont on a besoin.*

baylarle á uno el alma en el cuerpo, ó los ojos de alegría. — *démontrer une grande joie*

buscar tres piés al gato, y él tiene quatro. — *chercher noise.*

caérsele á uno la cara de vergüenza. — *avoir une grande honte.*

caerse muerto de miedo, de gozo, etc. — *avoir une grande peur, une grande joie, etc.*

comer del pan que el diablo amasa. — *manger de la vache enragée.*

contarlo todo pan por pan, vino por vino. — *raconter tout sans rien déguiser.*

dar mala espina. — *faire soupçonner.*

echar la soga tras el caldero. — *jetter le manche après la coignée.*

echar al diablo el hato y el garabato. — *perdre tout-à-fait patience.*

estar entre la espada y la pared. — *tenir le loup par les oreilles.*

gastar la pólvora en salvas. — *tirer la poudre aux moineaux.*

hablar de tejas abaxo. — *parler d'après les causes naturelles.*

hablar con lengua de plata. — *vouloir gagner quelqu'un à force d'argent.*

hacer de las tripas corazon. — *mettre le cœur au ventre.*

hacer la cuenta sin la huéspeda. — *faire le compte sans l'hôte.*

hacer la gata ensogada. — *affecter l'humilité, etc.*

hacer la gata de Mari Ramos ó de Juan Ramos. — *feindre de ne pas vouloir ce qu'on désire.*

hacer al enemigo puente de plata. — *favoriser la fuite de l'ennemi.*

hacer torres de viento. — *faire des châteaux en Espagne*

hacer de un tiro dos cuchilladas, ó de una via dos mandados; con una piedra matar dos páxaros.	*faire d'une pierre deux coups.*
hacerse la boca agua á uno.	*l'eau venir à la bouche de quelqu'un.*
ir por lana y volverse trasquilado.	*aller querir de la laine et revenir tondu.*
ir de capa caida.	*déchoir de son bon état.*
irse con su madre de Dios.	*prendre son sac et ses quilles.*
llamar á cuenta sus pensamientos.	*réfléchir mûrement sur sa propre situation.*
llevar leña al monte.	*porter de l'eau à la rivière.*
machacar en hierro frio.	*vouloir blanchir la tête d'un nègre.*
matarlas callando.	*être dissimulé.*
meter en todo su cucharada.	*vouloir donner son avis sur tout.*
meterse en camisa de once varas.	*se mêler des affaires des autres à son préjudice.*
pedir peras al olmo.	*demander des choses impossibles.*
prometer montes de oro.	*promettre monts et merveilles.*
quebrar el ojo al diablo.	*éviter un mal : faire ripaille.*
quedarse con un palmo de nariz.	*avoir un pied de nez.*
quedarse soplando las uñas	*être la dupe de celui à qui on se fie.*
querer llegar al cielo con las manos.	*vouloir prendre la lune avec les dents.*
resollar por la herida.	*laisser éclater son ressentiment.*
sacar una espina del corazon.	*tirer une méchante épine du pied.*
salir con una pata de gallo.	*proposer quelque chose pour tromper, et une question mal à propos.*

salir con nada entre dos platos.	promettre beaucoup, et faire voir peu de chose ou rien.
saltar el alma por los ojos.	démontrer une grande joie
ser carne y uña.	être lié d'une grande amitié.
tener el oro y el moro.	être censé fort riche.
tomar ó coger las de villa-diego.	gagner au pied, s'enfuir.

PROVERBES.

La langue espagnole est fort riche en proverbes qu'on emploie souvent dans la conversation familière. Voici ceux qui sont plus en usage.

A caballo dado no le mires el diente.	A cheval donné on ne regarde point à la bouche.
ahora que te veo me acuerdo.	hors de vue hors de souvenir.
alábate gallina que has puesto un huevo y ese huero.	ceux qui n'ont rien fait d'utile veulent plus parler que les autres.
al amigo y al caballo no apretallo.	il ne faut pas abuser de la bonté des amis.
al hierro caliente batir de repente.	il faut battre le fer tandis qu'il est chaud.
allá va Sancho con su rocin	voilà S. Roch et son chien.
al loco y al ayre darle calle	il ne faut jamais contrarier un fou.
al mas ruin puerco la mejor bellota.	un bon os ne tombe jamais à un bon chien.
amigo que no presta y cuchillo que no corta, que se pierda poco importa.	ce n'est pas un grand mal que de perdre des choses inutiles.
amistad de yerno es como sol de invierno.	amitié de gendre et soleil d'hiver ne durent pas.
amor de niño agua en el cesto.	amitié d'enfant c'est de l'eau dans un panier percé.

F f

á palabras necias oidos sordos.

à sotte demande point de réponse.

á perro viejo no hay tus tus.

il est difficile de tromper un homme rusé.

á quien madruga Dios le ayuda.

aide-toi, Dieu t'aidera.

á rio revuelto ganancia de pescadores.

il fait bon pêcher en eau trouble.

á ruin ruin y medio.

à turc turc et demi.

á tí te lo digo hijuela, entiéndelo tu mi nuera.

c'est à toi que je le dis, ma fille; comprends-le, ma bru.

ausencias causan olvidos; léjos de los ojos léjos del corazon; á muertos y á idos no hay mas amigos

on oublie facilement les absens.

Bien vengas mal si vienes solo.

un malheur ne vient jamais seul.

Cada buhonero alaba sus agujas.

chaque marchand fait valoir sa marchandise.

cada loco con su tema.

à chaque fou sa marotte.

cada oveja con su pareja.

chacun cherche son semblable.

cada uno sabe donde le aprieta el zapato.

chacun sait où le bât blesse.

cobra buena fama y échate á dormir: Dios te dé fortuna, hijo, que el saber poco te vale.

acquiers bonne renommée et dors la grasse matinée.

como canta el abad responde el sacristan.

tel maître, tel valet.

contra gustos no hay disputa.

il ne faut pas disputer des goûts.

cria cuervos y te sacarán los ojos.

graissez les bottes d'un vilain, il dira qu'on les lui brûle.

cuidados agenos matan al asno.

c'est en se mêlant des affaires d'autrui qu'il en coûte la vie à l'âne.

Del agua mansa me libre Dios , que de la brava me guardaré yo. — *il n'y a point de pire eau que celle qui dort.*

del árbol caido todos hacen leña. — *quand l'arbre est abattu chacun se plaît à lui arracher des branches.*

de las contadas come el lobo , y anda gordo. — *brebis comptées le loup les mange.*

del dicho al hecho hay gran trecho. — *dire et faire sont deux.*

del pan de mi compadre buen zatico á mi ahijado — *on est souvent libéral des biens des autres.*

de noche todos los gatos son pardos. — *la nuit tous chats sont gris.*

dime con quien vas y te diré quien eres. — *dis-moi qui tu hantes , et je te dirai qui tu es.*

dinero de contado halla soldado. — *argent comptant porte médecine.*

donde las dan las toman. — *celui qui fait du mal en reçoit à son tour.*

El comer y el rascar todo es empezar. — *l'appétit vient en mangeant.*

el gato escaldado del agua fria huye. — *chat échaudé craint l'eau froide.*

el hábito no hace al monge — *l'habit ne fait pas le moine*

el sastre del campillo cose de balde y pone el hilo. — *travailler pour le diable.*

en buena mano está el pandero. — *l'affaire est en bonne main.*

en casa del herrero cuchillo de palo. — *les cordonniers sont toujours les plus mal chaussés.*

en nombrando al ruin de Roma luego asoma. — *quand on parle du loup on en voit la queue.*

en tiempo de higos no hay amigos. — *on oublie dans l'abondance les amis dans le besoin*

en tiempo de hambre ó á buena gana no hay pan duro. — *l'appétit est la meilleure sauce.*

entre amigos y soldados cumplimientos excusados — *entr'amis on ne fait point de cérémonies.*

en tierra de ciegos el tuerto es rey. — *au pays des aveugles les borgnes y commandent.*

ese te hizo rico que te hizo el pico. — *celui qui nous fournit la nourriture nous enrichit.*

Hay mas dias que longanizas. — *il y a plus de jours que de semaines.*

Juego de manos juego de villanos. — *jeu de main jeu de vilain.*

La codicia rompe el saco. — *la convoitise rompt le sac.*

la necesidad carece de ley. — *la nécessité n'a point de loi.*

las verdades de Perogrullo que la mano cerrada la llama puño. — *c'est une proposition d'éternelle vérité.*

las paredes tienen oidos. — *les murailles ont des oreilles.*

los dineros del sacristan cantando se vienen, y cantando se van. — *ce qui vient par la flûte s'en retourne par le tambour.*

lo que entra con el capillo sale con la mortaja. — *de ce qui s'apprend au berceau on s'en souvient jusqu'au tombeau*

lo que no hemos de comer dexémoslo cocer. — *ne nous mêlons point de ce qui ne nous regarde pas.*

Manos generosas manos poderosas; todo lo puede el dinero. — *l'argent fait tout.*

mas puede maña que fuerza — *l'adresse surpasse la force*

mas vale la salsa que los caracoles. — *la sauce vaut mieux que le poisson.*

mas vale tarde que nunca. — *il vaut mieux tard que jamais.*

meter aguja y sacar reja. — *donner un œuf pour avoir un bœuf.*

Ni ausente sin culpa, ni presente sin disculpa. — *les absens ont toujours tort.*

ninguno puede decir de esta agua no beberé.

personne ne peut dire : fontaine , je ne boirai pas de ton eau.

no es la miel para la boca del asno.

le miel n'est pas fait pour la gueule de l'âne.

no está la carne en el garabato por falta de gato.

si elle n'est pas mariée ce n'est pas faute d'amant

no es todo oro lo que reluce

tout ce qui reluit n'est pas or.

no falta un roto para un descosido.

qui se ressemble s'assemble.

no hay mal que por bien no venga.

à quelque chose malheur est bon.

no hay peor sordo que el que no quiere oir.

il n'y a pas de plus mauvais sourd que celui qui ne veut pas entendre.

no se ganó Zamora en una hora.

Paris n'a pas été fait en un jour.

Ojos que no ven corazon que no duele.

ce qu'on ne voit pas ne donne pas de chagrin.

Piedra movediza no cria moho.

pierre qui roule n'amasse point de mousse.

poco á poco hila la vieja el copo.

petit-à-petit l'oiseau fait son nid.

por dinero bayla el perro, y por pan quando se lo dan.

on ne fait rien pour rien.

por mucho pan nunca mal año.

abondance ne nuit pas.

Quando Dios quiere á todos vientos llueve.

quand Dieu veut tout est prospérité.

quien calla otorga.

qui ne dit mot consent.

quien come la carne que roa el hueso.

qui jouit des avantages d'une chose en doit supporter les charges.

quien con lobos anda á aullar se enseña; quien con coxos se acompaña al cabo del año, si no es coxo coxea.

on apprend à hurler avec les loups.

quien en un año quiere ser rico al medio le ahorcan. — on ne doit pas s'enrichir par des moyens non permis.

quien lengua tiene á Roma va. — qui a langue va à Rome.

quien mucho abarca poco aprieta. — qui trop embrasse mal étreint.

quien no se alaba de ruin se muere. — il est utile de faire voir quelquefois son talent.

quien presta al amigo cobra un enemigo. — qui prête à l'ami s'en fait un ennemi.

quien se hace miel las moscas le comen. — qui se fait brebis le loup le mange.

quien todo lo quiere todo lo pierde. — qui veut tout avoir n'a rien.

Soplar y sorber no puede junto ser. — on ne peut pas boire et siffler tout-à-la-fois.

Tan cerca tengo mis dientes que no me acuerdo de mis parientes; primero es la carne que la camisa. — la charité commence par soi-même.

tanto va el cántaro á la fuente, que por fin se quiebra. — tant va la cruche à l'eau qu'à la fin elle se casse.

tras los años viene el juicio. — la raison vient avec l'âge.

Una golondrina no hace verano; una flor no hace primavera. — une hirondelle ne fait pas le printems.

una mano lava la otra, y las dos la cara. — un barbier rase l'autre.

viva la gallina, y viva con su pepita. — vive la poule quoiqu'elle ait la pepie.

PHRASES FAMILIÈRES

MISES EN FORME DE DIALOGUES POUR COMMENCER A PARLER L'ESPAGNOL. (1)

I. *POUR DEMANDER, REMERCIER, AFFIRMER, NIER, etc.*	PARA, PEDIR, AGRADECER, AFIRMAR, NEGAR, etc.
Faites-moi le plaisir de me donner le livre.	Hágame Vm. el favor de darme el libro.
Apportez-moi cela.	Tráygame Vm. eso.
Portez cela en haut.	Lleve Vm. eso arriba.
Prêtez-moi cela.	Présteme Vm. eso.
Comment dit-on cela ? comment cela s'appelle-t-il ?	Como se dice eso? como se llama eso?
Cela s'appelle; cela se dit.	Eso se llama ; eso se dice...
Répétez-le-moi.	Repítamelo Vm.
Allez chercher mon valet.	Vaya Vm. por mi criado.
Venez chercher votre parapluie.	Venga Vm. por su paragua.
Envoyez chercher le livre.	Envie Vm. por el libro.

(1) J'avoue franchement que je ne suis pas l'auteur de ces dialogues ; je les ai pris dans la grammaire française de *P. N. Chantreau*, imprimée à Madrid chez *Sancha* en 1797. Les ayant trouvés assez bien écrits pour ce qui concerne la partie espagnole, je ne me suis fait aucun scrupule de m'en servir, et je n'ai pas cru nécessaire d'en composer de nouveaux; j'y ai fait néanmoins quelques petits changemens qui me paraissaient y être nécessaires. Ces mêmes dialogues ont été insérés dans la grammaire de *Sobrino*, nouvelle édition faite à Avignon chez Chambeau et C., libraires, en 1801. C'est l'unique chose qu'on trouve de bon dans ce misérable ouvrage qui n'est qu'un *fatras de disparates* depuis le commencement jusqu'à la fin ; encore fourmillent-ils d'erreurs les plus grossières de grammaire et d'orthographe, par le peu de soin qu'on a porté à leur impression.

Faites-moi ce plaisir, cette grace.	Hágame Vm. este favor, este gusto.
Avec beaucoup de plaisir, très-volontiers.	Con mucho gusto.
Ordonnez ; je suis tout à vous.	Mándeme Vm. ; soy de Vm.
Que souhaitez-vous, Mr.	Que se ofrece, caballero?
Vous n'avez qu'à parler.	No tiene Vm. mas que hablar.
Vous êtes trop obligeant.	Es Vm. muy cumplido.
Vous êtes trop honnête.	Es Vm. demasiado cortés.
Ayez la bonté de venir ce soir.	Sírvase Vm. de venir esta noche.
Vous me faites bien de l'honneur.	Viva Vm. muchos años : me honra Vm. mucho.
Vous vous moquez.	No hay de que : Vm. se burla.
Je vous assure que je le desire fort.	Le aseguro á Vm. que lo deseo mucho.
Je crois qu'oui ; je crois que non.	Creo que sí ; creo que no.
Je dis qu'oui.	Digo que sí.
Je gagerais quelque chose que cela est vrai.	Yo apostaria algo que eso es verdad.
Je gagerai tout ce que vous voudrez.	Apostaré quanto Vm. quiera.
Il est vrai qu'on le dit.	Verdad es que se dice.
Oui, c'est vrai, en vérité.	Sí, en verdad, verdad es.
Non, non, il n'y a rien de cela.	No, no hay nada de eso.
C'est un conte ; ce sont des contes.	Es un cuento, esos son cuentos.
C'est un mensonge.	Es mentira.
Vous ne dites pas la vérité.	Vm. falta á la verdad : Vm. no dice ó no trata verdad.
c'est vrai comme j'existe ; croyez-moi.	Como soy que es verdad ; créame Vm.
Je vous jure foi d'honnête-homme.	Le juro á fe de hombre de bien.

(241)

Foi de Gentilhomme.	A fe de Caballero.
En conscience.	En conciencia.
Je vous parle sérieuse-ment ; tout de bon.	Hablo á Vm. de veras ; muy de veras.
Que je meure si je ments.	Me muera si miento.
On vous a trompé.	Le han engañado á Vm.
Ce n'est pas ma faute.	No tengo yo la culpa : no es por culpa mia.
Je n'y saurais que faire.	Yo no lo puedo remediar.
Que voulez-vous que j'y fasse ?	Que quiere Vm. que yo haga en esto ?
Vous avez raison ; vous n'avez pas tort.	Tiene Vm. razon.
Vous avez tort ; vous n'a-vez pas raison.	No tiene Vm. razon.
Je ne puis vous croire.	No puedo creer á Vm.
Taisez-vous. Ne voulez-vous pas vous taire ?	Calle Vm. No quiere Vm. callar ?
Allons, je le crois.	Vaya lo creo.
Je n'en crois rien.	No lo creo, no creo nada de eso.
Je le veux bien ; d'accord.	Sí Señor ; lo concedo.
Soit ; à la bonne heure.	Muy en hora buena.
Je le dis pour rire, pour badiner.	Lo digo de chanza.
J'y consens ; je le veux bien ; j'en suis d'accord.	Vengo en ello ; me con-formo.
Regardez quelle sottise !	Mire Vm. que disparate ! Vea Vm. que simpleza !
Faites attention à...	Atienda Vm. á...
Faites réflexion que...	Contemple Vm. que...
Je ne puis ; je ne saurais.	No puedo.
Vous ne le méritez pas.	Vm. no lo merece.
Ne m'importunez pas da-vantage.	No me canse Vm. mas.

II. *Pour souhaiter le bon jour.*	Para dar los buenos dias.
Bon jour, Monsieur ou Madame.	Buenos dias tenga Vm. Señor, ó Señora.

Je vous souhaite bien le bon jour.	Téngalos Vm. muy buenos.
Votre serviteur.	Servidor de Vm.
Je suis le vôtre.	Lo soy de Vm.
Comment vous portez-vous ?	Como está Vm. ? como lo pasa Vm ?
Bien, très-bien, à merveille; et vous ?	Bien, muy bien, grandemente ; y Vm. ?
Là là , passablement , tout doucement.	Así así, medianamente.
Comme vous voyez.	Como Vm. ve.
A votre service.	Para servir á Vm.
Toujours tout de même.	Sin novedad ; siempre lo mismo.
Je suis charmé de vous voir bien portant.	Me alegro de ver á Vm. bueno.
Et moi pareillement.	Igualmente ; yo tambien.
Je vous suis fort obligé.	Viva Vm. mil años.
Comment se porte notre ami Monsieur Pierre?	Como está nuestro amigo Don Pedro ?
Bien, Dieu merci.	Bueno , gracias á Dios.
Se porte-t-on bien chez vous ?	Están buenos todos en su casa de Vm. ?
Tout le monde se porte bien , graces à Dieu.	Todos están buenos á Dios gracias.
Il y a long-tems que je n'ai pas eu l'honneur de voir Madame votre épouse.	Ha tiempo ya que no he visto á la señora Parienta de Vm.
Elle est malade ; elle est toute seule dans sa chambre ; elle a besoin de repos.	Está mala ; está solita en su quarto ; necesita descansar.
Qu'a-t-elle ? qu'est-ce qu'elle a ?	Que tiene ?
Elle est un peu indisposée.	Está algo indispuesta.
J'en suis bien fâché.	Lo siento mucho.
Assurez-la de mes très-humbles respects.	Póngame Vm. á sus piés, ó á su obediencia.

III. *POUR PRENDRE CONGÉ.*	PARA LA DESPEDIDA.
Je viens vous dire adieu.	Vengo á despedirme de Vm.
Asseyez-vous.	Siéntese Vm.
Apporte un siége à Mr.	Trae un asiento al Señor.
Prenez un siége, une chaise	Tome Vm. asiento.
En vérité je ne saurais ; je suis pressé.	En verdad no puedo; tengo prisa.
J'ai à faire.	Tengo que hacer.
Je reviens sur-le-champ ; je suis ici dans l'instant	Vuelvo luego.
Adieu , Monsieur.	Vaya Vm. con Dios.
Votre serviteur ou votre servante.	Quédese Vm. con Dios.
Je ne vous dis pas adieu.	No me despido de Vm.
Nous nous reverrons tantôt.	Nos volverémos á ver luego.
Beaucoup de complimens à Monsieur François.	Muchas memorias al Señor Don Francisco.
Beaucoup de complimens chez vous.	Muchos recados en su casa de Vm.
Mes respects , s'il vous plaît , à Madame la Marquise.	Póngame Vm. á los piés de mi Señora la Marquesa.
Je n'y manquerai pas.	Quedará Vm. servido.
J'aurai l'honneur demain d'aller lui faire une visite	Iré mañana á hacerle una visita.
Vous lui ferez plaisir.	Lo estimará mucho.
Votre très-humble; adieu, adieu ; au revoir.	Beso á Vm. la mano ; á Dios , á Dios ó abur , abur (1);hasta mas ver.
Jusqu'à demain.	Hasta mañana.

(1) On ne trouve pas les mots *abur* ou *ahur* dans le dictionnaire , mais ils sont fort en usage. On ne s'en sert qu'en tutoyant , et ils supposent de la familiarité.

Quand vous voudrez, quand il vous plaira.	Quando Vm. guste, quando Vm. quisiere.
Je vous souhaite bien le bon soir.	Tenga Vm. buenas noches.
Bon soir, Monsieur.	Téngalas Vm. muy felices

IV. ALLER ET VENIR.   —   IR Y VENIR.

Où allez-vous ?	Adonde va Vm. ?
D'où venez-vous ?	De donde viene Vm. ?
Je vais à la maison.	Voy á casa.
Je viens de la maison.	Vengo de casa.
Je vais quelque part.	Voy á un recado.
Montez. Descendez.	Suba Vm. Baxe Vm.
Entrez. Sortez.	Entre Vm. Salga Vm.
Marchez ou avancez.	Ande Vm. ó camine Vm.
Ne vous arrêtez pas.	No se detenga Vm.
Restez tranquille.	Estése Vm. quieto.
Ne bougez pas.	No se menee Vm.
Approchez-vous de moi.	Arrímese Vm. á mí.
Retirez-vous, allez-vous-en	Apártese Vm., váyase Vm.
Ne vous en allez pas.	No se vaya Vm.
Faites-moi un peu de place	Hágame Vm. un poco lugar
Reculez-vous un peu.	Hágase Vm. un poco atras.
Venez ici.	Venga Vm. acá
Attendez un peu.	Espere Vm. un poco.
Attendez-moi.	Espéreme ó aguárdeme Vm.
N'allez pas si vîte.	No vaya Vm. tan aprisa.
Vous allez trop vîte.	Vm. anda muy aprisa, ó con demasiada prisa.
Otez-vous de là.	Quítese Vm. de ahí.
Je suis bien ici.	Estoy bien aquí.
Ne m'approchez pas.	No se me acerque Vm.
Laissez cela.	Dexe Vm. eso.
Ne prenez pas la peine.	No se canse Vm.
Ouvrez la porte.	Abra Vm. la puerta.
Venez par ici.	Venga Vm. por aquí.
Allez par là.	Vaya Vm. por allá.
Passez par ici.	Pase Vm. por aquí.

Il vaut mieux que nous allions par là.	Mas vale que vayamos por allá.
C'est le plus court.	Es mas breve.
C'est le plus long.	Es mas largo.
Traversons cette rue.	Atravesemos esta calle.
Allons tout droit.	Vamos todo derecho.
Qui cherchez-vous ?	Á quien busca Vm. ?
Qui demandez-vous.	Por quien pide Vm. ?
Savez-vous où demeure Monsieur Antoine ?	Sabe Vm. donde vive el S.ᵒʳ D.ⁿ Antonio ?
En tournant la rue, la première porte, au premier.	Al volver la calle , la primera puerta , quarto principal.
Il n'est pas à la maison , il est en ville.	No está en casa.
Par où va-t-on au Palais?	Por donde se va á Palacio?
Vous vous êtes trompé de chemin.	Ha errado Vm. el camino: Vm. se ha equivocado.
Enseignez-moi le chemin de la place.	Enséñeme Vm. el camino de la plaza.
Je suis nouvellement arrivé	Soy recien venido.
Prenez par la rue Neuve et la seconde à main gauche , toujours tout droit.	Eche Vm. por la calle Nueva , y la segunda á mano izquierda, todo seguido.
Il n'y a pas à se tromper.	No hay donde errar.
Je voudrais y aller les yeux bandés.	Yo iria con los ojos vendados.
Voulez-vous que je vous accompagne?	Quiere Vm. que le acompañe ?
Vous me ferez beaucoup de plaisir.	Me hará Vm. mucho favor.
Passez le premier.	Pase Vm. primero.
Allons , Monsieur , point de complimens.	Vamos , Señor , sin cumplimientos.
Je ne fais point de façons.	Yo no gasto cumplimientos
Je suis fatigué.	Estoy cansado.
Je ne puis plus marcher.	No puedo andar mas.
Reposons-nous un peu.	Descansemos un poco.

Voulez-vous prendre quelque chose ?	Quiere Vm. tomar algo ?
Entrons dans un café.	Entremos en un café , en una botillería.
Je vous rends graces , Monsieur.	Lo estimo, caballero, lo agradezco.
Ne voulez-vous pas vous rafraîchir ?	No quiere Vm. beber ?
Je sors de me rafraîchir au logis.	Acabo de refrescar en mi casa.
Vous êtes dans votre chemin.	Ya está Vm. en su camino.
Votre serviteur.	Beso á Vm. la mano .
Je vous remercie de la peïne.	Agradezco el favor de Vm .
Votre serviteur de tout mon cœur.	Vaya Vm. muy en hora buena.
Les rues sont fort sales.	Las calles están muy puercas.
Il y a beaucoup de boue.	Hay mucho lodo.
Ce garçon-là m'a éclaboussé depuis les pieds jusqu'à la tête.	Me ha salpicado este muchacho de los piés á la cabeza.
Il faut aller sur la pointe du pied.	Es menester andar de puntillas.
J'ai glissé ; j'ai pensé tomber.	Yo he resbalado, por poco me caygo.
Prenez garde de tomber.	Cuidado, no caer.

V. POUR PRENDRE LEÇON ET PARLER.

PARA DAR LICION Y HABLAR.

Parlez-vous espagnol ?	Habla Vm. español ?
Savez-vous parler espagnol ?	Sabe Vm. hablar español?
Je le parle un peu.	Lo hablo un poco.
Je ne sais presque rien.	Yo no sé casi nada.
J'ai la tête fort dure.	Soy muy rudo.
Comment appelle-t-on cela en espagnol ?	Como se llama esto en español ?

Très-bien, vous êtes déjà bien instruit.	Muy bien; ya está Vm. muy impuesto.
Prononcé-je bien ?	Pronuncio bien ?
Vous avez la prononcia-tion fort bonne.	Vm. tiene una muy buena pronunciacion.
Je ne puis pas attraper le son des lettres g, j, x et z.	No puedo acertar con el sonido de las letras g, j, x y z.
Il faut les entendre de vive voix.	Es menester oirlas de viva voz.
Prenez-vous leçon d'es-pagnol.	Está Vm. dando licion de español ?
Oui, Monsieur.	Si Señor.
Qui vous donne leçon ? qui vous enseigne ?	Con quien da Vm. leccion? quien le enseña á Vm.?
Comment s'appelle votre Maître ?	Como se llama su Maes-tro de Vm. ?
C'est Mr. N.	Es el Señor N.
Il a été aussi mon Maître.	Tambien ha sido mi Maes-tro.
Sa façon d'enseigner me plaît beaucoup.	Su modo de enseñar me gusta mucho.
Combien de temps y a-t-il que vous prenez leçon ?	Quanto tiempo hace que da Vm. leccion ?
Environ six mois.	Unos seis meses.
Vous parlez très-bien.	Vm. habla muy bien.
C'est un effet de votre politesse.	Es favor que Vm. me hace.
Je ne fais que de com-mencer.	No hago mas que empe-zar.
Il ne faut pas se décou-rager.	No es menester desani-marse.
Tous les commencemens sont difficiles.	Todos los principios son penosos.
Quel livre lisez-vous ?	Que libro lee Vm. ?
Gil Blas de Santillane.	Gil Blas de Santillana.
C'est une histoire es-pagnole.	Es una historia española.

Oui , Mr. , c'est une imitation des nouvelles de Cervantes.	Si Señor, es una imitacion de las novelas de Cervantes.
Que dites-vous du style?	Que tal le parece á Vm. su estilo ?
Il est charmant, facétieux	Es muy gracioso y bueno.
Entendez-vous bien ce que vous lisez ?	Entiende Vm. bien lo que lee ?
Je commence déjà à traduire passablement.	Ya empiezo á traducir tal qual.
Votre frère parle-t-il espagnol ?	Habla español su hermano de Vm. ?
Il le parle assez pour se faire entendre.	Le habla bastante para darse á entender.
Il l'écorche un peu.	Le chapurrea un poco.
L'espagnol est fort difficile.	El español es muy difícil.
C'est un préjugé ; on ne trouve point de langue plus facile, car toutes, hormis l'espagnole, sont écrites d'une manière et prononcées d'une autre.	Es preocupacion ; no hay lengua mas fácil, porque todas , ménos la española , se escriben de un modo y se pronuncian de otro.
Le plus difficile ne consiste pas réellement en cela dans les langues.	En realidad lo mas difícil de las lenguas no consiste en eso.
Quelle est donc la plus grande difficulté?	Qual es pues la mayor dificultad ?
C'est de savoir bien saisir la propriété des termes.	Es el saber acertar con la propiedad de las voces.
C'est l'affaire de beaucoup de temps.	Es obra de mucho tiempo.
Il faut faire une attention particulière au génie des langues.	Es menester hacerse cargo de la índole de las lenguas.
Cela est vrai.	Verdad es.
Sans cette étude on ne manquerait pas de dire les plus grandes sottises	Sin este estudio no dexaria uno de decir los mayores disparates.

Oui, Monsieur, quand bien même on saurait parfaitement les règles de la grammaire.	Sí Señor, aunque se supiesen bien las reglas de la gramática.
Et pourquoi?	Y porque?
Parce qu'il y a de certaines façons de parler propres à une langue, qui sortent des règles de la grammaire.	Porque hay ciertos modos de hablar peculiares de una lengua, que salen de las reglas de la gramática.
Elles perdent ordinairement leur énergie en passant d'une langue à une autre.	Regularmente pierden su energía pasando de un idioma á otro.
J'ai remarqué que les Maîtres ne font pas assez d'attention à cette partie de leur leçon.	Yo he reparado que los Maestros no atienden bastante á este ramo de su enseñanza.
C'est le principal soin de mon maître.	Es el mayor cuidado que tiene mi maestro.
Il fait bien.	Tiene razon.
Mon cher, vous m'intimidez.	Amigo, Vm. me acobarda.
Je n'oserai pas à présent dire deux mots en espagnol.	Ahora no me atreveré á decir dos palabras de español.
Non, Mr., non; il faut s'essayer tout doucement.	No Señor, no; es menester ensayarse poco á poco.
Je tâche autant que je puis d'entendre les espagnols quand ils parlent entr'eux.	Yo procuro quanto puedo oir á los españoles quando hablan entre ellos.
Voici votre maître.	Aquí tiene Vm. á su maestro
Monsieur le maître, soyez le bien-venu.	Señor maestro, sea Vm. bien venido.
Je n'ai pas étudié.	Yo no he estudiado.
Monsieur, c'est tous les jours la même chose.	Todos los dias sale Vm. con esto, Señor.

On n'apprend pas sans étudier. — Sin estudiar no se aprende.

N'est-ce pas, Monsieur? — No es verdad, Señor?

Allons, allons, j'étudierai désormais plus que personne; ne vous fâchez pas. — Vaya, vaya; no se enfade Vm.; de aqui adelante estudiaré mas que ninguno.

Nous le laisserons aujourd'hui. — Hoy lo dexarémos.

Pourquoi, Monsieur? je veux voir comment vous prenez leçon. — Porque, Caballero? vamos que yo quiero ver como da Vm. leccion.

Si je n'ai rien vu; je n'ai pas eu le tems. — Si no he visto nada, no he tenido lugar.

Nous lirons un peu. — Leerémos un poco.

Mr. le maître, regardez le cahier de la construction. — Señor maestro, mire Vm. el quaderno de la construccion.

Comment la trouvez-vous? — Que tal está? que tal le parece?

Vous avez manqué à... — Vm ha faltado en...

J'entends bien, mais... — Lo entiendo, pero...

Ne savez-vous pas que le sujet doit quelquefois aller après le verbe? — No sabe Vm. que la persona agente debe algunas veces estar despues del verbo?

Je me trompe toujours; j'ai la tête fort dure. — Siempre me equivoco; soy muy torpe.

Cette langue espagnole a tant de règles qu'elle exige beaucoup de mémoire. — Tiene tantas reglas esta lengua española, que es menester mucha memoria.

Voulez-vous conjuguer un verbe? — Quiere Vm. conjugar un verbo?

Comme il vous plaira. — Como Vm. gustare.

Dites-moi le verbe savoir. — Dígame Vm. el verbo saber.

Hola! vous me choisissez le plus irrégulier. — Hola! me escoge Vm. el mas irregular.

Pour bien parler une langue il n'y a rien de tel que de bien savoir la conjugaison.

Para hablar bien una lengua no hay cosa como el saber bien la conjugacion.

Je vous dirai fort bien les tems suivis, première, seconde, troisième personne.

Yo diré muy bien los tiempos seguidos ; primera, segunda, y tercera persona.

Non, dites tout d'un coup une personne seule.

No Señor, diga Vm. de repente una persona suelta.

Cela me coûte beaucoup de peine.

Esto me da mucho trabajo

Cependant cela est nécessaire pour parler sans s'arrêter.

Sin embargo es menester eso para hablar sin pararse.

Si vous vouliez dire il porte, il portait, il porta, vous auriez besoin de conjuguer tout un tems jusqu'à la troisième personne.

Si quisiera Vm. decir *el lleva, el llevaba, el llevó*, necesitaria Vm. ir conjugando todo un tiempo hasta la tercera persona.

Voilà justement ce que je ne veux pas.

Eso es cabalmente lo que yo no quiero.

La personne dont on a besoin doit se présenter seule et d'elle-même au bout de la langue.

Sola y suelta debe ofrecerse á la lengua la persona que se necesita.

Voyons, lisez.

À ver, lea Vm.

Je ne vous comprends pas.

No le entiendo á Vm.

Redites cela.

Vuelva Vm. á decir eso.

Relisez cela, lisez cela une autre fois.

Lea Vm. eso otra vez.

Faites attention à...

Atienda Vm. á...

Traduisez ce que vous avez lu.

Traduzca Vm. lo que ha leido.

Ne vous éloignez pas à présent du sens littéral.

No se aparte Vm. ahora del sentido literal.

La première fois qu'on traduit ce qu'on a lu, il suffit d'en faire seulement la version.	La primera vez que se traduce lo que se ha leido, solo se debe hacer la version.
Je vous comprends.	Le comprehendo á Vm.
A la seconde fois vous donnerez à votre traduction toute l'énergie qu'elle peut avoir.	Á la segunda vez dará Vm. á su traduccion toda la energia que debe tener.
Que veut dire ce mot-là ?	Que significa esta voz ?
Ne vous en souvenez-vous pas ?	No se acuerda Vm ?
Cherchez-le dans le dictionnaire.	Búsquela Vm. en el diccionario.
Je l'avais oublié.	Se me habia pasado por alto.
Monsieur le maître, je voudrais prendre leçon de vous.	Señor maestro, yo quisiera dar leccion con Vm.
Quand vous voudrez.	Quando Vm. quiera.
J'ai déjà quelques principes.	Tengo ya algunos principios.
Mais je voudrais continuer jusqu'à ce que je sache parfaitement.	Pero yo quisiera continuar hasta perfeccionarme.
Je tâche de parler couramment, et je ne puis y parvenir.	Yo procuro hablar de repente, y no puedo.
Il faut avoir patience ; cela viendra par l'usage	Eso vendrá con la práctica; tenga Vm. paciencia
Continuez toujours à parler beaucoup.	Prosiga Vm. siempre en hablar mucho.
Les termes me manquent.	Me faltan los términos.
Apprenez tous ceux qui sont dans cette grammaire.	Aprenda Vm. todos los que están en esta gramática.
J'ai peur de dire des sottises.	Tengo miedo de decir disparates.
Dans les commencemens il faut s'y résoudre.	En los principios es menester resolverse á ello.

Parlez toujours sans avoir peur.	Hable Vm. siempre sin temor.
On se moquera de moi.	Se burlarán de mí.
Ne vous embarrassez pas; le tems viendra où vous aurez votre revanche.	Déxese Vm. de eso, que vendrá el tiempo en que podrá Vm. desquitarse.
Quand commencerons-nous ?	Quando empezarémos ?
Demain, si vous voulez.	Mañana si Vm. quiere.
Combien me prendrez-vous ?	Quanto me llevará Vm.?
Le prix ordinaire.	El precio regular.
Eh bien, venez demain matin, entre huit et neuf.	Pues venga Vm. mañana por la mañana de ocho á nueve.
Fort bien; aussi le matin est le meilleur tems pour étudier.	Muy bien, porque la mañana es el mejor tiempo para estudiar.
Avez-vous beaucoup de leçons ?	Tiene Vm. muchas liciones ?
Oui, Monsieur, tout mon tems est pris.	Si Señor, todo mi tiempo está empleado.
Combien faites-vous durer vos leçons ?	Quanto tiempo da Vm. de leccion ?
Une petite heure.	Una horita.
De quel livre ai-je besoin?	Que libro es menester ?
Il ne vous faut à présent que ma grammaire.	Por ahora no necesita Vm. mas que de mi gramática
Vous acheterez après le dictionnaire de Mr. Gattel, qui est le mieux écrit suivant la nouvelle orthographe de l'Académie espagnole.	Despues tomará Vm. el Diccionario del Señor Gattel, que es el que está mas bien escrito segun la ortografía nueva de la Academia española.
Si vous en vouliez un plus petit vous prendriez celui de Mr. Cormon qui est aussi bien écrit.	Si quisiese Vm. otro mas pequeño, tomaria el del Sr. Cormon, que tambien está bien escrito.

VI. *Pour se lever matin.*	Para levantarse por la Mañana
Levez-vous... quel paresseux!... il est déjà tard.	Levántese Vm... que perezoso!... ya es tarde.
Je me suis couché tard.	Me he acostado tarde; me acosté tarde.
Je ne me porte pas trop bien.	No estoy muy bueno.
Je n'ai pas fermé l'œil de la nuit.	No he pegado los ojos en toda la noche.
Je n'aime pas à me lever matin.	No soy amigo de madrugar
Le matin le lit me fait plaisir.	Por la mañana me sabe bien la cama.
Je vais me lever ; garçon, ouvre ce rideau.	Voy á levantarme ; muchacho descorre esta cortina.
Avec votre permission , je vais m'habiller.	Con licencia de Vm. voy á vestirme.
Votre Maître est-il levé?	Se ha levantado su amo de Vm. ?
Il se fait accommoder.	Se está peynando.
Monsieur n'est pas encore sorti de son appartement.	Aun no ha salido su Merced.
Entrez , et dites-lui que je suis ici.	Éntrele Vm. el recado que estoy aquí.
Il est encore au lit.	Aun está en la cama.
Monsieur n'est pas encore levé?	No está levantado el amo todavía?
A quelle heure est-il jour chez Madame?	Á que hora suele levantarse la Senora ?
Je ne sais pas , je ne saurais vous le dire.	No puedo decírselo á Vm.
Je reviendrai à midi.	Á las doce daré la vuelta.
Dites à votre Maître que je suis venu pour avoir l'honneur de lui parler.	Diga Vm. á su amo que he estado aquí para hablarle.

Si vous voulez attendre un instant, il ne peut tarder à se lever.	Si Vm quiere aguardarse un rato, no puede tardar en levantarse.
Je ne puis pas.	No puedo.

VII. *Pour savoir, connaitre, entendre.*	**Para saber, conocer, oir.**

Écoutez, Monsieur, un mot.	Oyga Vm., caballero, una palabra.
Que souhaitez-vous ?	Que se ofrece ?
Je veux vous parler ; j'ai un mot à vous dire.	Quiero hablar con Vm.; tengo que decir á Vm. una palabra.
Ayez la bonté de m'entendre.	Sirvase Vm. de oirme.
Savez-vous que... ?	Sabe Vm. que ?...
Je ne le sais pas ; je n'en sais rien.	No lo sé; yo no sé nada de eso.
Je n'en ai rien entendu dire.	No he oido nada de eso.
Je le savais avant vous.	Yo lo sabia ántes que Vm.
Le connaissez-vous ?	Le conoce Vm. ?
Les connaissez-vous ?	Los conoce Vm.?
Je ne le connais pas.	No le conozco.
Je ne sais qui c'est.	No sé quien es.
Que dites-vous ?	Que dice Vm. ?
Qu'est-ce que vous dites?	Que está Vm. diciendo. ?
Je ne vous entends pas.	No entiendo á Vm.
Vous ne m'écoutez pas.	Vm. no me escucha.
Savez-vous qui est ce Monsieur-là ?	Sabe Vm. quien es aquel Caballero ?
Je l'ai connu à Paris.	Le conocí en Paris.
Nous sommes amis depuis long-tems.	Somos antiguos amigos.
Où l'avez-vous connu ?	En donde le conoció Vm ?
Je le connais de vue, de réputation, de nom.	Le conozco de vista, de fama, de apellido.
Pour l'avoir vu quelque part.	Por haberle visto en algun parage.

Je ne me souviens pas de son nom.	No me acuerdo como se llama.
J'ai l'honneur d'être de sa connaissance.	Tengo el honor de ser su conocido.
Il m'honore de sa protection.	Me favorece con su proteccion.
Vous souvenez-vous de ce dont je vous ai chargé?	Se acuerda Vm. de lo que le he encargado?
Je ne m'en souviens pas.	No me acuerdo.
Il m'a passé de l'esprit.	Se me ha pasado por alto.
Je l'ai oublié.	Lo he olvidado.
Que veut dire cela? qu'est-ce que cela veut dire?	Que quiere decir eso? que significa eso?
A quoi cela vient-il?	À que viene eso?
A quoi cela sert-il?	De que sirve eso?
Qu'est-ce que c'est que cela?	Que es eso?

VIII. POUR MANGER ET POUR BOIRE.

PARA COMER Y BEBER.

J'ai appétit ; j'ai faim, je meurs de faim.	Tengo apetito ó ganas de comer ; tengo hambre ; me muero de hambre.
Avez-vous faim?	Tiene Vm. hambre?
Mangez quelque chose.	Coma Vm. algo.
Je mangerais volontiers un morceau de jambon.	De buena gana comiéra un pedazo de pernil.
Donnez-moi quelque chose à manger.	Déme Vm. algo de comer.
Quoiqu'il soit de bon matin j'ai beaucoup d'appétit.	Aunque sea muy de mañana tengo mucha gana.
Que voulez-vous pour déjeuner ?	Que quiere Vm. almorzar?
Voulez-vous du chocolat, du café ?	Quiere Vm. chocolate, café?
Tout cela n'est que de l'eau chaude.	Todo eso es agua caliente.
Le matin j'aime à graisser le couteau.	Yo soy amigo por la mañana de echar un trago y comer una tajada.

Restez à dîner ici ; vous ferez pénitence avec nous.	Quédese Vm. aquí á comer ; hará Vm. penitencia con nosotros.
Non, Monsieur; c'est tout le contraire.	No Señor, que es al contrario.
On fait toujours bonne chère chez vous.	En su casa de Vm. siempre se come bien.
Allons dîner.	Vamos á comer.
Le dîner est prêt.	La comida está pronta.
La soupe est sur la table.	La sopa está en la mesa.
Mettez-vous à table près de moi.	Siéntese Vm. á la mesa, junto á mí.
Servez Madame.	Sirva Vm. á la Señora.
Aimez-vous la soupe ?	Gusta Vm. de sopa ?
Dites-moi votre goût.	Dígame Vm. su gusto.
Aimez-vous du gras ou du maigre ?	Quiere Vm. de lo gordo ó de lo magro ?
Tout ce que vous voudrez.	Lo que Vm. quiera.
Je mange de tout.	De todo como.
Coupez du pain; donnez-moi un peu de pain.	Parta Vm. pan ; deme Vm. un pedacito de pan.
En voici , tenez.	Aquí está, tome Vm.
Découpez ce dindon.	Trinche Vm. este pavo.
Madame , voulez-vous ce blanc-là ?	Señora, quiere Vm. esta pechuga ?
Que vous semble-t-il de cette perdrix ?	Que dice Vm. de esta perdiz ?
Elle est excellente ; c'est à la française.	Es muy sabrosa ; es á la francesa.
Elle est on ne peut pas plus tendre.	Está muy tierna.
Elle n'est pas des plus cuites.	No está bien asada.
Tout ce qu'on mange ici est brûlé.	Aquí todo lo comen tostado.
Voilà comme je l'aime.	Así lo quiero yo.
Ce qui est à moitié cuit me dégoûte.	Lo medio cocido me da asco.
Garçon , apporte-moi à boire.	Muchacho , tráeme de beber.

Buvez un petit coup.	Eche Vm. un traguito.
Je n'ai pas soif.	No tengo sed.
Donnez-moi un verre de vin.	Déme Vm. un vaso de vino.
Goûtez ce vin-ci.	Pruebe Vm. este vino.
Qu'en dites-vous ? Qu'en pensez-vous ?	Que tal ? Como le halla Vm.
Il est bon ; on dirait du vin de liqueur.	Es bueno ; parece vino generoso.
Goutez celui-là.	Pruebe Vm. aquel otro.
D'où est-il ?	De donde es ?
C'est du Champagne; c'est du vin d'Espagne.	De Champaña, de España.
C'est du vin vieux.	Es vino añejo.
J'ai l'honneur de boire à votre santé.	Brindo á la salud de Vm.
Vous me faites beaucoup d'honneur ; grand bien.	Me honra Vm. mucho ; buen provecho.
J'ai assez mangé.	He comido bastante.
Je n'en veux pas davantage.	No quiero mas.
Allons, encore ce petit morceau-là.	Vamos, aun este pedacito.
Bien obligé ; c'est fini.	Lo estimo, muchas gracias; ya esto se acabó.
Je vais faire la méridienne	Voy á dormir la siesta.
Allez vous reposer un peu.	Vaya Vm á recostarse un rato.
Je vais aussi me reposer un peu sur ce canapé.	Voy tambien á recostarme un poco sobre este canapé

IX. DE LA PROMENADE.   DEL PASEO.

Allons nous promener.	Vamos á pasear.
Allons faire un tour.	Vamos á dar una vuelta.
Je vais faire un petit tour.	Voy á dar una vueltecita.
Je vais faire un tour de promenade.	Voy á dar un paseo.
Allons nous promener au soleil.	Vamos á tomar el sol.

Voulez-vous venir avec moi?	Quiere Vm. venir conmigo?
Il fait trop chaud; attendons que la chaleur soit passée.	Hace demasiado calor; aguardemos que haya pasado el calor.
Où irons-nous?	Adonde irémos?
Allons au Prado.	Vamos al *Prado.*
J'ai un rendez-vous sur le chemin du Pardo.	Estoy citado al camino del *Pardo.*
Comment voulez-vous que nous allions?	Como quiere Vm. que vayamos?
En carrosse ou à pied?	En coche ó á pié?
A pied, à pied; cela est bon pour la santé.	A pié, á pié, que es bueno para la salud.
Vous avez raison, parce qu'en marchant on gagne de l'appétit.	Dice Vm. bien, porque caminando se hacen ganas de comer.
Passons par ce pré-ci.	Pasemos por este prado.
J'aime marcher sur l'herbe.	Me gusta pisar la yerba.
Que la campagne est belle!	Que bello está el campo!
Que les arbres sont touffus!	Que frondosos están los árboles!
Cet endroit-ci serait charmant pour étudier.	Este parage seria bueno para estudiar.
Regardez, cette allée fait une belle perspective.	Mire Vm., esta calle hace una perspectiva hermosa
Asseyons-nous à l'ombre.	Sentémonos á la sombra.
Allons nous asseoir sous ce berceau.	Vamos á sentarnos debaxo de este emparrado.
Sentez le parfum de ces fleurs.	Huela Vm. el perfume de estas flores.
Cueillez-m'en une.	Cójame Vm. una.
Faisons un bouquet.	Hagamos un ramillete.
A qui est le carrosse qui va du côté du canal?	De quien será el coche que va acia el canal?
Je ne sais pas; je n'en connais pas la livrée.	No sé; no conozco las libreas.
Savez-vous qui sont ces Dames qui viennent de notre côté?	Sabe Vm. quienes son aquellas Señoras que vienen hácia nosotros?

Il paraît qu'elles cher- chent où s'asseoir.	Parece que buscan asiento.
Laissons-leur ce banc-là.	Dexémosles este banco.
Allons du côté de la cam- pagne.	Vamos hácia el campo.
Il semble que le blé pousse déjà.	Parece que ya sale el trigo.
Entendez-vous le gazouil- lement des oiseaux ?	Oye Vm. el gorgeo de los paxaritos ?
Quel plaisir! quel charme!	Que gusto ! que encanto !
La campagne a pour moi mille attraits.	Mucho me gusta el campo.
Êtes-vous chasseur?	Es Vm. cazador ?
Voulez-vous aller à la chasse un de ces jours?	Quiere Vm. ir á cazar uno de estos dias ?
Je le veux bien.	Muy en hora buena.
Je n'ai pas de plus grand plaisir dans ce monde-ci	No tengo mayor gusto en este mundo.
Il y aura beaucoup de gi- bier dans ces cantons-ci	Habrá mucha caza en estos parages.
Les chasseurs disent qu'oui	Los cazadores dicen que sí.
Retournons au logis, par- ce qu'il se fait tard.	Volvamos á casa , que es tarde.
Je suis las.	Estoy cansado.
Nous avons fait une lon- gue promenade.	Hemos dado una vuelta muy larga.

X. DU TEMS.   DEL TIEMPO.

Quel tems fait-il ?	Que tiempo hace ?
Il fait beau tems.	Hace buen tiempo.
Il fait mauvais tems.	Hace mal tiempo.
Il y a apparence de beau tems.	Hay apariencia de buen tiempo.
Nous aurons aujourd'hui une belle journée.	Hoy tendrémos buen dia.
Il fait la plus belle jour- née qu'on puisse voir.	Hace un dia muy hermoso.
Nous avons besoin de beau tems.	Necesitamos buen tiempo.

La campagne a besoin d'eau.	El campo quiere agua.
Le tems se couvre; le tems est chargé.	Se va nublando el tiempo; está nublado.
Il y a du brouillard.	Hay niebla.
Il pleut ; il ne pleut pas.	Llueve ; no llueve.
Il va pleuvoir.	Está para llover.
Il ne pleut plus.	Ya no llueve.
Il pleuvra toute la journée	Lloverá todo el dia.
Le tems y est disposé.	El tiempo está para eso.
C'est un nuage.	Es una nube.
Il pleut à verse.	Llueve á cántaros.
Mettons-nous à l'abri.	Pongámonos al abrigo.
Restons ici jusqu'à ce que l'eau ou la pluie passe.	Quédese Vm. aqui hasta que pase el agua, ó la lluvia.
Cela sera bientôt passé; c'est une averse.	Luego pasará ; es un chaparron.
Je suis tout trempé.	Estoy todo mojado.
Je suis trempé comme une soupe.	Estoy hecho una sopa.
Mon habit est perdu.	Se me ha echado á perder la casaca.
Ce n'est rien.	No es nada.
L'eau ne tache point sur cette couleur.	No mancha el agua en este color.
Il neige , il tombe de la neige.	Está nevando, nieva , cae nieve.
Il grêle ; il tombe de la grêle.	está granizando, graniza, cae granizo.
La neige se fond.	La nieve se deshace.
Il gèle.	Está helando.
Il dégèle.	Está deshelando.
Il a gelé blanc cette nuit.	Ha caido una helada esta noche.
Les matinées sont froides.	Las mañanas son frias.
La rivière est prise, gelée.	Está helado el rio.
Il fait soleil.	Hace sol.
Il fait de l'air.	Hace ayre , ó corre ayre.
Il fait du vent.	Hace viento.

Il fait chaud ; il fait un tems étouffant.	Hace calor; hace bochorno
Je ne puis pas supporter la chaleur qu'il fait.	No puedo aguantar el calor que hace.
Je meurs de chaud.	Me muero de calor.
Je sue, je suis tout en eau.	Estoy sudando; estoy hecho una agua.
Allons nous baigner.	Vamos á bañarnos.
Savez-vous nager ?	Sabe Vm. nadar?
Il tonne ; il éclaire.	Truena ; relampaguea.
Regardez les éclairs.	Mire Vm. los relámpagos.
J'ai peur du tonnerre.	Tengo miedo de los truenos
Le tonnerre est tombé.	Ha caido un rayo.
Le tems se remet.	Se asienta el tiempo.
Nous aurons encore de l'eau.	Todavia tendrémos agua.
N'en croyez rien.	No lo crea Vm.
Regardez la girouette.	Mire Vm. la veleta.
Le vent est changé.	Se ha mudado el ayre.
Il est jour ; il est nuit.	Es de dia ; es de noche.
Il commence déjà à faire jour; à faire nuit.	Amanece ya ; ya anochece.
Le soleil se lève.	El sol sale.
Le soleil se couche.	Se pone el sol.
Le ciel est étoilé.	El cielo está estrellado.
Il fait clair de lune.	Hace luna.

XI. DE L'HEURE. — DE LA HORA.

Quelle heure est-il ?	Que hora es?
Savez-vous l'heure qu'il est ?	Sabe Vm. que hora es?
Il est une heure ; il est une heure et un quart.	Es la una ; es la una y quarto.
Il n'est qu'une heure et demie.	No es mas que la una y media.
Il est deux heures moins un quart.	Son las dos ménos quarto.
Il s'en va deux heures.	Las dos están al caer.
Trois heures vont sonner.	Van á dar las tres.

Il est près de quatre heures	Son cerca de las quatro.
Cinq heures viennent de sonner.	Acaban de dar las cinco.
Il est environ six heures.	Son las seis poco mas ó ménos.
Il s'en faut quelques minutes.	Faltan algunos minutos.
Il est sept heures sonnées.	Son las siete dadas.
Il est huit heures passées.	Son las ocho muy dadas.
Il est plus de neuf heures.	Son mas de las nueve.
Il est dix heures précises.	Son las diez en punto.
Onze heures sonnent.	Las once están dando.
Il est midi.	Son las doce del dia.
L'heure va sonner.	La hora va á dar.
Trois heures sont sonnées.	Han dado las tres.
On n'entend ici aucune horloge.	Aquí no se oye ningun relox.
Je n'ai pas entendu sonner l'heure.	No he oído dar la hora.
Quelle heure est-ce qui sonne-là ?	Que hora está dando ?
C'est minuit.	Son las doce de la noche.
Comme le tems se passe !	Como se pasa el tiempo !
Il est tems de se retirer.	Ya es hora de recogerse.
Quelle heure avez-vous ?	Que hora trae Vm. ?
Regardez votre montre.	Mire Vm. su relox.
Elle ne va pas.	No anda.
Elle est arrêtée.	Está parado.
Elle est vieille.	Es viejo.
Elle ne vaut rien.	No vale nada.
C'est une montre de Genève.	Es un ginebrino.
Elle est de Paris.	Es de Paris.
Elle est à répétition.	Es de repeticion.
Voyons la vôtre.	A ver el de Vm.
Elle ne va pas bien non plus.	Tampoco va bien.
Elle avance, elle retarde.	Se adelanta ; se atrasa.
Ma montre est dérangée.	Mi relox está descompuesto.

Il y a quelque chose de-dans de cassé.	Tiene adentro alguna cosa rota.
Cette montre a l'air d'être excellente.	Este relox parece muy bueno.
Elle irait jusques dans l'eau.	Andaria aun en el agua.
J'ai acheté une pendule.	He comprado un relox de sobremesa.
Elle ne va pas si bien que l'horloge de la Paroisse	No anda tan bien como el relox de la parroquia.
Examinez celle-ci ; c'est une pièce excellente.	Mire Vm. ese , es una grande alhaja.
C'est une bassinoire.	Es un calentador.
Elle n'est pas montée.	No tiene cuerda.
Montez-la.	Déle Vm. cuerda.
Réglez-la.	Arréglele usted.
Il y a ici un cadran so-laire qui est fort estimé.	Aquí hay un relox de sol de mucha fama.

XII. Pour remettre une Lettre. — Para enviar una Carta.

C'est aujourd'hui jour de poste.	Hoy es dia de correo.
J'ai une lettre à écrire.	Tengo que escribir una carta.
J'ai beaucoup de lettres à écrire aujourd'hui.	Tengo hoy un correo muy largo.
A qui écrivez-vous ?	À quien escribe Vm. ?
Je vais faire réponse à mon cousin.	Voy á responder á mi primo.
Le facteur a-t-il apporté les lettres ?	Ha traido las cartas el cartero ?
J'attendais une lettre de Saragosse.	Yo esperaba una carta de Zaragoza.
Ce n'est pas celle-là.	No es aquella.
Voyez si c'est celle-ci ?	Vea Vm. si es esta ?
C'est pour moi, mais je ne connais pas l'écriture.	Para mí es, pero no conozco la letra.

Cette lettre est arriérée.	Esta carta viene atrasada.
Elle sera restée à la poste.	Se habrá quedado en el correo.
Quel jour part le courrier de Barcelonne ?	Que dia sale el correo de Barcelona ?
Les mêmes jours que celui d'Italie.	Los mismos dias que el de Italia.
Apporte-moi l'encrier.	Tráeme el tintero.
Mets-y de l'encre.	Echale tinta.
Ces plumes-là ne valent rien ; où est le canif ?	Estas plumas no valen nada ; en donde está el cortaplumas ?
Cette plume-là est bonne ; elle va bien.	Esta pluma es buena; corre bien.
Elle ne veut pas marquer.	No quiere señalar.
Elle n'est pas assez fendue	No está bastante abierta.
Taillez-moi une couple de plumes.	Córteme Vm. un par de plumas.
Pendant que je finis cette lettre-ci , fais-moi le plaisir de cacheter ce paquet-là.	Miéntras acabo esta carta , hazme el gusto de cerrarme este pliego.
Quel cachet voulez-vous que j'y mette ?	Que sello quiere Vm. que ponga ?
Mets-y le cachet ordinaire.	Pon el sello ordinario.
Il faut affranchir les lettres qu'on envoie au Docteur.	Es menester pagar el porte de las cartas que se envian al doctor.
Avez-vous mis la date ?	Ha puesto Vm. la fecha ?
Cette lettre n'est pas datée	Esta carta no tiene fecha.
Je n'ai pas signé.	Yo no he firmado.
Je ne puis pas lire cette signature-là.	No puedo leer esta firma.
Nous n'avons pas fait mention de Mr. Jacques dans la lettre de mon père.	En la carta de mi padre no hemos mentado nada de Don Jayme.
Quel quantième du mois avons-nous ?	À quantos estamos del mes?

Le deux , le trois , le quatre, etc.	Á dos, á tres, á quatro, etc.
Pliez cette lettre.	Doble Vm. esta carta.
Mettez-y l'adresse.	Ponga Vm. el sobreescrito
Comment fera-t-on tenir cette lettre-là ?	Como se dirigirá esta carta ?
Par la poste.	Por el correo.
Par l'ordinaire ou commissionnaire de l'endroit	Por el ordinario del lugar.
Par un voiturier qui va de ce côté-là.	Por un arriero que va acia allá.
Le courrier est-il venu ?	Ha llegado el correo ?
On commence déjà à distribuer les lettres.	Ya empiezan á dar cartas.
Y a-t-il des lettres pour moi ?	Hay cartas para mí ?
Allez porter ces lettres-là à la poste.	Vaya Vm. á llevar estas cartas al correo.

XIII. *POUR FAIRE UN TROC.*	PARA HACER UN CAMBIO.
Voulez-vous faire un troc avec moi ?	Quiere Vm. hacer un cambio conmigo ?
Qu'est-ce que vous voulez changer ?	Que quiere Vm. trocar ?
Ce livre-ci contre celui que vous me fîtes voir hier.	Este libro por el que Vm. me enseñó ayer.
Non , Monsieur , non.	No , Señor , no.
Qu'est-ce que vous me donnerez de retour ?	Que me dará Vm. de vuelta ?
Au contraire , c'est vous qui devez m'en donner.	Ántes es Vm. el que me ha de volver.
Combien voulez-vous ?	Quanto quiere Vm. ?
Six piastres. Ce que le marchand en dira.	Seis pesos. Lo que diga el mercader.
Voulez-vous une pistole ?	Quiere Vm. un doblon ?
Il vaut davantage ; il est tout neuf.	Mas vale ; es nuevecito.

Il ne vaut pas tant.	No vale tanto.
Je n'en veux donner que ce que j'ai dit.	No quiero dar mas de lo que he dicho.
Vous vous moquez.	Vm. se burla.
Vous ne voudriez pas que j'y perdisse.	Vm. no querria que yo perdiese.
J'en donne ce qu'il peut valoir.	Doy lo que puede valer.
Cela ne vaut que quatre piastres.	Eso no vale mas que quatro pesos.
Vous ne vous y connaissez pas.	Vm. no lo entiende.
Je ne veux pas marchander; voyez si vous êtes content de cinq piastres.	No quiero regatear; vea Vm. si quiere cinco pesos;
Il m'en coûte davantage.	Mas me cuesta.
A combien vous revient cette étoffe-là?	Á como le sale á Vm. este género?
Elle me coûte vingt réaux l'aune.	Me cuesta á veinte reales la vara.
C'est cher; ce n'est pas à bon marché.	Es caro; no es barato.
On vous a trompé.	Le han engañado á Vm.
Vous l'auriez eue à meilleur marché chez Perez	Mas barato le hubiera Vm. comprado en la tienda de Perez.
Là il y a un prix fixe, et on n'a pas la coutume de surfaire.	Allá tienen su precio fixo, y jamas piden mas que ó mas de lo justo.
Allons, voulez-vous faire le troc?	Vamos, quiere Vm. hacer el cambio?
Volontiers, mais troc pour troc, sans rien de retour.	En hora buena; pero alhaja por alhaja, sin vuelta ninguna.
Je n'en ferai rien.	No haré nada de eso.
Je m'en garderai bien.	Me guardaria muy bien.
Je ne suis pas si bête.	No soy tan tonto.
Allons, je suis d'accord.	Vaya, me conformo.
C'est une affaire finie.	Ya es cosa hecha, ó negocio concluido.

XIV. *Du Jeu en Général.*   Del Juego en General.

Aimez-vous le jeu ?	Es Vm. amigo del juego ?
Jouez-vous quelquefois ?	Juega Vm. algunas veces ?
Je n'aime pas le jeu.	No soy amigo de jugar.
Je ne joue que pour passer le tems.	No me pongo á jugar mas que para pasar el tiempo
Le jeu est quelquefois un amusement dangereux.	El juego es algunas veces diversion peligrosa.
C'est vrai ; mais quand on joue gros jeu.	Es verdad; pero quando se juega á juego fuerte.
On ne permet ici que des jeux d'amis.	Aqui no se permite jugar sino á juegos de amigos.
Une bagatelle pour intéresser la partie.	Una friolera para interesar el juego.
A quel jeu voulez-vous que nous jouions ?	Á que juego quiere Vm. que juguemos ?
Aux cartes ; aux dames ; aux boules; au billard.	Á los naypes; á las damas; á las bolas ; al billar.
Si vous voulez nous ferons une partie aux cartes.	Armarémos una partida á los naypes si Vm. gusta.
Comme il vous plaira.	Como Vm mande.
Voulez-vous jouer à la malille ?	Quiere Vm. jugar á la malilla ?
Tout ce que vous voudrez.	Todo lo que Vm. gustare.
Garçon , donne - nous un jeu de cartes.	Muchacho, saca una baraja.
Voyons qui sera ensemble	Echemos compañeros.
Les deux premiers rois seront ensemble.	Los dos primeros reyes serán compañeros.
Nous sommes Mr. Manuel et moi.	Hemos caido los dos , el Sᵒʳ. Dⁿ. Manuel y yo.
A combien le jeton ?	Á quanto el tanto ?
Un demi réal.	Á medio real.
C'est beaucoup.	Es mucho.
C'est à vous à faire.	Á Vm. le toca dar.
Je suis premier, j'ai la main.	Soy mano.

Le jeu est-il entier ?	Está la baraja entera ?
Coupez , Madame.	Alce Vm. Señora.
Messieurs , je vous souhaite beaucoup de bonheur.	Señores, tengan Vms. mucha fortuna.
Qu'est-ce qui est atout ?	Que es triunfo ?
Le roi de trèfle.	El rey de bastos.
Marquez trois points.	Señale Vm. tres tantos.
Voilà un bon commencement.	Eso es empezar bien.
Oh ! le mauvais jeu que j'ai !... pas un atout.	Que juego tan malo tengo !... ni un triunfo !...
Je ne ferai pas une main.	No haré una baza.
Nous avons perdu si mon camarade ne me seconde pas.	Hemos perdido si no me ayuda mi compañero.
A qui est-ce à jouer ?	Á quien toca jugar ?
C'est à Madame.	Á la Señora.
C'est cela ; voilà comme on joue.	Eso es , así se juega.
Vous êtes maîtresse à ce jeu-là.	Es Vm. maestra en este juego.
L'as de cœur. Je coupe.	El as de copas. Fallo.
Je n'ai que d'une couleur. Atout.	No tengo mas que un palo. Triunfo.
Je n'en ai pas. J'en ai.	No tengo. Tengo.
Vous n'avez pas fourni à carreau.	Vm. no ha servido á copas.
Nous avons une renonce.	Tenemos renuncio.
Examinez la main.	Mire Vm. bien la baza.
Tout le monde a fourni excepté vous.	Todos han servido ménos Vm.
C'est vrai ; je ne l'avais pas vu.	Verdad es; no lo habia visto
Mon cher , les cartes ne sont pas faites pour les aveugles.	Amigo, el juego de naypes no es para ciegos.
Je suis bien malheureux ; je perds toujours.	Soy muy desgraciado ; siempre pierdo.

Nous devons. Refaites.	Debemos. Vuelva Vm. á dar.
Cette fois-ci j'ai un grand jeu.	Esta vez tengo gran juego
On ne parle pas dans le jeu.	En el juego no se habla.
Monsieur, vous ne savez pas jouer.	Vm. no sabe jugar, amigo.
Ne trichez pas ; ne faites point de tricheries.	No haga Vm. trampas.
Ne regardez pas mon jeu.	No mire Vm. mis naypes.
Cachez votre jeu.	Tape Vm. sus cartas.
Faites attention aux cartes qui passent.	Atienda Vm. á las cartas que salen.
Nous avons gagné.	Hemos ganado.
Messieurs, nous sommes quittes.	Señores, estamos en paz.
Je ne veux pas jouer davantage.	No quiero jugar mas.
J'ai la tête échauffée.	Tengo muy caliente la cabeza.
Je m'échauffe trop en jouant.	Me acaloro demasiado en el juego.
Vous ne joueriez pas mal si vous vouliez faire attention.	Vm. no jugaria mal si pusiera cuidado.
Une autre fois nous jouerons davantage.	Otra vez jugarémos mas.
Il n'y a pas eu de perte.	No hubo ó no ha habido mucha pérdida.
Cela vaut mieux ainsi.	Mas vale así.

XV. *Le Jeu du Billard.*   El Juego del Billar.

Allons au billard.	Vamos al billar.
Nous ferons une partie.	Jugarémos una partida.
Nous jouerons quelques parties.	Echarémos unas mesas.
Voulez-vous jouer à la carambole ?	Quiere Vm. jugar á la carambola ?

Combien me donnez-vous de points ?	Quantos tantos me da Vm. ?
Un, je ne puis vous en donner davantage.	Uno, no puedo darle á Vm. mas.
Il vaut autant ne rien donner.	Tanto vale no dar nada.
Mon cher, vous ne savez pas ce que c'est qu'un point.	Vm. no sabe lo que es un tanto, amigo.
Vous êtes un fort joueur.	Vm. juega mucho.
Je ne puis pas jouer à moins de deux points.	Yo no puedo jugar á ménos de dos tantos.
Eh bien, allons, jouons.	Pues, vaya, juguemos.
Les billes ne valent pas grand chose.	Las bolas no son muy buenas.
Garçon, deux points pour moi ; j'ai fait la bille.	Muchacho, raya dos tantos, que he hecho esta billa.
Elle était sur la blouse.	Estaba encima de la tronera.
J'avais peur de me perdre.	Yo tenia miedo de hacerla limpia.
Voyons celle-ci si vous la ferez aussi facilement.	Á ver esta si la hará Vm. tan fácilmente.
Je vais la tâcher par bricole. J'ai réussi.	Voy á tirarla por tabla. La acerté.
Vous me gagnez.	Vm. me gana.
Vous êtes trop fort.	Vm. juega mucho.
Je ne puis pas continuer la partie.	No puedo seguir el partido.
Je vous donnerai des points de plus si vous voulez.	Le enmendaré á Vm., si quiere.
Non, Monsieur ; jouons au billard à l'espagnole.	No Señor ; juguemos á los trucos.
Va, je le veux bien.	Vamos allá.
Je vous donne une carambole.	Le doy á Vm. una carambola.
C'est à vous à jouer le premier.	Vm. sale.

Voici une jolie caram-bole.	Aquí tiene Vm. una ca-rambola muy hermosa.
Je ne suis pas sûr de la faire.	No estoy seguro de hacerla
Elle est immanquable.	No se puede errar; es iner-rable.
Garçon , j'ai fait sauter la bille de Monsieur ; fais attention.	Truco alto , muchacho , atiende.
Comment sommes-nous ? Quatorze à six.	Á como estamos ? catorce y seis.
Bon , partie égale , tout d'un côté et rien de l'autre.	Bueno !... partido igual ; todo de una parte , y nada de la otra.
Garçon , trois autres points pour avoir tou-ché le fer.	Otros tres del bolillo , muchacho.
Partie. Je ne joue plus de ma vie.	Partida. No juego **mas** en mi vida.
Combien y a-t-il de par-ties ? Payez-vous.	Quantas mesas hay ? pá-guese Vm.
Je ne suis pas en train de jouer aujourd'hui.	Hoy no estoy para jugar.
Vous me gagneriez tout mon argent.	Me ganaria Vm. todito mi dinero.

XVI. *DE LA COMÉDIE.*   DE LA COMEDIA.

On donne aujourd'hui une très-bonne pièce.	Hoy hacen una comedia muy buena.
Quel titre a-t-elle ?	Que título tiene ?
Le Cid Campeador.	El Cid campeador.
Nous l'avons aussi en français. Je la vis hier.	Tambien está escrita en frances. Ayer la ví.
Et moi aussi. Où étiez-vous ?	Yo tambien. En donde estaba Vm. ?
Au parterre.	En el patio.
Moi j'étais au parquet.	Yo en la luneta.
Je crus que vous étiez dans quelque loge.	Discurrí que estaba Vm. en algun aposento.

Que dites - vous du théâtre ?	Que dice Vm. del teatro ?
Celui de l'autre salle me semble plus grand.	Me parece mayor en el otro corral.
Ici les décorations sont excellentes.	Las decoraciones aquí son muy primorosas.
Cette troupe-ci a de bons acteurs.	Buenos papeles tiene esta compañia.
La soubrette est fort bonne.	La graciosa es muy buena.
Le valet ou le comique est inimitable.	El gracioso es inimitable.
Celui qui joue les rôles à manteau a un jeu unique.	El Barba representa de lo único que hay.
Que pensez-vous du premier rôle ?	Que le parece á Vm. del primer galan ?
Son jeu me plaît infiniment.	Me gusta mucho su modo de representar.
Je suis un des partisans de l'actrice qui joue les premiers rôles.	Yo soy uno de los partidarios de la primera dama.
Vous avez raison , la nature l'a douée de grands talents.	Tiene Vm. razon ; la naturaleza la ha dotado de grandes talentos.
La musique aussi est supérieure.	La música tambien es muy sobresaliente.
Ce théâtre - ci peut se vanter d'avoir un violon excellent.	Este corral puede vanagloriarse de que tiene un violinista excelente.
Oui, Monsieur , et l'on m'a assuré qu'il pouvait entrer en lice avec les plus fameux de l'Europe.	Sí Señor, y me han asegurado que puede entrar en concurrencia con los mas afamados de Europa.
De quel pays est-il ?	De que nacion es ?
Il est espagnol ; il s'appelle...	Es español y se llama...
Vous l'entendrez jouer aujourd'hui.	Hoy le oirá Vm. tocar.

Entrons , car il me paraît qu'il vient déjà beaucoup de monde.	Entremos , porque parece que viene ya mucha gente.
Il est tard ; la toile est déjà levée.	Es tarde ; han corrido ya el telon.
On donne demain un opéra comique fort joli.	Mañana se representa una Zarzuela muy bonita.
On l'a tiré d'un opéra intitulé la serva padrona.	Se ha sacado del italiano de la ópera intitulada la serva padrona.
Avec votre permission , quelle est cette actrice qui vient de se montrer à la coulisse ?	Con perdon de Vm. , quien es esa comica , que se asomó al bastidor ?
C'est celle qui joue les seconds rôles.	Es la segunda dama.
Elle a l'air bien jeune.	Parece muy moza.
Ne savez-vous pas que sur les planches ces dames jouissent d'un printems éternel ?	No sabe Vm. que en las tablas gozan estas señoras de una primavera eterna ?
Si c'était le seul desir de nous plaire qui les engageât à se parer de la sorte, je leur en saurais bon gré.	Si fuera el solo deseo de agradarnos que las moviese á adornarse tanto, yo les estimara el trabajo.
Ne soyez pas si méchant.	No piense Vm. tan mal.
Quel que soit leur motif, elles me plaisent beaucoup.	Sea el que fuere el motivo, ellas me gustan mucho.
La comédie est finie.	Se acabó la comedia.
Le nouvel acteur me plaît infiniment.	Me gusta mucho el nuevo comediante.
Son jeu est noble et naturel.	Su modo de representar es noble y natural.
Allons nous rafraîchir, car j'ai eu ici beaucoup de chaud.	Vamos á refrescar , que aquí he tenido mucho calor.

XVII. *Pour parler avec un Tailleur.* | **Para hablar con un Sastre.**

Pouvez-vous me faire un habit ?	Puede Vm. hacerme un vestido ?
Mr. le Tailleur, je veux me faire faire un habit.	Señor maestro, quiero hacerme un vestido.
Prenez-moi mesure.	Tómeme Vm. la medida.
De quel drap le voulez-vous ?	De que paño le quiere Vm. ?
D'une étoffe qui soit de saison.	De un género que sea del tiempo.
De ces nouvelles étoffes qui viennent à-présent de Lyon.	De estos nuevos que traen ahora de Leon.
Avez-vous des échantillons ?	Tiene Vm. muestras ?
Choisissez dans ceux-ci.	Escoja Vm. en estas.
Combien me faut-il d'aunes pour habit, veste et culotte ?	Quantas varas necesito para casaca, chupa, y calzon ?
Six aunes. C'est trop.	Seis Varas. Es demasiado.
De quel prix prendrons-nous le drap ?	De que precio tomarémos el paño ?
De cent réaux de la manufacture de Saint Ferdinand.	De á cien reales de la fábrica de San Fernando.
Avez-vous des galons ?	Tiene Vm. galones ?
J'en ai ici quelques-uns de la dernière mode.	Aquí tengo unos de la última moda.
De quoi faut-il doubler l'habit ?	De que se ha de forrar el vestido ?
De quelque chose de durée	De una cosa duradera.
Je m'en rapporte à vous.	Me fio en Vm.
Faites-moi un habit qui m'aille bien.	Hágame Vm. un vestido que me venga bien.
Vous serez satisfait.	Quedará Vm. contento.
Quand m'apporterez-vous mon habit ?	Quando me traerá Vm. el vestido ?
Le plutôt possible, Mr.	Señor, quanto ántes.

Quel habit m'apportez-vous ?	Que vestido me trae Vm. ?
Voulez-vous l'essayer ?	Quiere Vm. probárselo ?
Il est trop long, trop large, trop court, etc.	Es demasiado largo, ancho, corto, etc.
Il me va comme un sac.	No me sienta bien ; parece un saco.
Vous avez gardé la moitié du drap.	Vm. se ha quedado con la mitad del paño.
Voyons votre mémoire.	A ver la cuenta.
Tout est fort cher.	Todo está muy caro.
Vous ne travaillerez plus pour moi.	No volverá Vm. á trabajar para mí.
Je veux en rabattre la moitié.	Quiero rebaxar la mitad.
Tout est fort en conscience.	Todo está muy en conciencia.
Façon, fil, boutons, etc. le tout monte à...	Hechuras, hilo, botones, etc. todo sube á...
Comment ! la façon est trop chère.	Como ! la hechura es muy cara.
Mr., à présent tout est cher	Señor, ahora todo está caro

XVIII. AVEC LE CORDONNIER.

CON EL ZAPATERO.

Faites-moi une paire de souliers.	Hágame Vm. un par de zapatos.
Pour quand les voulez-vous ?	Para quando los quiere Vm. ?
Pour demain, parce que je vais nu-pieds.	Para mañana, porque estoy descalzo.
Voici vos souliers.	Aquí tiene Vm. sus zapatos
Voulez-vous que je vous les chausse ?	Quiere Vm. que yo se los calce ?
Mr. le cordonnier, les derniers ne valaient rien	Maestro, los últimos no valian nada.
Ils ne m'ont pas duré quinze jours.	No me duráron quince dias.
Je veux la boucle plus haute.	Quiero la hebilla mas alta.

Les premiers faites-les moi de marroquin.	Los primeros hágamelos Vm. de cordoban.
Ce soulier me fait mal, me blesse.	Este zapato me hace mal.
Que ces souliers-là sont étroits !	Que estrechos son estos zapatos !
Vous n'y avez pas encore entré le pied.	Vm. no ha entrado todavía el pié.
Placez bien le chausse-pied.	Ponga Vm. bien el calzador.
Frappez du pied contre le plancher.	Dé Vm. una patada en el suelo.
Ce soulier me va bien ; il joint fort bien.	Me viene bien este zapato; está muy bien ajustado.
Il me serre, il me gêne un peu.	Me aprieta un poco.
Il s'élargira en peu de jours.	Se ensanchará á pocos dias
Je ne puis rester dans ces souliers-là.	No puedo aguantar estos zapatos.
Je me remplirai de cors.	Me llenaré de callos.
Apportez-m'en d'autres qui ne me gênent pas.	Tráygame Vm. otros que no me aprieten.

XIX. Au Perruquier.　　Al Peluquero.

Monsieur le Perruquier, vous êtes bien paresseux	Señor maestro, Vm. es muy perezoso.
Vous me retenez à la maison ; j'avais à sortir.	Vm. me detiene en casa ; yo tenia que salir.
Si vous ne venez pas plus matin, je vous quitterai.	Si Vm. no viene mas de mañana, le dexaré.
Monsieur, je suis venu en courant.	Señor, he venido corriendo.
Accommodez-moi promptement.	Péyneme Vm. con brevedad.
Ne me mettez point tant de pommade.	No me eche Vm. tanta pomada.
Que les boucles soient égales.	Que estén los rizos iguales.

Qu'est-ce qu'il y a de nouveau ?	Que hay de nuevo ?
Tous les perruquiers sont nouvellistes.	Los peluqueros todos son noveleros.
Monsieur, je n'ai rien entendu dire.	Señor, no he oido decir nada.
Je ne veux point tant de poudre.	No quiero tantos polvos.
Je suis trop poudré ; voilà qui est bien.	Estoy demasiado empolvado ; así está bien.
Demain soyez plus matinal.	Mañana madrugue Vm. mas.
Apportez - moi quelques nouvelles.	Tráygame Vm. alguna noticia.
Avez-vous beaucoup de pratiques ?	Tiene Vm. muchos parroquianos ?
J'en ai assez pour m'entretenir.	Bastantes para pasar.

XX. *Au Médecin et au Chirurgien.*	Al Médico y al Cirujano.
Je suis malade.	Estoy malo.
Allez chercher le Médecin	Vaya Vm. á llamar al Médico.
Mr. le Médecin, je ne sais ce que j'ai.	Señor Médico ó Señor Doctor, no sé lo que tengo.
Voyons votre pouls.	Á ver el pulso.
Quel mal vous sentez-vous ?	Que dolor siente Vm. ?
Montrez-moi votre langue	Enséñeme Vm. la lengua.
Elle est un peu chargée.	Está algo puerca.
Vous n'avez pas de fièvre.	Vm. no tiene calentura.
Il faut vous faire saigner.	Es menester que se sangre.
Allez chercher le chirurgien de la maison.	Vaya Vm. por el cirujano de casa.
Il saigne fort bien.	Sangra muy bien.
Saignez-moi, ne me faites pas de mal.	Sángreme Vm. ; no me haga Vm. mal.

Je crains beaucoup la saignée.	Tengo mucho miedo á la sangría.
Ne craignez rien.	No tema Vm. nada.
Je me sens un peu soulagé.	Me siento un poco aliviado.
Il faut faire diète.	Es menester guardar dieta.
Gardez le lit quelques jours.	Esté Vm. en la cama algunos dias.
Tenez-vous chaudement, couvrez-vous bien.	Arrópese Vm. bien.
Tâchez de suer.	Procure Vm. sudar.
J'ai le corps tout en feu.	Se me arde todo el cuerpo.
Il faut vous rafraîchir.	Conviene refrescarse.
Buvez de la ptisanne.	Beba Vm. agua de grama.
Je prends ou j'ai pris médecine aujourd'hui.	Hoy estoy de purga.
Il faut se ménager.	Es menester cuidarse.
Je commence à aller mieux	Empiezo á mejorarme.
J'ai manqué de mourir ; j'ai pensé mourir.	Estuve para morirme; por poco me muero.
Mr. le Médecin, le malade va plus mal.	Señor Médico, el enfermo está peor.
On ne connaît rien à sa maladie.	Su enfermedad no se entiende.
Appelez un confesseur.	Llame Vm. á un confesor.
Il en a plus besoin que de médecin.	Mas necesita de él que de Médico.
Le pauvre diable , j'en suis fâché.	Pobrecito !... lo siento mucho.

XXI. DU VOYAGE. — DEL VIAGE.

Où allez-vous ?	Adonde va Vm. ?
Je vais à Cadix.	Voy á Cádiz.
Quand partez-vous ?	Quando se va Vm. ?
Aussitôt que j'aurai fini une affaire que j'ai ici.	En acabando una diligencia que tengo aquí.
Avez-vous déjà arrêté un carrosse ?	Tiene Vm. ya coche ajustado ?

Oui, Monsieur, et assez bon marché.	Sí Señor, y bastante barato
Plût-à-Dieu qu'il y eût une place pour moi.	Oxalá hubiese un asiento para mí.
Comment s'il y en a une! vous pouvez y compter dès à-présent.	Como si lo hay!... desde luego cuente Vm. con él.
Vous me ferez beaucoup de plaisir en me faisant compagnie.	Me hará Vm. mucho favor en acompañarme.
Avez-vous beaucoup d'effets?	Tiene Vm. mucha ropa?
Deux coffres et une valise	Dos baules y una maleta.
Vous pouvez tout préparer pour demain.	Puede Vm. prepararlo todo para mañana.
Nous partirons au frais.	Saldrémos á la fresca.
J'ai déjà pris congé de tous mes amis.	Ya me he despedido de todos los amigos.
Où allons-nous coucher la première journée?	Adonde vamos á hacer noche el primer dia?
A Ocagne; c'est une journée ordinaire.	Á Ocaña; es jornada regular.
Le chemin est aussi uni que cette chambre.	El camino es tan llano como este quarto.
Mais on dit que dans la Sierra-Morena il y a de très-mauvais chemins.	Pero en Sierra - Morena dicen que hay muy malos caminos.
Cela n'est plus à-présent; autrefois c'était un coupe-gorge.	Ahora ya no; antiguamente era un mal paso.
On y a fait de nouveaux chemins par ordre du Roi.	Se han hecho caminos nuevos por órden del Rey.
Ajoutez à cela que la grande quantité de gens qui l'habitent l'ont rendu le meilleur endroit qu'on trouve dans toute la route.	Añádase á esto que la abundancia de gente que habita allá, la ha hecho el parage mejor que se encuentra en toda la carrera.

Dans quelle auberge nous arrêterons-nous ?

En que posada pararémos ?

Dans celle du soleil ; c'est la meilleure.

En la del sol que es la mejor de todas.

Bonne ou mauvaise je ne m'en soucie guères , parce que j'ai mes provisions.

Buena ó mala no se me da nada , porque tengo mis provisiones.

Nous acheterons une couple de perdrix pour ce soir , parce que nous ne trouverons rien pour souper où nous allons.

Comprarémos un par de perdices para la noche , porque donde vamos no encontrarémos que cenar.

Je suis fatigué ; le carrosse me lasse beaucoup.

Estoy muy cansado ; el coche me fatiga mucho.

Cocher , arrête ; nous descendrons ici ; voilà l'auberge.

Cochero, párate ; aquí nos apearémos ; allí está la posada.

XXII. Pour souhaiter du bien.

Para desear Bien.

Je vous souhaite tout le bien possible.

Le deseo á Vm. todo el bien posible.

Que Dieu vous bénisse.

Dios bendiga á Vm.

Je vous souhaite tout ce que je voudrais qu'il m'arrivât.

Deseo á Vm. lo que para mí.

Que Dieu vous garde de mal.

Dios le guarde de mal.

Que Dieu vous accompagne.

Dios le acompañe á Vm.

Soyez le bien-venu.

Sea Vm. bien venido.

Que Dieu vous assiste , mon ami.

Dios le ampare , hermano.

XXIII. De la Colère.

Del Enojo ó Enfado.

Je te casserai la tête ; tu es un coquain.

Te romperé la cabeza ; eres un pícaro.

Si je prends un bâton tu me la payeras.	Si agarro un palo, me la pagarás.
Ne devrais-tu pas avoir honte de... ?	No habrias de tener vergüenza de...?
Mêlez-vous de vos affaires, de ce qui vous regarde.	Métase Vm. en sus cosas ó en lo que le toca, ó importa.
Laissez-nous tranquilles.	Déxenos Vm. en paz, ó el alma quieta.
Vous êtes un butor, un lourdaut.	Es Vm. un majadero.
Voyez un peu le sot, l'imbécille !	Mire Vm. que tonto, que simple !
Il n'y a moyen de te souffrir !	No hay forma de aguantarte.
Attendez, attendez, Mrs. les drôles ; je vais mettre le holà entre vous.	Esperen, esperen, pícaros, que voy allá á ponerlos en paz.
Quelles paroles sont celles-là ?	Que palabras son estas?
Que je vous entende une autrefois parler de cette façon-là.	Que yo os oyga hablar así otra vez.
Je ne veux point de disputes chez moi.	No quiero que nadie riña en mi casa.
Allez vous faire paître.	Váyase Vm. en hora mala.

XXIV. *PLUSIEURS CHOSES DONT ON PARLE DANS UNE SOCIÉTÉ.*

MUCHAS COSAS DE QUE SE HABLA EN UNA TERTULIA.

Savez-vous quelques nouvelles ?	Sabe Vm. algunas noticias?
Quelles nouvelles y a-t-il?	Que noticias hay ?
Que dit-on de nouveau ?	Que se dice de nuevo ?
Ne savez-vous aucune nouvelle ?	Vm. no sabe ninguna noticia ?
J'apporte de bonnes nouvelles.	Traygo noticias muy buenas.

Que dit-on à Madrid ?	Que se dice en Madrid?
Que dit-on en ville ?	Que se dice en la ciudad?
Il n'y a rien de nouveau.	No se suena nada de nuevo.
Avez-vous lu la gazette ?	Ha leido Vm. la gazeta ?
Elle ne dit rien de remarquable.	No trae nada de especial.
L'article de Vienne parle d'une femme qui est accouchée de trois enfans	El artículo de Viena habla de una muger que ha parido tres hijos.
Celui de Paris parle d'une épidémie qui fait beaucoup de ravage.	El de Paris habla de una epidemia que hace muchos estragos.
Où ? Je ne me souviens pas bien où.	En donde ? No me acuerdo bien en donde es.
On parle de guerre.	Se habla de guerra.
Les turcs ont mis les russes en déroute.	Los turcos han derrotado á los rusos.
Dites tout le contraire et vous direz vrai.	Diga Vm. lo contrario, y dirá bien.
Le bruit court que ce sont les turcs qui ont eu le dessous.	Corre la voz que el revés ha sido de parte de los turcos.
Je l'ai entendu dire, mais je ne le crois pas.	He oido decir que sí, pero creo que no.
Il y a eu de part et d'autre beaucoup de monde de tué.	De una parte y otra ha habido mucha gente muerta.
Cela demande confirmation.	Eso necesita confirmacion.
Ce n'a pas été une affaire générale, mais seulement d'un détachement avec un autre.	No ha sido funcion general, sino de un destacamento con otro.
Au contraire on dit que l'affaire a été terrible.	Antes bien dicen que la funcion ha sido terrible
L'infanterie a beaucoup perdu.	La infantería ha perdido mucho.
Le régiment du roi a fait des prodiges.	El regimiento del Rey ha hecho prodigios.

On dit que la cavalerie n'a pas donné.

Se dice que la caballería no ha cargado.

Et pourquoi, s'il vous plaît ?

Y porque ?

Parce que le terrain ne le permettait pas.

Porque no lo permitia el terreno.

On dit beaucoup de mensonges ; on ne sait qui croire.

Cuentan muchas mentiras ; no sabe uno á quien creer.

Il y a des gens qui assurent qu'il y a eu plus de cinq mille hommes de tués.

No falta quien asegura que hubo mas de cinco mil hombres muertos.

Savez-vous le nombre des blessés ?

Sabe Vm. el número de los heridos ?

Il n'y a encore rien de certain.

No hay nada de cierto todavia.

Le marquis de N. a été tué d'un coup de canon.

El marques de N. ha muerto de un cañonazo.

Le comte de N. a une blessure légère.

El conde de N. tiene una herida aunque ligera.

Les ennemis se sont retirés fort maltraités.

Los enemigos se han retirado muy maltratados.

Ils ont perdu toute leur artillerie.

Han perdido toda la artillería.

De qui le tenez-vous ?

De quien lo sabe Vm. ?

Je l'ai entendu conter à des personnes dignes de foi.

Lo he oido contar á personas fidedignas.

Qu'est-ce que dit la gazette d'Hollande de la guerre d'Allemagne ?

Que dice la gazeta de Olanda de la guerra de Alemania ?

Elle rapporte le siége de Munster par les français

Refiere el sitio de Múnster por los franceses.

Ils ont formé le blocus.

Han formado el bloqueo.

Les assiégés ont fait une sortie.

Han hecho una salida los sitiados.

Ils ont ruiné les travaux des assiégeans.

Han arruinado las obras de los sitiadores.

Ils ont encloué le canon.

Han clavado la artillería.

Les français ont dressé une nouvelle batterie.	Los franceses han levantado una nueva batería.
L'armée des confédérés marche au secours de la place.	Marcha el exército confederado al socorro de la plaza.
Je gage qu'on lève le siége.	Yo apuesto á que se levanta el sitio.
Je suis de votre avis.	Soy de su opinion de Vm.
La garnison est forte ; il y a une grosse garnison.	La guarnicion es fuerte ; hay mucha guarnicion.
Si l'on prend la place d'assaut, on ne fera pas de quartier.	Si la plaza se toma de asalto, no darán quartel.
Le gouverneur a capitulé.	El gobernador ha capitulado.
La garnison est demeurée prisonnière de guerre.	La guarnicion se queda prisionera de guerra.
Les articles de la capitulation ont été favorables	Los artículos de la capitulacion han sido muy favorables.
Messieurs, parlons d'autre chose. Vous saurez que Madame Béatrix se marie.	Hablemos de otra cosa , Señores. Sabrán Vms. como Doña Beatriz se casa.
Avec qui ?	Con quién ?
Avec Monsieur Ferdinand	Con el Señor Dⁿ. Fernando
Holà ! c'est un bon mariage.	Hola, es buen casamiento.
Sa sœur s'est mariée aussi.	Su hermana tambien se ha casado.
Elle a encore une sœur qui commence à grandir	Aun queda otra hermanita ya grandecita.
Qui a-t-elle épousé ?	Y quien es el novio ?
Un marchand très-riche.	Un mercader muy rico.
Qu'a-t-elle eu pour dot ?	Qual ha sido el dote ?
Quatre cent mille réaux.	Quatrocientos mil reales.
C'est beaucoup d'argent.	Es un dineral.
Le mari le mérite ; c'est un galant homme.	Lo merece el marido , que es hombre de bien.

La jeune personne aussi est fort bien élevée.	Pues la muchacha tambien está muy bien criada.
Elle fera une fort bonne ménagère.	Ella será muy muger de su casa.
La mère ne lui passait rien.	La madre no le consentia nada.
Sa fille lui en saura bon gré quelque jour.	Su hija se lo agradecerá algun dia.
Le bien le plus sûr que puissent nous laisser nos parents c'est une bonne éducation.	La hacienda mas segura que puedan dexarnos nuestros padres es una buena crianza.
Mesdames, vous ne savez pas que Mr. Bernard est mort.	Señoras, Vms. no saben como ha muerto Don Bernardo.
C'est donc pour cela que j'ai vu son neveu en deuil.	Por eso he visto al sobrino de luto.
Il lui aura sans doute laissé quelque chose.	Es regular que le haya dexado algo.
Son oncle l'aimait beaucoup.	El tio le queria mucho.
On dit qu'il le laisse fort à son aise.	Dicen que le dexa muy bien acomodado.
Il lui a laissé tout son bien.	Le ha dexado sus bienes entericos.
C'est un garçon qui a du talent.	El muchacho tiene talento
Le comte de N. lui veut beaucoup de bien.	Le ampara mucho el conde de N.
On dit qu'il lui a obtenu un fort bon emploi.	Dicen que le ha logrado un empleo muy bueno.
S'il sait le ménager, il lui obtiendra tout ce qu'il voudra.	Si sabe complacerle, le logrará quanto quiera.
Laissez-le faire, il saura bien tirer son épingle du jeu.	Déxele Vm., que bien sabrá manejarse.
Messieurs, une autre chose fort singulière.	Otro caso muy particular, Señores.

Qu'est-ce que c'est?	Que es? que es?
Personne ici ne pourrait se l'imaginer.	Nadie de aquí puede pensarlo.
C'est une nouvelle fort intéressante pour l'état.	Es una noticia muy interesante para el estado.
Allons, parlez.	Vamos, hombre, diga Vm.
Eh bien, apprenez, petits et grands, que la femme de l'apothicaire du coin est enceinte.	Pues sepan grandes y chicos, que la muger del boticario de la esquina está embarazada.
Est-il possible!... Elle a plus de cinquante ans.	Hombre, es posible!... tiene mas de cincuenta años.
C'est la grossesse miraculeuse de Sara.	Es el parto milagroso de Sara.
Le mari est au comble de sa joie.	El marido está muy contento.
Il voyait finir avec chagrin la maison des Martinez.	Sentia mucho el ver que se acabase la casa de los Martinez.
Il dit que parmi les apothicaires il n'y a pas de maison plus ancienne que la sienne.	Dice él que entre los boticarios no hay casa mas antigua que la suya.
Mon cher, chacun a sa noblesse.	Amigo, cada uno tiene su nobleza.
Je serais charmé que vous entendissiez parler Mr. Martinez de la sienne.	Yo me alegraría de que Vms. oyesen hablar al S.or Martinez de la suya.
Qu'est-ce que veut ce domestique-là?	Que quiere este criado?
Monsieur, Mr. Étienne est ici.	Señor, el Señor D.n Estévan está aqui.
Dis-lui qu'il me fasse l'honneur d'entrer.	Dile que pase adelante.
Mon cher Mr. Étienne, il y a un siècle que nous ne vous avons vu ici.	Amigo Don Estévan, hace un siglo que no le hemos visto á Vm. por aqui.

Messieurs, je suis charmé de vous voir en bonne santé.	Caballeros, me alegro de ver á Vms. buenos.
J'arrive à présent de Madrid.	Ahora llego de Madrid.
Que dites-vous de cette capitale?	Que dice Vm. de aquella capital?
Elle est tout autre que vous ne l'avez vue.	Es muy otra de lo que Vm. la ha visto.
Il y règne à présent une police admirable.	Ahora reyna en ella una policía admirable.
De votre tems les rues étoient fort sales.	En su tiempo de Vm. las calles estaban muy sucias.
Aujourd'hui, mon cher, c'est un plaisir.	Amigo, en el dia de hoy es un gusto.
Les rues sont très-propres, et la nuit elles sont éclairées de lanternes.	Las calles están muy limpias, y de noche tienen sus faroles.
Holà! et dans quel état est le prado?	Hola, y que tal está el *prado?*
Il devient tous les jours plus beau.	Cada dia se va poniendo mejor.
Ah! Mr. Alexandre, je vous demande pardon, je ne vous avais pas vu.	Ha! Señor Dⁿ. Alexandro, perdone Vm.; no le habia visto.
Vous vous êtes bien engraissé.	Que gordo se ha puesto Vm.!
Mon cher, vous pouvez aussi lui faire votre compliment.	Amigo, puede Vm. tambien darle la enhorabuena.
Sur quoi, Monsieur?	Y de que, Caballero?
On m'a dit que vous aviez gagné quelque chose à la dernière loterie.	Me han dicho que Vm. habia sacado algo en la última lotería.
C'est vrai, j'ai gagné une bagatelle.	Es verdad, he ganado una friolera.
Est-ce un ambe ou un terne que vous avez gagné?	Que ha sido? ambo ó terno?

Un terme de trois mille réaux.	Un terno de tres mil reales
Bon, cinquante doublons!	Bueno, cincuenta doblones!
Cela vaut mieux que rien.	Mas vale eso que nada.
Je vous crois bien.	Lo creo muy bien.
Mais vous aussi, vous mettez à toutes les loteries.	Pero Vm. tambien echa su cédula cada lotería.
Oui, Monsieur, je m'amuse à cela, mais je ne suis pas heureux.	Sí Señor, me divierto en eso, pero no tengo fortuna.
Il ne me sort jamais un numéro.	Nunca me sale un número.
Ma tante et ses amies ont une manière singulière de jouer à la loterie.	Mi tia y sus amigas siguen un método particular de jugar á la lotería.
Et comment font-elles?	Y que hacen?
A chaque tirage elles mettent quatre réaux chacune dans une tire-lire, et elles ont au bout de l'année de quoi faire un festin à leur maison de campagne.	À cada extraccion echa cada una quatro reales en una alcancía, y al cabo del año van á hacer una gira en su casa de campo.
Elles disent que le certain vaut mieux que l'incertain.	Dicen ellas que mas vale páxaro en mano que buytre volando.
Le cordonnier de la place pense bien différemment	Pues no piensa asi el zapatero de la plaza.
Il a une manie extraordinaire pour ce jeu.	Tiene una pasion loca á este juego.
C'est un butor qui croit deviner les numéros d'après les songes qu'il fait.	Es un majadero que cree adiviñar los números por lo que sueña.
On dit que cette manie l'a presque entièrement ruiné.	Dicen que esta locura le ha arruinado casi enteramente.
Tous les extrêmes sont vicieux.	Todos los extremos son viciosos.

N w

Je crois que c'est une folie d'y risquer beaucoup, et que ce n'est pas une bêtise de jouer toujours une bagatelle.	Yo creo que es gran simpleza el jugar mucho, y que no es necedad el arriesgar una friolera.
Avec votre permission, je vois que Mme. Agnès s'en va, je suis bien aise de l'accompagner.	Con licencia de Vm., que veo que se va ya Doña Ines; quiero acompañarla.
Nous avons beaucoup de choses à nous dire elle et moi.	Tenemos mucho que hablar ella y yo.
Allez, allez, je ne veux pas vous déranger.	Vaya Vm., vaya Vm., no quiero estorbarle.
Chacun sait ses affaires.	Cada uno entiende sus cosas.
Quoi Madame !... vous vous en allez déjà ?...	Como, Señora! se va Vm. ya ?...
Vous me pardonnerez, je vous prie, j'ai à faire chez moi.	Me han de perdonar Vms., tengo que hacer en mi casa.
Il est encore de bonne heure.	Todavia es temprano.
Non, c'est une chose indispensable.	No, no, es cosa precisa.
Sans doute on m'attend déjà.	Me estarán aguardando ya.
Eh bien, qu'y faire, Madame ?... Je vous accompagnerai, si vous me le permettez.	Vaya, como se ha de hacer, Señora? la acompañaré á Vm., si Vm. gusta.
Non, je ne veux pas qu'un aussi joli cavalier prenne cette peine-là pour une vieille comme moi.	No quiero que tan galan caballero se canse por una vieja como yo.
Vous badinez, Madame.	Se burla Vm., Señora.
Non, non; faites attention que j'ai déjà vingt-neuf ans.	No, no, mire Vm. que tengo ya veinte y nueve años.

Vous appelez cela vieille? bon!	Vm. llama eso vieja ? bueno !
Vous ne paraissez pas en avoir vingt-cinq.	Vm. no aparenta ni aun veinte y cinco.
Taisez-vous ; je parais plus âgée que je ne suis.	Quitese Vm. de ahí, hombre, que aparento mas de los que tengo.
Il y a bien des gens qui me donnent trente-cinq ans.	No falta quien me eche treinta y cinco años.
Ne le croyez pas.	No lo crea Vm.
Vous voulez bien le dire ainsi.	Lo quiere Vm. decir así.
Êtes-vous mariée, Madame ?	Es Vm. casada, Señora ?
Non, Monsieur, je suis fille ; et vous ?	No Señor, soy soltera; y Vm. ?
Je suis garçon aussi, Mademoiselle.	Soltero tambien, Señora.
Aussi!... cela est bon.	Tambien !.... bueno es.
Si vous vouliez, Mademoiselle, bientôt nous n'en pourrions pas dire autant.	Si Vm. quisiera, Señora, luego no pudiéramos decir otro tanto.
Et comment cela ?	Y como es eso?
Je pense que vous m'aurez compris.	Discurro que Vm. me habrá entendido.
Bien, bien ; je vous vois venir.	Ya, ya veo donde Vm. va á parar.
Une Demoiselle de votre mérite...	Una Señora de las circunstancias de Vm...
Monsieur, brisons là-dessus.	Caballero, dexemos eso.
Cela demande réflexion.	Es menester pensarlo.
Mon cher, c'est pour toujours.	Amigo, es para siempre.
Je le sais, Mademoiselle.	Ya lo sé, Señora.
Eh bien, suivons le proverbe espagnol qui dit: avant que de te marier, regardes-y à deux fois.	Pues sigamos el refran español que dice: *ántes que te cases mira lo que haces.*

LETTRES DE CIVILITÉ (1)

POUR ANNONCER UN MARIAGE.

Madrid , 20 Janvier 1808.

A Monsieur Pierre Areto , à Valence.

Monsieur ,

L'honneur que j'ai de vous appartenir par les liens du sang , et la bienveillance que vous n'avez cessé de me témoigner en toute occasion , me font un devoir de vous annoncer un évènement important pour ma famille. Henriette ma fille aînée doit épouser , au premier jour , Mr. A. dont les parents vous sont connus. Le caractère de ce jeune homme , son éducation et ses mœurs promettent à ma fille un sort heureux ; cette espérance seule peut adoucir , pour sa mère et pour moi la douleur de nous séparer d'elle. Je suis assuré d'avance de l'intérêt que vous prendrez à son bonheur ; j'en juge par celui que vous avez toujours pris au mien. Permettez-moi de saisir cette occasion pour vous renouveller l'expression de ma reconnaissance , et celle de tous les sentimens avec lesquels j'ai l'honneur d'être ,

Monsieur ,

Votre très-humble et très-obéissant serviteur
Jean PERALTA.

Adresse : *A Monsieur Monsieur Pierre Areto.*
VALENCE.

---

(1) Pour donner à ces lettres une tournure tout-à-fait espagnole , suivant le style moderne , j'ai été obligé d'en renverser l'ordre dans quelques endroits , et d'en retrancher ou d'y ajouter quelques expressions bonnes dans une langue et ridicules dans l'autre. J'ai tâché surtout d'y faire entrer une grande partie des phrases les plus usitées dans les lettres de

CARTAS DE CIVILIDAD.

PARA DAR PARTE DE UN CASAMIENTO.

Valencia. Sor D.ⁿ Pedro Areto.

Madrid 20 Enero 1808.

Muy Señor mio : Tanto por los vínculos de nuestro parentesco , como por la estimacion particular con que siempre se ha servido Vm. favorecerme , miro como una obligacion el participarle la noticia interesante que ocurre en mi familia , del casamiento de mi hija mayor Enriqueta con el S^{or}. Don A. , que debe celebrarse dentro de pocos dias. Ya conoce Vm. los padres de este jóven , cuya educacion , buen genio y costumbres dexan esperar á mi hija una suerte feliz ; esta sola consideracion puede hacernos llevadero á su madre y á mi el sentimiento de nuestra separacion. El interes que siempre ha tomado Vm. en mis cosas no me permite dudar un solo instante de la sinceridad con que Vm. deseará su bien estar. Le renuevo con este motivo mi fino agradecimiento , y deseos de que me proporcione repetidas ocasiones de servirle, y quedo rogando á Dios prospere su vida m.^s a.^s

B. L. M. de Vm.
Su mas apasionado y afecto servidor.
Juan PERALTA. (1)

Direccion : Al Sor D.ⁿ Pedro Areto gûe Dios m.^s a.^s
VALENCIA.

---

civilité et dans le langage du commerce , ces phrases en étant le but principal.

(1) Pour éviter des répétitions ennuyeuses , je mets la date, la signature et l'adresse dans cette première lettre uniquement. On peut les sous-entendre dans celles qui suivent.

RÉPONSE.

J'apprends avec bien de la joie , Monsieur, le prochain mariage de Mademoiselle votre fille , dont vous avez eu la bonté de me faire part par votre lettre du 20 du courant. Le choix que vous faites d'un jeune homme généralement estimé , est la preuve la plus sensible que vous puissiez donner de votre tendresse pour elle, et si vous me permettez de le dire , de votre excellent jugement. Je ne doute point que vous n'ayez la satisfaction de voir cette fille chérie aussi heureuse qu'elle mérite de l'être ; le ciel doit cette récompense à tous les soins que vous avez pris d'elle depuis sa naissance , et à la tendresse éclairée avec laquelle vous avez travaillé sans relâche à perfectionner son heureux naturel. Veuillez bien faire agréer aux jeunes époux mon compliment et mes vœux pour eux. Leur sincérité est égale à celle de mon ancienne amitié et du dévouement sans bornes avec lequel , etc.

POUR ANNONCER LA NAISSANCE D'UN FILS.

Vous auriez, mon cher ami , le droit de vous plaindre de moi , si vous n'étiez le premier informé d'un évènement qui remplit de joie ma maison, et met le comble à mon bonheur. Mon épouse est heureusement accouchée ce matin d'un garçon robuste, et qui annonce une figure agréable. Voilà les inquiétudes de sa grossesse terminées d'une manière bien satisfaisante : la mère et l'enfant se portent très-bien. Communiquez cette nouvelle à votre famille ; je ne doute point qu'elle ne partage , ainsi que vous, les sentimens que nous éprouvons. Je vous réitère l'assurance de tous ceux que je vous ai voués.

RESPUESTA.

Muy Señor mio : Veo con el mayor gusto el próxîmo casamiento de su Señora hija, que se ha servido Vm. comunicarme con su apreciada del 20 corriente. La mejor prueba que Vm. pueda dar no solo del afecto tiene á su hija , si que tambien (si se me permite decirlo sin lisonja) de su gran prudencia , es la eleccion que Vm. ha hecho de un jóven con razon estimado de todos. No tengo la menor duda de que el cielo le dará á Vm. la satisfaccion de ver á esta hija querida tan feliz como merece serlo, en premio del cuidado ha tenido Vm. de ella , y del cuerdo y tierno afecto con que ha procurado Vm. perfeccionar su buen genio. Suplico á Vm. se sirva dar de mi parte la enhorabuena á los novios, asegurándoles mis vivos deseos de que gocen en su enlace de una felicidad duradera. Repito á Vm. la sinceridad de mi cordial afecto , y ruego á Dios gûe su vida m.ˢ a.ˢ

B. L. M. de Vm.

Su fiel amigo y seguro servidor.

PARA COMUNICAR EL NACIMIENTO DE UN HIJO.

Mi estimado Amigo : Para no dar un justo motivo de queja á su amistad , le participo á Vm. ántes que á ningun otro un feliz acaecimiento, que ha llenado mi casa de júbilo, colmándome de la mayor complacencia. Mi esposa ha dado felizmente á luz esta mañana un niño robusto, que dexa ver, ó, promete una figura agraciada. Con eso se han acabado ya , á Dios gracias , las inquietudes de la preñez. Madre é hijo están muy buenos. Sírvase Vm. de participar esta noticia á toda su familia, que no dudo se alegrará con nosotros de la gracia nos ha dispensado el cielo, concediéndonos este fruto de bendicion. Me protesto de nuevo con la mayor sinceridad y afecto á sus órdenes , y quedo rogando á Dios gûe su vida m.ˢ a.ˢ

B. L. M. de Vm.

Su mas apasionado servidor y amigo.

RÉPONSE.

Je viens de recevoir, mon cher ami, la lettre par laquelle vous m'annoncez l'heureux accouchement de Madame votre épouse ; je vous remercie de m'en avoir informé sans délai, et d'avoir apprécié l'impatience avec laquelle j'en attendais la nouvelle. La joie que j'éprouve est ressentie par toute cette maison, et l'on dirait qu'il nous est aussi né un héritier. Toute ma famille me charge de vous faire son compliment, ainsi qu'à l'accouchée, à laquelle nous souhaitons un prompt rétablissement. Puisse cet enfant si désiré et né sous de si heureux auspices, remplir sa destinée! Puisse-t-il retracer les vertus des auteurs de ses jours, et faire long-tems leur bonheur ! C'est le vœu de celui qui est pour la vie

Votre ami le plus affectionné.

POUR ANNONCER LA MORT D'UN PARENT.

Monsieur,

C'est avec une douleur profonde que je vous annonce la perte que nous venons de faire de . . . . . décédé aujourd'hui à six heures du matin, à la suite d'une longue et douloureuse maladie. Cet évènement terrible nous plonge dans la plus affreuse consternation, et il ne faut pas moins qu'un devoir indispensable pour me déterminer à prendre la plume dans ces premiers moments, où accablé par le coup que je viens d'éprouver, je me connais à peine moi-même. Je vous laisse juger de l'état où nous nous trouvons ; vous nous connaissez, et vous savez ce que nous avons perdu. Vous partagerez notre affliction par le double motif de l'intérêt que vous prenez à nous, et de l'amitié qui vous liait à celui que nous pleurons. Ne l'oubliez pas, je vous prie, dans vos prières. Conservez-nous vos bontés ; nous n'en eûmes jamais autant de besoin que dans cette cruelle circonstance.

Je suis avec un respectueux attachement, etc.

RESPUESTA.

Querido Amigo : Acabo de recibir su apreciada , con que se sirve Vm. comunicarme el feliz alumbramiento de su Señora esposa , cuya agradable noticia le agradezco se haya servido participarme inmediatamente , pues me ha hecho salir de la impaciencia en que me tenia su llegada. Es tanta la complacencia ha ocasionado en esta su casa , que parece nos ha nacido tambien un heredero. Toda mi familia me encarga le dé á Vm. la enhorabuena , como igualmente á la parida, que deseamos se restablezca en breve. Dios quiera conceder toda prosperidad á este niño tan deseado , y nacido con tan feliz auspicio , heredando las buenas prendas de sus padres , y dándoles toda la satisfaccion que merecen. Así lo suplico al cielo , y que prospere la vida de Vm. m.ᵉ a.ᵉ B. L. M. de Vm.—Su mayor servidor y constante Amigo.

PARA HACER SABER LA MUERTE DE UN PARIENTE.

Muy S.ᵒʳ mio : Penetrado del mas profundo dolor , participo á Vm. la pérdida acabamos de hacer de... que despues de una larga y penosa enfermedad, ha pasado hoy á mejor vida , á las seis de la mañana. Este funesto acaecimiento nos dexa llenos de la mayor consternacion. La sola indispensable obligacion puede determinarme á tomar la pluma en un momento , en que quasi fuera de mí mismo, por este golpe fatal , apénas sé en donde estoy. Ya puede Vm. figurarse el sumo dolor en que nos hallamos sumergidos , conociendo Vm. nuestro genio , y la pérdida considerable hemos hecho , que no dudo le será á Vm. muy sensible, no solo por el interes que Vm. toma en nuestras cosas, si que tambien por la amistad que Vm. profesaba á la persona cuya pérdida lloramos. Sírvase Vm. de tenerle presente en sus oraciones , para el descanso de su alma , y de favorecernos con la continuacion de su afecto, de que jamas hemos necesitado tanto como en estas tristes circunstancias. Dios g.ᵈᵉ la vida de Vm. m.ᵉ a.ᵉ B. L. M. de Vm. — Su mas atento y obseq. servidor.

(298)
RÉPONSE.

J'ai différé, Monsieur, de répondre à la lettre par laquelle vous m'avez annoncé le malheur que vient d'éprouver votre famille ; j'ai respecté les premiers mouvements de votre juste douleur , et je n'ai point voulu vous fatiguer par de vaines formules de consolation, souvent importunes, et toujours inutiles en pareille circonstance. Je m'acquitte aujourd'hui d'un triste devoir , en vous témoignant que je partage sincèrement votre juste affliction. J'ai été profondément affecté de la mort de . . . . . Si vous perdez en lui un bon parent, j'y perds, vous le savez, un ami ancien, et pour lequel j'avais la plus haute estime. Mais enfin il n'a fait que nous précéder de quelques pas dans le lieu où nous devons le suivre, et où tôt ou tard nous serons tous réunis. Adoucissons nos regrets par cette pensée ; et si d'ailleurs je puis contribuer en quelque chose à votre consolation, disposez de moi sans réserve.

Je suis , etc.

LETTRES DE COMMERCE.
POUR FAIRE DES OFFRES DE SERVICE.

MESSIEURS,

Votre maison étant une des plus accréditées du pays, et fournissant annuellement à notre place des commissions assez considérables pour la vente de vos articles, nous prenons la liberté de vous offrir nos services pour toutes les occasions où nous pourrons vous être utiles. Notre commerce, qui ne se borne pas à la commission seule, mais qui s'étend à plusieurs autres branches, nous met dans le cas de remplir tous les ordres qui nous sont donnés, et de servir utilement nos amis. Si vous daignez, messieurs, nous honorer de vos commissions, vous pouvez compter sur notre zèle à vous bien servir, comme sur notre sincère dévouement. Nous vous saluons avec cordialité.

R E S P U E S T A.

Muy Señor mio : No he respondido luego á la
carta con que me participa Vm. la fatal desgracia
que acaba de experimentar su familia , porque res-
petando el primer desahogo de su justo dolor , no
he querido importunarle con vanas frases de consuelo,
muchas veces molestas, y siempre inútiles en semejantes circunstancias. Cumplo hoy con la triste obligacion de darle el pésame , y le acompaño sinceramente en
su afliccion. La muerte de... (que en paz descanse) me ha
sido sensibilísima. Si Vm. ha perdido á un buen pariente
no ignora Vm. que yo pierdo á un antiguo amigo, á quien
profesaba la mayor amistad; pero en fin no ha hecho
mas que precedernos en un camino, que tarde ó tem-
prano debemos hacer todos. Calmemos pues nuestro
sentimiento con la consideracion de que le verémos en el
cielo, y si pudiese yo contribuir en algo á su alivio, dis-
ponga Vm. de mi sin reserva, interin quedo rogando á
Dios gûe su vida m.ˢ a.ˢ   B. L. M. de Vm.

Su afecto y apasionado servidor.

CARTAS DE COMERCIO.
PARA OFRECER SU SERVICIO.

Muy Señores nuestros : Siendo la casa de Vms. una
de las mas acreditadas de ese pais , y que da anual-
mente bastantes comisiones de alguna entidad , para
la venta de sus artículos en esta plaza , les ofrecemos
gustosos nuestro servicio, para quanto podamos serles
útiles. Nuestro comercio no se limita á la sola comision , pues abraza varios otros ramos; por cuyo
motivo nos hallamos en estado de poder executar
todas las órdenes se nos confian , y de servir útil-
mente á todos nuestros amigos. Si gustaren Vms.
honrarnos con su confianza, pueden quedar bien seguros de nuestro zelo y vigilancia en mirar por sus
intereses. Con este motivo nos ofrecemos sinceramente á
sus preceptos, y rogamos á Dios prospere sus vidas m.ˢa.ˢ
B. L. M. de Vms. -- Sus mas atentos y seguros serv.ˢ

(300)

RÉPONSE.

MESSIEURS,

En réponse à l'honneur de votre lettre du 2 du courant, désirant infiniment nous lier d'affaires avec une maison aussi respectable que la vôtre, nous acceptons avec plaisir les offres obligeantes que vous avez la bonté de nous faire, et nous nous en prévaudrons à la première occasion favorable. L'inaction du commerce en ce moment ne nous permet d'entreprendre aucune affaire majeure ; mais vous pouvez être assurés, Messieurs, que nous profiterons de la première circonstance favorable, pour établir entre nous une correspondance, qui puisse nous être réciproquement utile et agréable. Ayez la bonté de nous donner, par votre première lettre, le prix courant de nos principaux articles, afin que nous puissions en faire l'essai s'il y a convenance.

Nous vous saluons cordialement.

AUTRE SUR LE MÊME SUJET.

MESSIEURS,

La paix venant d'ouvrir tous les canaux du commerce, et de donner un libre cours à l'industrie, nous avons résolu de rétablir notre ancienne maison de commerce, sous la raison de Martinel et C.ᵉ, qui sera exclusivement gérée dans cette ville par notre bon ami Mr. Antoine Salon, dont les lumières et l'activité sont déjà suffisamment connues dans les principales places de l'Europe. Cette maison, jointe par les rapports d'amitié et d'intérêt avec la maison Martinel et C.ᵉ de Paris, s'occupera essentiellement de l'achat et vente des marchandises pour compte d'amis, de la commission en banque, et généralement de tout ce qui a rapport au commerce, et pourra être agréable à ses correspondans. — La plus grande célérité dans l'exécution des ordres, la plus rigide conduite dans nos opérations, des fonds suffisans, et la réputation dont jouissait jadis notre

RESPUESTA.

Muy Señores nuestros : En contextacion á su apreciada del 2 corr.^{te}, les aseguramos, que deseando con ansia el entablar algunos negocios con una casa tan respetable como la de Vms., aceptamos con gusto los sinceros ofrecim.^{tos} que se sirven Vms. hacernos, de que nos valdrémos á su tiempo. La actual inaccion del comercio no nos permite por ahora el emprender ningun asunto mayor , pero pueden Vms. quedar bien persuadidos de que nos aprovecharémos de las primeras circunstancias favorables , para empezar una correspondencia , que pueda sernos recíprocamente útil y agradable. Sírvanse remitirnos con su primera los precios corrientes de nuestros principales artículos, paraque podamos hacer alguna prueba, si lo hallamos por conveniente. Y saludándolos cordialm.^{te} nos prosestamos á sus ord.^s, y rogamos á Dios gûe su vida m.^s a.^s B. L. M. de Vms.   Sus mas atentos y obseq. servid.^s

OTRA PARA EL MISMO ASUNTO.

Muy Señores nuestros : Como la paz va animando todos los ramos del comercio , y abriendo un libre curso á la industria , hemos determinado restablecer nuestra antigua casa de comercio, baxo la razon de Martinel y C.^a, que será exclusivam.^{te} dirigida en esta ciudad por nuestro amigo el Sor D.ⁿ Antonio Salon, cuya inteligencia y actividad son bien conocidas en las principales plazas de Europa. Esta casa unida por sus relaciones de amistad, y tambien de interes, con la de Martinel y C.^a de Paris , se empleará principalm.^{te} en la compra y venta de todas mercadurías por cuenta de amigos, en la comision de banco , y generalm.^{te} en quanto tenga relacion con el comercio, y pueda ser del gusto de sus corresponsales. La mayor celeridad en expedir las órdenes, una conducta severa en nuestras operaciones , unos caudales suficientes , y el crédito de que justamente gozaba nuestra antigua casa , baxo la razon de Martinel y Salon , son unos garantes seguros de la solidez de este establecimiento.

maison sous la raison de Martinel et Salon, seront la base de cette entreprise. Si, avec ces moyens, nous pouvons espérer de mériter la même confiance, nous nous flattons que vous voudrez bien accepter l'offre de nos services, pour voir renouveller des liaisons dont nous avons lieu d'attendre les plus heureux effets. — Nous vous prévenons que la signature de la nouvelle raison n'est confiée qu'à nos sieurs Salon et Martinel. Vous trouverez au bas de la présente leurs seings respectifs, auxquels seuls nous vous prions d'ajouter foi.

Nous vous saluons cordialement

RÉPONSE.

MESSIEURS,

Nous avons sous les yeux la circulaire que vous avez bien voulu nous remettre en date du 4 courant : nous nous empressons de vous témoigner le plaisir qu'elle nous a causé, en nous annonçant le rétablissement de votre respectable maison, sous le nom de Martinel et C.ᵉ Cette maison qui, pendant vingt ans d'une correspondance soutenue, n'a cessé de nous donner de grandes preuves des talens et de la probité des chefs qui la dirigeaient, conserve des droits particuliers à notre confiance, et nous sommes flattés de nous voir inscrits de nouveau au nombre de ses amis. Nous osons espérer, Messieurs, de retrouver aussi chez vous quelque faveur, et d'obtenir une préférence réciproque dans les objets où nos services pourront vous être utiles. Notre commerce, comme vous le savez, consiste principalement en l'achat des vins de toutes qualités du crû de ce pays, denrées coloniales, et commission en tout genre. Nous espérons voir naître au premier moment les relations que nous ambitionnons de voir établir entre nous ; nous y apporterons de notre côté un zèle à toute épreuve.

Nous sommes, etc.

(3o3)

Si con ello pudiéremos esperar de merecer la misma
confianza , nos lisonjeamos se servirán Vms. aceptar
nuestro servicio , para tener el gusto de renovar unas
relaciones , cuyos resultados se presentan con un
aspecto tan agradable. -- Prevenimos á Vms. que en
esta nueva razon , los Señores socios Salon y Martinel
son los únicos encargados de nuestras firmas , que
hallarán Vms. mas abaxo , y á cuyas solas les suplicamos se sirvan dar fe. Los saludamos cordialmente ,
y rogamos á Dios gûe su vida m.ˢ a.ˢ --B. L. M. de Vms.

Sus mas apasionados servidores.

R E S P U E S T A.

Muy Señores nuestros : Tenemos á la vista la
circular del 4 corriente, con que se han Vms. servido honrarnos , y por la qual vemos con el mayor
gusto han Vms. organizado de nuevo su respetable
casa , baxo la razon de Martinel y C.ª Esta casa
que por el espacio de 20 años de una correspondencia
seguida no dexó de darnos continuamente las pruebas
mas relevantes del talento y probidad de los principales que la dirigian , conserva el mayor derecho
á nuestra confianza ; por eso nos alegramos nos hayan
Vms. favorecido contándonos en el número de sus corresponsales , y nos lisonjeamos de que se servirán
igualmente honrarnos con la misma reciproca confianza , prefiriéndonos en quantos asuntos se les ofre-
cieren , y podamos serles útiles. Nuestro comercio ,
como Vms. saben , consiste principalmente en la
compra de vinos de todas calidades de la cosecha de este pais , en la de los frutos de las
Américas , y en la comision de toda especie. Deseamos con ansia ver entabladas quanto ántes nuestras
relaciones mercantiles , en que pueden Vms. quedar
bien seguros de la sinceridad de nuestro incansable
zelo. En el entretanto nos renovamos á sus preceptos ,
y quedamos rogando á Dios gûe. su vida m.ˢ a.ˢ

B. L. M. de Vms.

Sus mas afectos servidores.

AUTRE SUR LE MÊME SUJET.

MESSIEURS,

Nous avons l'honneur de vous prévenir que depuis
le premier Janvier courant, nos deux maisons de
commerce, qui existaient sur notre place, sous le
nom de Jean-François Marteli et de Jean-Marie
Crenel et C.ᵉ, n'en forment plus qu'une seule, sous
la raison de Marteli, Crenel et C.ᵉ — Ci-bas vous
trouverez les signatures respectives, dont nous
vous prions de prendre note exacte, pour n'ajouter
foi qu'à elles seules. Notre commerce est la vente
et achat, pour compte d'amis, des sels marins,
épiceries et drogueries. Nous réunissons à cet établissement la suite du commerce de la maison
Arnal oncle et neveu d'Avignon, qui, pendant 60
ans, a été gérée avec autant de succès que d'activité par les Sieurs Arnal, parens de notre Sieur
Marteli. Son commerce était la réception et l'expédition des marchandises de passage, l'achat et
la vente des bleds et des denrées de la Provence
et du Languedoc. Les connaissances que vingt ans
de travail dans ces parties, nous ont acquises sur
chacun de ces articles, jointes à l'économie que
procurera la réunion des deux maisons d'Avignon
et de Chalons, nous mettront à même de faire jouir
nos correspondans de tous les avantages possibles.
Nous ferons toujours en sorte de mériter votre confiance par le zèle et par l'exactitude dans la gestion
des intérêts que vous voudrez bien nous confier,
soit à Avignon, soit à Chalons. Agréez l'assurance
de notre parfaite considération.

AUTRE SUR LE MÊME SUJET.

MESSIEURS,

Nous avons l'honneur de vous prévenir que nous
venons de former à Paris un établissement sous la

OTRA SOBRE EL MISMO ASUNTO.

Muy Señores nuestros : Prevenimos á Vms. que las dos casas de comercio, que teníamos establecidas en esta plaza, baxo la razon de Juan Fran.^{co} Marteli, y Juan M.ª Crenel, desde 1.º Enero corr.^{te} no hacen mas que una sola, baxo la razon de Marteli, Crenel y C.ª, de cuyas firmas respectivas, que hallarán Vms. mas abaxo, les suplicamos se sirvan tomar buena nota, para no dar fe sino á ellas solas. Nuestro comercio consiste en la compra y venta, de cuenta de amigos, de sales marinas, especias y drogas. Tambien está reunida á nuestro establecimiento la correspond.ª de la casa de Arnal tio y sobrino de Aviñon, que por el espacio de 6o años, con tan buen éxîto y actividad, han seguido los Señores Arnal parientes de nuestro socio el Sor Marteli. Su comercio consistia en la recepcion y expedicion de mercadurias de tránsito, y en las compras y ventas de trigos y frutos de Provenza y Languedoc. El conocim.^{to} que por la larga experiencia de 20 años continuos de trabajo hemos adquirido en estos ramos, junto con la economía que nos facilitará la reunion de las dos casas de Aviñon y de Chalons, nos ponen en estado de poder proporcionar á nuestros correspondientes todas las ventajas posibles y facilidades de estilo. Nos persuadimos que el zelo y exâctitud tendrémos siempre en el manejo de los intereses, con que quisieren Vms. favorecernos, tanto en Aviñon como en Chalons, nos merecerán su justa confianza ; y protestándonos con la mas sincera cordialidad á sus ord.^s, quedamos rogando á Dios prospere su vida m.^s a^s.

B. L. M. de Vms.

Sus mas atentos y afectos servidores.

OTRA SOBRE EL MISMO ASUNTO.

Muy Señores nuestros: Tenemos el honor de participarles, que acabamos de establecer en Paris una casa de comercio, baxo la razon de Pedro Gartel y

raison de Pierre *Gartel* et *C.* Nous nous livrerons à toutes les opérations de commerce dont cette place est susceptible, et principalement à la commission. Un nom sans tache, une probité intacte, une longue expérience, une activité soutenue, un zèle constant pour les intérêts de nos commettans, la réunion de quelques capitaux, qui nous mettent à portée d'être utiles à nos amis, voilà nos titres à votre confiance, que nous serons toujours jaloux de mériter. Vous avez ci-bas notre signature, la seule que nous ayons admise pour l'instant. Veuillez agréer l'offre de nos services, et nous croire bien sincèrement :

Vos dévoués serviteurs.

AUTRE SUR LE MÊME SUJET.

MONSIEUR,

Nous avons l'honneur de vous prévenir que nous venons d'établir une maison de commission et d'expédition, sous la raison de *Blanc* et *C.*. La sévérité que nous mettrons dans les réceptions des marchandises de nos amis, la célérité dans les réexpéditions, le choix des voituriers, et le prix des voitures, sont les moyens par lesquels nous nous proposons de mériter votre confiance. Nous ferons de plus la vente en commission que nos amis daigneront nous confier, et ce sera dans cette partie surtout que nous nous efforcerons de mettre notre délicatesse en tout son jour.

Nous vous saluons cordialement.

AUTRE SUR LE MÊME SUJET.

MONSIEUR,

Nous avons l'honneur de vous écrire sous les auspices de nos bons amis *Pont-Sauvé* et *Burell*; nous leur sommes redevables de votre connais-

C.ª Nos proponemos emplearnos en todas las opera-
raciones mercantiles de que esta plaza sea susceptible;
pero principalmente pensamos dedicarnos á la comision. El justo crédito de nuestro nombre , nuestra
íntegra probidad , la experiencia que por tantos años
hemos adquirido en el comercio , nuestra actividad
infatigable , el zelo continuo por los intereses de
los que se sirven comisionarnos , y los fondos suficientes que poseemos , y nos proporcionan el poder
servir á nuestros amigos , son los títulos que ofrecemos á su confianza , que anhelamos merecer , y con
que nos lisonjeamos se servirán Vms. honrarnos. Mas
abaxo hallarán Vms. nuestra firma , que es la única
tenemos en el dia. En el entretanto nos protestamos
sinceram.te á sus ord.s , y rogamos á Dios gûe su
vida m.s a.s   B. L. M. de Vms.
Sus mas mas apasionados y seguros Serv.s

OTRA SOBRE EL MISMO ASUNTO.

Muy S.or nuestro : Noticiamos á Vm. que acabamos
de establecer una casa de comercio para la comision
y expedicion , baxo la razon de Blanc y C.ª El zelo
exâcto y severo que tendrémos siempre en la recepcion
de las mercadurias de nuestros amigos , el pronto despacho en las reexpediciones , la buena eleccion de
los carreteros , y los precios arreglados de las conduc-
ciones , serán los medios con que esperamos merecer
su confianza. Tambien nos proponemos hacer por comision todas las ventas que nuestros amigos se sirvie-
ren confiarnos , en las que principalm.te procurare-
mos probarles toda la delicadeza de nuestra honradez.
Con este motivo nos ofrecemos cordialm.te á sus ord.s , y
rogamos á Dios gûe su vida m.s a.s—B. L. M. de Vms.
Sus mas atentos y afectos Serv.s

OTRA SOBRE EL MISMO ASUNTO.

Muy S.or nuestro : Tenemos el honor de escribirle
baxo los auspicios de nuestros amigos los Señores Pont-
Sauvé y Burell , á quienes somos deudores del cono-
cim.to de Vm. Si una vez podemos lograr la felicidad

sance , et si nous parvenons à mériter votre confiance , nous ne négligerons rien pour conserver un
ami que nous considérerons particulièrement , en
ce qu'il nous vient de la part de ces Messieurs.
L'établissement que nous allons former se bornera
à la commission d'achats et ventes , pour compte
d'amis. Des moyens suffisans joints à un zèle
actif , à une exactitude scrupuleuse et à une probité
intacte , sont des titres que nous offrons à votre
confiance ; heureux si vous nous mettez dans le
cas de la justifier. Les intérêts que vous voudrez
bien nous confier seront soignés comme ce qui nous
appartient. Vous avez ci-après nos signatures ,
auxquelles seules nous vous prions d'ajouter foi.
Agréez, Monsieur , nos salutations les plus cor-
diales.

AU COMMENCEMENT DE L'ANNÉE.

Je ne puis mieux commencer cette nouvelle année
qu'en vous priant , Monsieur , d'agréer les vœux
sincères que je fais pour vous et pour votre estimable
épouse ; vous jouirez , durant son cours et celui
d'une longue suite d'autres , du bonheur le plus ac-
compli , si le ciel daigne exaucer ces vœux par-
tagés par ma famille -- Votre chère lettre du 25
du mois passé m'est parvenue. Point de variation
dans les affaires depuis mes derniers avis. Il n'y a
que les cires en faveur bien soutenue ; on les enlève
à des prix excessifs ; vous avez ci-après leur cours
détaillé suivant les qualités. -- Mr. Nicolas me
mande de vous représenter £ 35 - dont vous êtes
en avance pour lui ; en conséquence je vous ai
crédité de cet objet. Ledit ami vous chargera de
la liquidation d'une affaire qu'il me prie de vous
recommander. Vous avez eu pareillement crédit de
fr.ᵉ 1200 pour le net produit de vos bois de campêche ; cet article qui était monté jusqu'à 48 ₶ il
y a quelques mois, se vend avec peine aujourd'hui

de merecer su confianza, nada omitirémos de quanto creamos capaz de conservarnos un amigo, que considerarémos siempre de los mas apreciables, por venirnos de la parte de los referidos Señores. En el establecimiento que vamos á formar nos proponemos emplearnos únicamente en la comision de compras y ventas de cuenta de amigos. Unos fondos suficientes juntos á un zelo siempre activo, á una exâctitud escrupulosa, y á una íntegra probidad, son los títulos que ofrecemos á su confianza. Si se sirviere Vm. favorecernos con sus órdenes, nos esmerarémos en manifestarle que sus intereses serán cuidados siempre con la misma vigilancia que si fuesen nuestros propios. Van mas abaxo nuestras firmas, á cuyas solas le suplicamos dé Vm. fe. En el interin saludándole cordialm.^{te}, quedamos rogando á Dios prospere su vida m^s. a.^s B. L. M. de Vm.   Sus mas seguros servidores.

Á PRINCIPIOS DEL AÑO.

Muy S.^{or} mio: creeria faltar á mi deber, por otra parte muy agradable, si en el principio de este año no le renovase mis sinceros deseos de que le disfrute feliz, en compañía de su amable esposa; la mia y toda mi demas familia se hallan buenos, y suplicamos juntos al cielo le conceda este y muchos otros llenos de sus eternas bendiciones y gracias espirituales y temporales. -- Al debido tiempo recibí su estimada del 25 Diciembre p.p. Desde mis últimos avisos, ninguna variacion ha habido en los negocios. Las ceras solam.^{te} se mantienen con tanto aprecio, que se las arrebatan los compradores á unos precios exôrbitantes; van adjuntos los corrientes segun sus varias calidades. -- El Sor D.ⁿ Nicolas me escribe le abone á Vm. 35^{tt}, que le estaba debiendo, y lo he verificado anotándolo en nuestra cuenta corriente. Dicho amigo le encargará á Vm. la liquidacion de cierto asunto, que me pide le recomiende. -- Tambien le he abonado á Vm. en cuenta fr.^s 1200, limpio producto de la venta del palo campeche. Este articulo que algunos meses hace habia subido hasta 48^{tt}, apénas se puede despachar en

au prix de 30 ⁜ ; *il est impossible de saisir les articles dans leurs mouvemens rapides.*

Je vous salue bien amicalement.

RÉPONSE.

Je suis honoré, Monsieur, de votre chère lettre du 4 courant, et bien sensible à vos obligeans souhaits à l'occasion de la nouvelle année ; elle sera véritablement heureuse pour moi, si elle me fournit de fréquentes occasions de vous manifester les sentimens que je vous ai voués. — J'ai passé écriture de conformité pour £ 35 -, mes débours, pour compte de Mr. Nicolas. Vous avez été aussi débité de 1200 ⁜, net produit de mon bois de campêche. Notre place se trouve dans une situation à peu-près égale à celle de la vôtre ; presque tous nos articles languissent. Vins sans mouvement ; huiles en baisse ; le plomb commence à fléchir. Je m'en rapporte pour le surplus au bulletin ci-joint, et vous salue, Monsieur, de tout mon cœur.

AUTRES SUR DIFFÉRENS SUJETS DE COMMERCE.

MONSIEUR,

Sans lettre de votre part à répondre, je vous confirme le contenu de la mienne du 6 du courant, et je vous annonce l'encaissement de votre remise de fr.ˢ 2000 sur Mr. Imbert ; vous êtes crédité de son net produit s'élevant à la somme de francs.... — Les affaires continuent toujours à être dans la plus complette inaction. Les blés sont en calme et en baisse. Le bois de campêche se fait très-lentement à 30⁜ ; il s'est vendu, à livrer, 100 quintaux de sucre Martinique attendu de Livourne, au prix de 35 ſ la livre. Les articles du Levant sont tou-

el dia á 30 ^{tt}; es imposible que pueda uno calcular
fixamente , en vista de las continuas variaciones de
los precios de diferentes géneros. Mande Vm. sin reserva,
ínterin quedo como siempre rogando á Dios güe su
vida m.ª a.ª   B. L. M. de Vm.
                              Su mas apasionado servidor.

RESPUESTA.

Muy S.ᵒʳ mio : No puedo ménos que agradecerle muy
sinceram.ᵗᵉ los buenos sentimientos, con que se sirve Vm.
honrarme en su estimada del 4 Enero corriente, con motivo de este año nuevo : será seguram.ᵗᵉ muy feliz para
mí , si se sirviere proporcionarme repetidas ocasiones
de manifestarle mis verdaderos deseos de complacerle.
— He anotado de conformidad las 35 ^{tt} desembolsé de
cuenta del S.ᵒʳ D.ⁿ Nicolas , y tambien he cargado los
1200 fr.ˢ que ha producido mi palo campeche. Esta
plaza se halla á poca diferencia en la misma situacion
que esa ; quasi nada se hace por ningun artículo ; en
los vinos no hay variedad ; los aceytes han baxado ; el
plomo empieza tambien á baxar. En quanto á los demas
artículos los hallará Vm. en el adjunto arancel. — Me
repito como siempre á sus ord.ˢ, y ruego á Dios güe
su vida m.ª a.ª   B. L. M. de Vm.
                           Su mas afecto y seguro servidor.

OTRAS SOBRE VARIOS ASUNTOS DE COMERCIO.

Muy S.ᵒʳ mio : Sin ninguna de sus estimadas á que
contextar , sirve la presente para confirmarle el contenido de mi última del 6 corr.ᵗᵉ, y participarle al mismo
tiempo el cobro de su remesa de fr.ˢ 2000, á cargo del
S.ᵒʳ Imbert , cuyo limpio producto de fr.ˢ.... le dexo
abonado en cuenta corriente. — Va siempre continuando
la misma inaccion completa en todos los negocios. Los
trigos están en calma y han baxado... El palo campeche
á 30 ^{tt} , y aun se despacha muy poco. Mil quintales de
azúcar de la Martínica, que se están aguardando de Lior-
na, se han vendido á razon de 35 ſ la libra, para reci-

jours en mévente. Les cotons en laine ne marchent un peu qu'à force de baisser. Malgré que les derniers avis de Smyrne soient très-décourageans, on s'occupe à fréter deux navires pour cette échelle. Les galles sont avilies au prix de 17 ʃ ; elles ne paraissent pas susceptibles d'augmentation, à cause de leur abondance. -- Je vous remercie de l'accueil favorable que vous prépariez à ma traite de fr.ˢ... tout honneur est réservé à votre mandat sur moi de fr.ˢ... Toujours disposé à vos ordres, je vous renouvelle l'assurance de mon bien sincère attachement.

MONSIEUR,

J'accuse réception de votre agréable lettre du 26 du mois passé ; je vais m'occuper de suite de la négociation de vos trois remises sur Lyon, ensemble de fr.ˢ9548, traites de Mr. Alberteili, au 10 du prochain fixe. -- J'aurais vendu vos 30 balles de coton, si l'acheteur, en qui je n'avais pas trop grande confiance, ne m'avait demandé un terme de deux mois. On offre le Kirkagas à 150ᵗᵗ, escompte 2 p. ° . A l'égard des sucres les premières qualités sont les seules qui ont du débit ; les communs sont rejetés. Les galles se relèvent un peu de la forte chûte qu'elles avaient faite ; on m'a traité votre restant au prix de 18. ʃ ; on viendra les agréer demain; j'espère faire écouler aussi ce qui me reste de votre café. -- Voici une petite remise de fr.ˢ 780 sur Mr. Joseph, du 30 du courant, à l'ordre de Mr. Paul ; vous voudrez bien en procurer le recouvrement à mon crédit. Pressé par le courrier, je vous salue à la hâte et bien cordialement.

MONSIEUR,

Je reçois dans le moment votre lettre du 10 courant, par laquelle vous me remettez connaissement de 6 surrons d'indigo, par capitaine Jean Alvarez, sur quoi je vous ferai assurer la somme de fr.ˢ.... A leur arrivée, je procéderai à la vente la plus prompte de cet envoi. Je vous remets ci-jointe une

birlos , quando lléguen , segun factura. Los géne‑
ros del Levante tienen todavia poca salida. El algodon
en rama no se despacha sino á fuerza de ir baxando.
Á pesar de que las noticias de Smirna no sean de las
mas satisfactorias , se están actualm.^{te} fletando dos
buques para aquella escala. Las agallas se han puesto
al vil precio de 17ᵛ , sin apariencia de subir, porque
hay grandes acopios. -- Le agradezco á Vm. el honor
que estaba en ánimo de hacer á mi trata de...; le tendrá igual su vale á mi cargo de fr.ˢ...-Siempre dispuesto
para servirle, me renuevo á sus órdenes, y quedo rogando á Dios gûe su vida m.ˢ a.ˢ

Muy S.ᵒʳ mio : Acuso á Vm. el recibo de su apreciada del 26 Junio pp. Procuraré negociar inmedia-
tam.^{te} sus tres remesas sobre Leon, de valor juntas fr.ˢ
9548, tratas del S.ᵒʳ Albertelli, pagaderas al 10 próxîmo fixo.--Hubiera ya despachado sus 30 balas algodon ,
si el comprador, en quien no tengo la mayor confianza, no
me hubiese pedido el plazo de dos meses. Ofrecen el
Kirkagas á 150ᵗᵗ, con descuento de 2 p.ᵍ. En quanto á
los azúcares, solo tienen salida los de primera calidad ,
nadie quiere tomar de los comunes. Las agallas , que
estaban tan baxas, empiezan á subir algo ; del residuo
tengo de Vm. me han ofrecido á 18ᵛ ; mañana vendrán
á ver si les gustan. Creo que tambien despacharé el
resto de su café. -- Va inclusa una pequeña letra de
fr.ˢ 780 , á cargo de D.ⁿ Josef , del 30 corriente , á la
órden de D.ⁿ Pablo. Sírvase cobrar su importe, y abo-
nármelo en cuenta corriente. -- El correo va á salir,
y no tengo tiempo para mas. Mande Vm. ínterin quedo
rogando á Dios gûe su vida m.ˢ a.ˢ

Muy S.ᵒʳ mio : Ahora mismo acabo de recibir su
estimada del 10 corriente, incluso conocim.^{to} de 6
zurrones añil, expedidos con el capitan Juan Alvarez,
sobre cuyo valor haré asegurar fr.ˢ...Procederé , luego
lleguen, á la venta de esta expedicion. -- Adjunta
va una l.ª de cambio de fr.ˢ..., trata del S.ᵒʳ Pierlot,
del 18 corr.^{te}, á 30 dias vista, á la órden del S.ᵒʳ Vincenti,

première de change de fr.*... traite de Mr. Pierlot du 18 du courant, à 30 jours de vue, ordre Mr. Vincenti, sur Mr. Carrele de votre ville ; veuillez bien en procurer l'acceptation pour la tenir à la disposition du porteur de la seconde. -- Les cotons baissent chaque jour de quelques fr.*, parce qu'il y a beaucoup plus d'empressement et de crainte chez les vendeurs que chez les acheteurs. Les cires sont toujours recherchées. L'empressement se ralentit sur les cuivres. Les cafés manquent et se soutiennent par leur rareté. Huiles en calme. -- Ci-inclus vous trouverez les protêts de non acceptation et de non payement de votre remise de fr.*... sur Auguste Cardin ; par le courrier prochain je ferai retraite et compte de retour sur vous, Monsieur. Entièrement dévoué à vos ordres, je vous salue de tout mon cœur.

MONSIEUR,

Je réponds à la fois à vos trois chères lettres des 5, 8 et 11 courant. Je vous ai fait assurer la somme de fr.*... sur vos 32 caisses sucre par capitaine Salazar encore attendu. -- Je vous procurerai le meilleur parti possible de cet article ; vous ne devez pas douter de mes soins là-dessus. Vos 10 balles de safranum ont gagné les assurances ; on s'occupe de leur débarquement. Je vais donner mes soins à l'achat des deux ballots de draps que vous me commettez. Malgré l'inflexibilité des fabricans dans leurs hautes prétentions, à la vérité assez fondées, par la grande cherté des laines, ils trouvent encore des acheteurs. -- Les vins éprouvent du refroidissement à.... Les articles en faveur sont toujours les cires et les cuivres ; modérément la graine jaune ; ceux en déclin sont les sucres et les cafés. Les gommes sont à bas. -- J'ai vu que Mrs. Audril et C.* n'ayant pas accepté la remise de fr.* 4500, elle avait été accueillie par Mr. Antonini ; elle avait de très-bons endosseurs.

Je vous renouvelle, Monsieur, l'assurance de tous mes sentimens, etc.

y á cargo de ese Sor Carrele. Sírvase Vm. recoger su
aceptacion, y tenerla á la disposicion del portador de
la segunda. -- Los algodones van baxando cada dia
de algunos francos, porque los vendedores están
con mayores sospechas y temores que los compradores.
Las ceras tienen siempre buena salida, pero no se
presentan tantos compradores para los cobres. Hay
poco café, y su escasez mantiene su precio. Los aceytes
en calma. -- Van tambien inclusos los protestos, por
falta de aceptacion y de pago, de su cambial de fr.ˢ...
al cargo de D.ⁿ Augusto Cardin; por el correo próximo libraré sobre Vm., y cargaré los gastos ocurridos.
Me repito como siempre á sus órdenes, y quedo
rogando á Dios gûe su vida m.ˢ a.ˢ

Muy S.^{or} mio : Respondo á sus tres últimas estimadas de 5, 8, y 11 corriente, que recibí al debido
tiempo. He hecho asegurar la suma de fr.ˢ... sobre el
valor de sus 32 caxas azúcar con capitan Salazar,
que estamos aguardando todavía. Procuraré sacar la
mejor ventaja posible en su venta, sobre cuyo particular puede Vm. quedar bien descansado en mi zelo y
actividad. Sus diez balas alazor han ganado los seguros;
actualmente están desembarcándolas. Iré luego á hacer
la compra de los dos fardos paños me encarga. Á
pesar de la inflexîble rigidez de los fabricantes en
sus altos precios, hallan siempre compradores; pero
es preciso confesar que en parte tienen alguna razon,
por lo caro están las lanas en el dia. -- No hay ya
tanta prisa en la compra de los vinos al precio de...
Los artículos mas apreciados son siempre las ceras y
cobres. La grana de espino tiene tal qual despacho; los
que van baxando son los azúcares y cafés; las gomas
nadie las quiere. -- Quedo enterado de que los Señores
Audril y C.ª no habiendo querido aceptar mi trata
de fr.ˢ 4500, lo ha sido por el Sor Antonini. Los
endosantes de la letra eran muy sólidos. Renovándome como siempre á sus preceptos, quedo rogando á
Dios prospere su vida m.ˢ a.ˢ

MONSIEUR,

J'ai reçu votre lettre du 6 courant, qui m'accuse la réception de ma facture de quina, dont il est bien que vous m'ayez crédité, et je me prévaudrai sur vous à la première occasion pour le montant. — Vous me demandez 10 sacs galles bien saines et pesantes, au prix de 120 ♯; celles dont je vous ai parlé ont été vendues à 118 ♯, et ont été résiliées; elles sont extrêmement chargées de noires et fort piquées; je garde votre ordre au cas qu'il en arrive quelqu'autre partie; dans ce moment-ci cet article est plutôt dans le cas d'augmenter que de diminuer. — J'ai annullé votre ordre pour la manne; il n'y a aucun espoir de l'obtenir à 24 $, puisqu'on a refusé 25 $ d'une partie de 100 caisses qui vient d'arriver, quoiqu'elle soit grasse et marronneuse. — Je vous remets inclus l'extrait que vous me demandez de votre compte courant et d'intérêt; vous restez me devoir pour solde au premier du prochain fr.ˢ.... Veuillez bien l'examiner et m'en dire le bien être, pour en passer écriture de conformité, si nous sommes d'accord. — Je vous prie de me dire en réponse ce que vous pensez de la maison dont le nom est ci-inclus, et si l'on peut travailler solidement avec elle. Soyez certain que cela restera entre nous, et disposez de mes services en pareille occasion. — Je vous renouvelle l'assurance de ma parfaite considération.

MONSIEUR,

Par la vôtre du 8 courant, que j'ai reçue en son tems, je vois avec plaisir que vous avez trouvé juste l'extrait de votre compte courant; il est bien que nous allions d'accord. — Les divers articles que vous me demandez sont déjà embarqués sur le brigantin le petit fils d'Isaac, capitaine Jérome Salmet, pour la Rochelle, qui doit mettre à la voile sous peu de jours; je vous en remets ci-jointe la facture montant à fr.ˢ 4611, 91 c.; vous voudrez

Muy S.^{or} mio : He recibido su estimada del 6.
corriente , en que me acusa el recibo de la factura
quina , cuyo importe está bien me haya Vm. abonado en cuenta corriente ; para mi reembolso libraré á su cargo por primera ocasion. -- En quanto.
á los diez sacos agallas sanas y de peso , que Vm.
me pide al precio de 120^{tt} por quintal, debo decirle
que las que se vendiéron á 118^{tt}, conforme le insi-
nué en mi anterior, no las quisiéron admitir ; dixé-
ron que eran irrecibibles , porque tienen muchísimas
negras y carcomidas ; pero si llegase otra partida
buena , executaré la órden me ha dado, que he anotado para el efecto ; por las circunstancias actuales
creo que este artículo subirá mas bien que no baxará.
Queda anulada la órden relativa á la mana ; no
hay la menor esperanza de lograrla á 24 $, pues han
rehusado 25 de una partida de cien caxas, que acaba de
llegar, á pesar de que está á pelotones, y de ser bastante apegada. -- Va inclusa la copia me pide de la
cuenta corriente y de cambio ; por ella verá Vm. que
en 1.º del mes próxîmo será el saldo á mi favor fr.^s...
Estimaré la exâmine, y se sirva avisarme de su bien
estar, para anotarlo de conformidad , si la hallare
Vm. justa. -- Como me interesa el saber si se podria
negociar sólidam.^{te} con la casa, cuyo nombre va incluso,
le suplico se sirva darme su dictámen, seguro de que
el asunto quedará reservado , y que en semejantes
ocasiones le serviré igualmente con toda ingenuidad.
Quedo como siempre á sus órdenes rogando á Dios
prospere su vida m.^s a.^s

Muy S.^{or} mio: Quedo enterado de lo que se sirve Vm.
prevenirme en su última estimada del 8 corr.^{te}, que
recibí al debido tiempo, sobre el bien estar de la copia
de la cuenta corr.^{te} le habia incluido , que me alegro
haya Vm. hallado conforme y exâcta. -- Los varios
artículos me pide, quédan ya embarcados en el bergantin
nombrado el *Nieto de Isaac*, su capitan Gerónimo
Salmet, con destino para la Rochela, que dentro pocos
dias se hará á la vela. Le incluyo su factura, cuyo

bien m'en créditer, et me débiter de ma traite sur vous de ce jour à 60 jours de date, à l'ordre de Sébastien Girardi , de doublons effectifs 318, 1 réal, 33 m.ˢ, qui au change de 14 ͭͭ 10 ſ le doublon effectif , font fr.ˢ 4611-91 c. Vous voudrez bien en passer écriture de conformité, et en prendre note , pour y faire tout honneur à l'échéance. Les savons se soutiennent à cinquante fr.ˢ , escompte 1 p. $\frac{0}{0}$, fort rares, et en mauvaise qualité. -- La maison sur laquelle vous me demandez des informations, travaille assez dans ce moment-ci ; ce sont des personnes qui ont une bonne réputation, et qui font un commerce avantageux ; mais qui ne passent pas pour riches. -- Les aluns ont monté à 50 francs.

Je vous salue avec cordialité.

MONSIEUR ,

J'ai reçu votre lettre du 15 du mois passé , qui m'a apporté la facture de 6 sacs amandes , montant à fr.ˢ 781-37 c., dont je vous ai donné crédit. Il n'y a pas beaucoup de demandes de cet article , et il est en baisse dans ce moment-ci , attendu que cette marchandise n'a pas un prompt débouché, et que la récolte en a été très-bonne dans toute la Provence ; il y aura plus à perdre qu'à gagner sur cet achat. -- Vous me demandez quatre barriques iris , voie de mer ; dans ce moment il n'y en a point en ville ; ce qui est arrivé a été vendu à 33 fr.ˢ ; j'espérais que je pourrais l'obtenir à 30 fr.ˢ ; mais je crains à présent d'être obligé de le payer davantage , car il a augmenté de prix à Florence, et on parle déjà du prix de 34 fr.ˢ ; je me propose de vous faire ce petit achat dès que je trouverai quelque chose de bon , en ménageant vos intérêts autant qu'il me sera possible. -- Je vous remercie des informations que vous me donnez sur la maison en question , cela me servira de règle. -- La cochenille du Levant gravelée se soutient toujours à 19 ͭͭ -- Toujours disposé à vos ordres, je vous salue cordialement.

importe de fr.ˢ 4611, 91 c. estimaré me abone en cuenta corriente , y por contra me cargue el valor de la
letra he librado hoy contra Vm., á 60 dias fecha, órden
de Sebastian Girardi, de doblones efectivos 318- 1 real
y 33 m.ˢ, que al cambio de 14ᵗᵗ 10 ſ por doblon, hacen
la sobre dicha cantidad de fr.ˢ 4611- 91 c. Sírvase Vm.
anotarlo de conformidad , y recogerla al vencimiento.
Los xabones se mantienen todavía á 50 fr.ˢ por quintal,
con descuento de 1 p $\frac{0}{0}$; hay poco , y ese de mala
calidad. --En quanto á las informaciones me pide de
la casa consabida , solo puedo decirle que en el dia
trabajan bastante y con lucro; son sugetos que gozan de
algun crédito , pero no se les hacen muchos fondos.
— Los alumbres han subido á 40 francos. Mande Vm.
ínterin quedo como siempre á sus órdenes , rogando á
Dios gûe su vida m.ˢ a.ˢ

Muy S.ᵒʳ mio: Con su estimada del 15 pp. he recibido la factura de 6 sacos almendras, su importe fr.ˢ
781-37 c. que le dexo abonados en C.ᵗᵃ corr.ᵗᵉ. Por
lo que respeta á ese artículo, se presentan pocos compradores : actualmente su precio ha baxado, ya porque
ese género no se despacha fácilmente, y ya tambien
porque su cosecha ha sido muy abundante en toda
la Provenza ; de modo que los que especulen sobre
él, mas segura creo yo tendrán la pérdida que la ganancia. Por lo que hace á las 4 barricas iris me pide
le expida por mar, debo prevenirle que actualmente
no la hay en la ciudad ; la que llegó poco hace se
vendió á 33 fr.ˢ por quintal; yo creia poderla lograr
á 30 fr.ˢ, pero segun veo, temo que tendré que pagarla
ahora mas cara , porque se ha subido su precio en
Florencia, y hablan ya en esta que se pondrá á 34 fr.ˢ:
si se presenta algo de bueno, le haré esa pequeña compra, y cuidaré de sus intereses en quanto me sea posible.
Agradezco los informes se ha servido darme sobre la casa
consabida, lo que me servirá de gobierno.--La cochinilla
limpia del Levante se mantiene siempre á 19ᵗᵗ-- Quedo
como siempre á la disposicion de Vm., y ruego á
Dios guarde su vida m.ˢ a.ˢ

MONSIEUR,

J'ai reçu votre lettre du 28 du mois passé avec un effet sur Michel Cotte de cette ville, au 5 du courant, de fr.ˢ 1399-77 c. J'en ai reçu le payement, et vous en êtes crédité. Je ne suis pas encore payé de votre remise billet de Guillaume Alphonse, fin dernier, de fr.ˢ 1981 ; c'est aujourd'hui le dernier jour, et s'il ne paye pas, je ferai protester, et vous le renverrai ; ma première vous informera du résultat. — On a acheté à livrer du bois de campêche, coupe d'Espagne, à 45 fr.ˢ, franc de pourri et gâté ; il n'est pas encore débarqué, et achève sa quarantaine ; le peu qu'il en est arrivé jusqu'à présent a été enlevé à 50 fr.ˢ ; il était en mauvais bois. — J'ai reçu d'envoi de Mr. Jacques Solerno et Comp.ᵉ de Gênes deux autres connaissemens de trois pièces et cinq demi-pièces chaque de vin vieux, qu'ils m'ont adressées sur les tartanes des capitaines Simon Rondo et Christophe Catelli, Siciliens, pour le montant desquelles ils me donnent ordre de faire assurer fr.ˢ 2025. Après avoir attendu trois jours, j'ai fait faire cette assurance à la prime de 4 p. $\frac{0}{0}$, comme les dernières. A leur heureuse arrivée dans ce port, j'en soignerai l'expédition, toujours à la même adresse à Grenoble, en vous en donnant avis. — Je vous salue amicalement.

MONSIEUR,

Je viens de recevoir votre lettre du 6 de ce mois, qui me remet un effet sur Mr. Paul Limbert, au domicile d'André Parcier de Montpellier, au 8 du prochain fixe, de fr.ˢ 1401; vous en êtes crédité sauf le payement, et je vous ai débité de fr.ˢ 28 et 2ſ pour perte de 2 p. $\frac{0}{0}$ à la négociation. Ce papier n'est point demandé dans ce moment, et on a beaucoup de peine à le négocier. Le Paris se serait placé à 3 1/4 p. $\frac{0}{0}$ à courts jours, 1 1/4 p. $\frac{0}{0}$ à usance. Le change sur Gênes s'est beaucoup amélioré, il est à-présent à 92 ſ à deux usances. — J'ai déjà fait assurer pour votre compte deux parties matières de

Muy S.^{or} mio : He recibido su estimada del 28 Nov.^e pp., en que he hallado incluso el vale de fr.^s 1399 77.^c, á cargo de este Sor D.ⁿ Miguel Cotte, que me ha pagado á su vencim.^{to} del 5 corriente ; y se lo he abonado á Vm. en cuenta corriente. El Sor D.ⁿ Guillelmo Alfonso no me ha pagado todavía su vale de fr.^s 1981, á pesar de haber ya caido su plazo á últimos del pasado ; veré si me pagará hoy , que es el último dia de gracia, y si no lo verifica, le haré inmediatamento protestar, y se lo devolveré á Vm. ; con mi primera le avisaré las resultas. -- Se ha comprado en esta una partida de palo campeche, corte de España, para entregar quando llegue , con condicion de no ser podrido ni averiado , á fr.^s 45 por quintal ; todavía no le han desembarcado , pues el buque está concluyendo su quarentena. El poco que habia llegado anteriorm.^{te}, sin embargo de que era de mala calidad, se vendió luego á 50 fr.^s, y aun los compradores se lo arrebataban unos á otros. -- Los Señores D.ⁿ Jayme Solerno y C.^a de Génova me han remitido otros dos conocim.^{tos} de tres pipas y cinco medias pipas vino viejo cada uno , que han embarcado á mi consignacion , á bordo de dos tartanas sicilianas , sus capitanes Simon Rondo y Cristóbal Catelli , y por su importe me han dado la órden de hacer asegurar fr. 2025, que lo he verificado, despues de haber aguardado tres dias , al premio de 4 p. $\frac{o}{o}$, como los últimos seguros. Luego lleguen con felicidad , las expediré inmediatamente á la misma direccion á Grenoble , y le daré á Vm. aviso. Mande Vm. sin reserva , ínterin quedo rogando á Dios gûe su vida m.^s a.^s

Muy S.^{or} mio : Acabo de recibir su última estimada del 6 corriente, con inclusion del vale de fr.^s 1401, á cargo de D.ⁿ Pablo Limbert , al domicilio de Andres Parcier de Mompeller , y al plazo fixo del 8 del mes próximo, cuya partida le dexo abonada en cuenta corr.^{te}, salvo su pago ; y por contra cargados fr.^s 28 - 2 ^d pérdida del 2 p. $\frac{o}{o}$ en su negociacion. Este papel no es actualmente muy apreciado , y tiene uno mucho trabajo en poderla

sortie d'Alicant, à la prime de 6 p. %. L'assurance de sortie de Carthagène m'a coûté 5 p. %, et j'ai payé 9 p. % du même port d'entrée à Gênes, sur pavillon neutre. -- On vient de débarquer 200 caisses chandelle, dont on demande 50 fr.ˢ ; cet article a beaucoup diminué de prix ici. --- Je vous remercie de l'accueil que vous avez bien voulu faire à Mr. Simon ; s'il fait usage du crédit que je lui ai donné chez vous, veuillez bien vous rembourser de suite sur moi des sommes qu'il aura prises. --- Les savons ont baissé jusqu'à 40 fr.ˢ

Je me renouvelle à vos ordres, etc.

MONSIEUR,

Conformément à ce que vous m'avez précédemment marqué, je viens de faire traite sur vous, à usance, de ce jour, à l'ordre d'Hilarion Ronil, de fr.ˢ 12814-48 c. dont vous êtes crédité ; veuillez en passer écriture comme ci-après, et en prendre note pour la bien accueillir, savoir :

fr.ˢ 11992-69 c. Échus fin dernier en compte courant.
- — 609-89 - Note des frais de passage aux savons.
- — 192-15 - Perte ½ p. % à la négociation sur f. 12810
- — 7-15 - Timbre à lettres de change.
- — 12-60 - Censerie 1 p. %.

---

fr.ˢ 12814-48 c.

Le gingembre est en hausse dans ce moment, et on ne l'obtiendrait pas à moins de 55 fr.ˢ Il m'en reste deux barriques, que je vous offre à 50 fr.ˢ en commission, invendues qu'elles soient à votre réponse. Cet article est fort cher en Italie, ce qui ne laisse guères d'espoir de le voir baisser de quelque tems ; on le fait venir par terre, ce qui en augmente aussi le prix. Savon bleu-pâle 50 fr.ˢ, vif 57, blanc coupe douce 52.

Je me renouvelle à vos ordres.

negociar. Si hubiese sido sobre Paris, se hubiera cambiado á 3/4 p. $\frac{o}{o}$, á corto vencimiento, y á $\frac{1}{4}$ p. $\frac{o}{o}$ á uso. El cambio sobre Génova se ha mejorado bastante, pues actualmente está á 92 $\mathcal{S}$ á dos usos. -- He hecho ya asegurar de su c.ta dos partidas sosa y barrilla, de salida de Alicante, al premio de 6 p. $\frac{o}{o}$. Los seguros, de salida de Cartagena, me han costado 5 p. $\frac{o}{o}$; y he pagado 9 p. $\frac{o}{o}$ desde dicho Puerto hasta la entrada en Génova con bandera neutral. -- Acaban de desembarcar 200 caxas velas de sebo, y piden 50 fr.s Este artículo ha baxado mucho en esta. -- Doy á Vm. mil gracias por la buena acogida se ha servido hacer al S.or D.n Simon; si se valiese del crédito le he abierto en su casa, podrán Vms. librar inmediatamen.te á mi cargo. Los xabones han baxado hasta 40 fr.s -- Me repito como siempre á sus preceptos, y quedo rogando á Dios gûe su vida m.s a.s

Muy S.or mio: Á conseqüencia de lo que Vm. se ha servido prevenirme en sus anteriores, acabo de librar contra Vm. á uso, y á la órden del S.or D.n Hilario Ronil, por fr.s 12814-48 c., que le dexo abonados en c.ta corr.te; sírvase cargármelos de conformidad, segun la siguiente nota, y recogerla á su vencimiento, á saber:

f. 11992-69c Vencidos á fines del próxîmo pasado e nc.ta c.te
- 609-89-Gastos de conduccion de los xabones.
- 192-15-Pérdida de $\frac{1}{2}$ p. $\frac{o}{o}$ en la negociacion de f. 12810.
- 7-15-Papel sellado de letras de cambio.
- 12-60-Corretage à 1 p. $\frac{oc}{oo}$.

fr. 12814-48 c.

El gengibre está actualmente subiendo, y no se lograria á ménos de 55 fr.s por quintal; me han quedado dos barricas, que si le convienen se las daré á 50 fr.s en comision, siempre que no las haya vendido ántes de su respuesta. Este género está ahora muy caro en Italia, lo que no dexa la menor esperanza de baxa de algun tiempo, y como se hace venir por tierra, esta conduccion le hace aun subir mas de precio. El xabon color de mezcla 50 fr.s; azul fuerte 51; blanco mas blando á 52. Quedo como siempre á sus ord.s, rogando á Dios prospere su vida m.s a.s

MONSIEUR ,

Je vous donne avis que d'ordre et pour compte de Mr. Benoît Ricardi de Palerme, j'ai fait traite sur vous, de ce jour, à 40 jours de date, de fr.ˢ 1598, à l'ordre de Mr. Honoré Godet ; je vous prie d'en prendre note pour l'accueillir à présentation, et de vous entendre pour votre remboursement avec le susdit ami. — N'ayant rien tant à cœur que de renouer notre ancienne correspondance, je profite avec empressement de cette occasion, pour vous donner le cours des articles qui vous intéressent le plus. On a demandé du camphre raffiné 12ᵗᵗ; je crois qu'on en obtiendra difficilement ce prix ; on en a offert 10ᵗᵗ comptant; je sais que cette marchandise est en baisse en Hollande , et je crois que si on l'obtient à 9ᵗᵗ, ce sera le cas d'y faire une spéculation. — Le soufre a éprouvé une diminution sensible; il se vend 6ᵗᵗ en gros, et 7ᵗᵗ en détail. Le crédit est bien resserré dans ce moment, et il y a ici, comme partout ailleurs, la plus grande stagnation dans les affaires. — Toujours disposé à vos ordres , je vous renouvelle les sentimens de mon parfait dévouement.

MONSIEUR ,

Par la lettre que nous eûmes l'honneur de vous écrire le 6 du courant, et que nous vous confirmons, vous aurez vu que conformément à l'ordre que vous nous aviez donné par votre antérieure du 15 du mois passé, nous venions de terminer l'achat, pour votre compte, des 100 bûches bois de campêche , que nous vous avons expédiées sur la tartane la Ste. Anne, capitaine Antoine Vaillet. Vous trouverez ci-inclus connaissement et facture du coût et frais , dont le montant s'élève à fr.ˢ 2000 , dont nous vous débitons; vous voudrez bien l'examiner, et en passer écriture de conformité. Il ne nous a pas été possible d'obtenir cet article à un meilleur prix, car dans ce moment il manque entièrement dans notre place, et nous vous avons acheté tout ce qui restait ; d'ailleurs la qualité en est fort

Muy S.^{or} mio : Pongo en su noticia que con esta fecha, de órden y por cuenta de D.ⁿ Benito Ricardi de Palermo, he librado á su cargo, á 40 dias data, por fr.^s 1598, á la órden de D.ⁿ Honorato Godet, de que suplico se sirva tomar nota, para honrarla á su presentacion, y entenderse con dicho Amigo para su reembolso. Deseando con ansia el renovar nuestra antigua correspondencia, me aprovecho con gusto de esta ocasion, para noticiarle el curso de los artículos, que pueden serle mas interesantes. Del alcanfor refinado han pedido 12^{tt}, pero no creo que logren despacharle á ese precio sin mucha dificultad ; han ofrecido 10^{tt} al contado. Sé que en Holanda ha experimentado este género alguna baxa ; si lo dan á 9^{tt}, creo se podrá hacer sobre él alguna especulacion. El azufre ha baxado tambien bastante, pues se vende á 6^{tt} el quintal por mayor, y á 7^{tt} por menor. Se cuenta muy poco sobre el crédito actual. En esta, como en todas partes, el comercio se halla en una entera inaccion, y los negocios están del todo parados.

Entretanto siempre dispuesto para servirle, quedo rogando á Dios gûe su vida m.^s a.^s

Muy S.^{or} nuestro : Por nuestra última del 6 corr.^{te}, que confirmamos en todas sus partes, habrá Vm. visto que á conseqüencia de la órden se sirvió Vm. darnos con su anterior de 15 Marzo p.p., acabábamos de verificar, por su cuenta, la compra de 100 palos campeche, que le hemos expedido con la tartana *Sta. Ana*, su capitan Antonio Vaillet. Le incluimos el conocimiento y factura de su importe y gastos, de valor junto fr.^s 2000, que le dexamos cargados en cuenta corriente. Suplicamos á Vm. se sirva exâminarlo y anotarlo de conformidad. Por mas que hemos hecho, no hemos podido lograr este artículo á un precio mas barato, porque actualmente falta del todo en esta plaza, y le hemos tomado todo el que quedaba, pero su calidad es excelente, y creemos quedará Vm. contento de este envío.-- En el entretanto

belle, et nous sommes persuadés que vous serez
satisfait de notre opéré. Dans cette attente nous
vous saluons cordialement.

MESSIEURS ,

J'ai reçu la lettre dont vous m'avez favorisé le
9 du courant , qui me portait facture et connaissement des 100 bûches bois de campêche, que vous
m'aviez marqué avoir acheté pour mon compte ; en
conséquence je vous crédite de fr.ˢ 2000 montant
de la dite facture, que j'ai trouvée juste ; par contre je vous remets ci-joint fr.ˢ 2250 en une lettre
de change à deux usances , sur Mrs. Martin et
C.ᵉ, que je vous prie de faire encaisser à l'échéance,
et me créditer du montant. -- Pour le moment je
ne pense pas qu'il fût avantageux de toucher aux
denrées coloniales chez vous , car nous abondons
nous-mêmes en sucres , cafés , cotons et autres
articles ; mais il y en a un qui devrait fixer votre
attention , ce serait celui de la teinture ; je pourrais
vous en faire un envoi de toute espèce , en fleur
de marchandise ; je vous remets ci-joint les prix-
courans, pour que vous puissiez juger s'ils pourraient
vous convenir ; ils ont éprouvé une baisse fort
sensible ; s'ils vous présentent de la marge , j'espère
que vous me favoriserez de vos ordres , vous pro-
mettant le plus grand soin à ménager vos intérêts.
-- Daignez me croire votre affectionné serviteur.

MESSIEURS ,

Votre chère lettre du 12 du courant m'annonce
la vente de mes sucres au prix de 67 ᵗᵗ , et m'assure
qu'elle a eu lieu dans un bon moment, parce que
les spéculateurs, qui commençaient à se décourager,
ont fait baisser les denrées coloniales de 10 p. $\frac{o}{o}$.
-- A l'époque de l'expédition les bruits de guerre
présentaient un plus grand avantage qu'aujourd'hui,
et peut-être qu'au reçu de la présente les choses
auront changé de face ; après tout, je suis content
de ce que vous avez pu faire. -- J'ai à ma disposition votre remise de fr.ˢ 6000 sur Mr. Pecker et

saludamos á Vm. cordialmente , y rogamos á Dios
gûe su vida m.ª a.ª

Muy Señores mios: He recibido su estimada del 9
corr.ᵗᵉ,inclusos conocimiento y factura de los cien palos
campeche , que me habian Vms. avisado haber tomado
de mi cuenta ; á cuya conseqüencia les he abonado
los 2000 francos , suma de dicha factura , que he
hallado conforme. Por contra les incluyo una letra
de valor fr.ˢ 2250, á dos usos, y á cargo de los Señores
Martin y C.ª , que suplico se sirvan cobrar al vencimiento, y abonarme su importe. — No creo que
por el presente fuese ventajosa una especulacion sobre
los frutos de las Américas, porque se hallan en esta
muchos acopios de azúcares, cafés, algodones y otros
artículos. Los de la tintura en esta podrian presentar
á Vms. algun lucro , y tendria yo ahora una buena
proporcion de hacerles una remesa de todos géneros y
escogidos , á cuyo fin les incluyo sus precios corrientes,
paraque especulen si les podrian convenir , pues han
baxado bastante. Si se resolviesen Vms. á hacer una
prueba , espero me favorecerán con sus órdenes , y
procuraré mirar escrupulosamente por sus intereses.
Manden Vms. lo de su agrado , ínterin quedo como
siempre á su disposicion, y rogando á Dios prospere
sus vidas m.ª a.ª

Muy Señores mios : Quedo enterado, por su estimada
del 12 corr.ᵗᵉ,de la venta de mis azúcares al precio
de 67 ♯ , como igualm.ᵗᵉ de lo que se sirven decirme
acerca de lo ventajosa ha sido, por motivo de haber
baxado despues los frutos de las Américas de un 10 p. %,
á conseqüencia de haber empezado á desanimarse los
especuladores.En el tiempo de la expedicion,los temores
de guerra ofrecian una ventaja mas considerable que
en el dia, y tal vez quando Vms. reciban esta, las
cosas habrán ya mudado de aspecto ; con todo estoy
siempre contento de lo que Vms. han podido hacer.
Tengo á mi disposicion la remesa de fr.ˢ 6000, á
cargo de los Señores Pecker y C.ª de Cádiz ; esta letra

C.^e de Cadix ; cette valeur est déjà préjudiciée, parce qu'elle arrivera à sa destination quatre jours après son échéance ; ainsi, malgré que le papier sur Cadix soit rare et recherché sur notre place, et tout avantageux que puisse être le change, jamais il ne ressortira à compte, et il sera peut-être très-difficile de le négocier. -- Le blé abonde ici dans ce moment ; vous en aurez vu les prix dans ma précédente ; mais ne connaissant pas les frais qu'ils éprouvent chez vous, je ne puis y faire aucune spéculation ; veuillez donc me remettre, par le retour du courrier, un compte simulé, afin que je puisse voir s'il me serait avantageux de vous en faire une expédition. -- Je vous salue avec cordialité.

MONSIEUR,

Nous vous prévenons que d'ordre et pour compte de Mr. Vivar, nous venons de charger à votre adresse sur la tartane l'Annonciation, capitaine Antoine Pardal, 25 caisses savon bleu-pâle, 15 sacs riz et deux balles morue, le tout marqué comme ci-contre ; vous en trouverez ci-joint le connaissement. A l'heureuse arrivée de ces marchandises, vous voudrez bien vous en faire reconnaître, et les acheminer le plus promptement possible à l'adresse du dit ami, en faisant suivre vos frais. Nous vous saluons avec les sentimens de la plus parfaite estime.

MONSIEUR,

Nous avons reçu votre lettre du 15 courant, et nous avons appris avec étonnement la résolution, que vous nous annoncez, de laisser pour notre compte les 3 surrons d'indigo, dont nous vous avons fait dernièrement l'envoi. Vos ordres antérieurs, et la persuasion où nous étions, de jouir de votre entière confiance, ne nous ont pas permis de douter que vous n'approuvassiez cet achat, quoique fait á un prix plus élevé que le précédent. La qualité de la marchandise est plus belle, et d'ailleurs c'était

queda ya perjudicada , porque quando llegue á su
destino , tendrá quatro dias de vencimiento , y así ,
aunque escasee y se busque en esta el papel sobre
Cádiz , y por ventajoso que sea el cambio, no podrá
jamas tener cuenta , y será tal vez muy dificil de
negociarse. -- Tenemos actualmente bastante abundancia de trigos ; con mi anterior habrán Vms. visto sus
precios ; pero no sabiendo los gastos ocasionan en
esa , no puedo hacer ninguna especulacion : por eso
suplico á Vms. se sirvan remitirme, á vuelta de correo,
una cuenta simulada , paraque pueda calcular si me
seria útil el hacerles una expedicion. Y renovándome
como siempre á sus preceptos , quedo rogando á
Dios gûe sus vidas m.ˢ a.ˢ

Muy S.ᵒʳ nuestro : Prevenimos á Vm. que de órden
y por cuenta del S.ᵒʳ Vivar, acabamos de cargar á la
consignacion de Vm., á bordo de la tartana nombrada
la *Anunciacion*, su capitan Antonio Pardal, 25 caxas
xabon azul de mezcla, 15 sacos arroz, y dos balas
bacallao, marcado todo como en la márgen, de que
incluimos á Vm. conocim.ᵗᵒ, paraque á su feliz llegada
se sirva recogerlo, y dirigirlo inmediatamente á dicho
amigo, cubriéndose de su desembolso, que cargará
en la cuenta del conductor, segun estilo. —Saludamos
á Vm. cordialm.ᵗᵉ, y quedamos á sus órdenes, rogando
á Dios gûe su vida m.ˢ a.ˢ

✶· Muy S.ᵒʳ nuestro : Enterados del contenido de su
última estimada del 15 corriente, no podemos dexar
de manifestarle, que extrañamos mucho la resolucion
ha tomado de dexar por nuestra cuenta los tres zurrones
añiles le hemos expedido últimamente, pues á conseqüencia de sus órdenes anteriores, y en la firme persuasion de que gozábamos de su entera confianza, no
nos quedaba lugar de dudar que Vm. aprobaria esta
compra, aunque fuese á un precio algo mas alto que
el que habíamos pagado por los de la última remesa,
con tanta mayor razon que su calidad es mas sobre-
saliente, y que esta era la única partida exîstia en

la seule partie qui restât sur la place. Ces motifs seraient bien suffisans pour justifier notre opération, puisque, contre notre attente, vous nous réduisez à nous justifier. Cependant, comme nous sommes ennemis des contestations, et que nous voulons éviter surtout d'en avoir avec vous, nous prenons le parti de charger notre ami Ximenéz de votre ville, de retirer ces trois surrons, que vous voudrez bien lui remettre contre le remboursement de vos frais. Vous voudrez bien aussi renvoyer à cet ami le porteur de la traite que nous avons faite sur vous pour le montant de la facture ; il interviendra pour l'honneur de notre signature, et nous épargnera le désagrément de la voir revenir en protêt. Nous sommes fâchés de ne pas avoir mieux saisi vos intentions dans cette circonstance ; nous serons peut-être plus heureux une autre fois. Nous vous saluons avec considération, etc.

Fórmula de un Conocimiento ú Póliza de Cargo por mar. (1)

Yo Miguel Suarez vecino de Cartagena, maestre que soy del bergantin (que Dios salve) nombrado el Águila, que al presente está surto y anclado en el puerto de Alicante, para con la buena ventura seguir este presente viage al puerto de Marsella, conozco haber recibido, y tengo cargado dentro del dicho bergantin, debaxo de cubierta, de vos D.ⁿ Antonio Pacheco.

A. P.
n.º 1á22. } Veinte y dos caxas azúcar de la Martínica, enxutas y bien acondicionadas, y marcadas de la marca de afuera, las quales prometo, y me obligo, llevándome Dios á buen salvam.ᵗᵒ con dicho bergantin al

---

(1) Ceux qui auront fait une étude suivie de la grammaire, pourront entendre facilement ces pièces de commerce, sans le secours de la traduction.

la plaza ; pero ya que contra nuestra creencia nos precisa Vm. á justificar nuestra conducta , sin embargo de que para sincerarnos bastarian las razones que acabamos de exponerle, añadimos, que como somos enemigos de toda especie de disputas , y que deseamos sobretodo evitarlas con Vm. , por este mismo correo escribimos á nuestro amigo el S.ᵒʳ Ximenez de esa se sirva recoger de la casa de Vm. los tres zurrones , que se servirá Vm. entregarle , con órden de reembolsarle los gastos haya hecho por su recepcion ; y para excusarnos el disgusto tendríamos si se nos devolviese nuestra firma protestada , le suplicamos á Vm. se sirva dirigir á la casa de dicho amigo el portador de la letra hemos librado á su cargo por el importe de la factura, quien intervendrá para honrarla. Sentimos mucho que en esta ocasion no hayamos sabido acertar con su gusto ; quizá otra vez sabrémos hacerlo mejor. Mande Vm. ínterin quedamos rogando á Dios güe su vida m.ˢ a.ˢ

referido puerto , á entregar por vos y en vuestro nombre , á los Señores Rosier herm.ˢ , ó á quien su poder tuviere , pagándome de flete dos pesos fuertes por cada una, y 5 p. ⅌ de capa. Para lo qual así tener y guardar, obligo mi persona y bienes , y dicho berg.ⁿ , fletes , aparejos , y lo mejor parado de él. En fe de lo qual os dí dos conocim.ᵗᵒˢ de un tenor, firmados de mi nombre por mí , o por mi escribano ; el uno cumplido , el otro no valga. Hecho en Alicante á los dos dias del mes de Febrero de 1808.

Miguel Suarez.

Fórmula de un Vale.

Vale por mí (ó *Pagaré*) á la órden de D.ⁿ Pedro Salet tres mil reales en moneda metálica de oro ú plata , con exclusion de vales reales , en 19 Julio próximo, valor recibido de contado (ó en mercaderías). Cádiz 3 Marzo 1808. — *Alexandro Gonzalez.*

Páguese por mí á la órden de D.ⁿ Antonio Ximenez,

valor recibido de contado (ó en mercaderías). Cádiz
6 Marzo 1808 -- *Pedro Salet.* -- R.^l *Ant.º Ximenez.*

FÓRMULA DE UN RECIBO PARTICULAR.

Yo baxo firmado confieso deber á D.ⁿ Ign.º Solano
del comercio de esta ciudad la cantidad de quince
mil reales que tengo recibidos, á saber, la mitad
prestados graciosamente, y la otra mitad en mercadurías ; cuya suma prometo satisfacerle á fines del
mes de Marzo próximo. Barcelona 8 Febrero 1808.

Bernardo Planer.

Son 15000 reales.

FÓRMULA DE UNA LETRA DE CAMBIO.

1.ª Madrid 21 Dic.ᵉ 1807. -- Por 1708. P.ˢ f.

Á treinta dias vista se servirá Vm. mandar pagar
por esta primera de cambio, á la órden de D.ⁿ Juan
Soler, mil setecientos y ocho pesos fuertes en dinero
metálico de oro ú plata, y no vales reales, valor
recibido de contado de dicho S.ᵒʳ, que anotará Vm. en
cuenta, segun aviso de
Josef Ferrer.
A D.ⁿ Pedro Perez del
comercio de Murcia.

2.ª Madrid 24 Dic.ᵉ 1807. -- Por 1708 P.ˢ f.

Á treinta dias vista se servirá Vm. mandar pagar
por esta segunda de cambio (no habiéndolo hecho
por la primera), á la órden de D.ⁿ Juan Soler, mil
setecientos y ocho pesos fuertes, en dinero metálico
de oro ú plata, y no vales reales, valor recibido
de contado de dicho Señor, que anotará Vm. en
cuenta ; segun aviso de
Josef Ferrer.
A D.ⁿ Pedro Perez del ⎱ Acetada. Murcia 29 Dic.ᵉ 1807
comercio de Murcia. ⎰
Pedro Perez.

Páguese por mí á la órden de D.ⁿ Fran.ᶜᵒ Colon.
Madrid 24 Dic.ᵉ 1807.
Juan Soler.
R.ⁱ: Murcia 29 Enero 1808. -- *Francisco Colon.*

F I N.

TABLE.

Abrégé des principes généraux de la Grammaire universelle.. . . . . page VII.
Règles pour lire l'espagnol. . . . . 5.
Articles définis. . . . . 9.
Articles indéfinis , etc. . . . . 11.
Noms. Remarque sur le genre des noms substantifs. . 13.
Règle pour rendre féminin l'adjectif masculin. . . . 14.
Règle pour rendre pluriel le nom singulier. . . . . id.
Remarque sur les adjectifs qui admettent la syncope. . 15.
Règle pour former les augmentatifs . . . . 16.
Règle pour former les diminutifs . . . . 17.
Règle pour former les superlatifs . . . . 18.
Noms numéraux cardinaux , ordinaux , etc. . . . . 19.
Pronoms. Pronoms personnels. . . . . 21.
Pronoms possessifs. . . . . 23.
Pronoms démonstratifs. . . . . 25.
Pronoms-relatifs. . . . . id.
Pronoms impropres ou indéterminés. . . . . . . 30.
Verbes. . . . . 34.
Premier auxiliaire HABER . . . . 38.
Règles pour faciliter la conjugaison. . . . . . . 40.
Second auxiliaire SER . . . . 41.
Première conjugaison régulière . . . . 43.
Seconde conjugaison régulière. . . . . 44.
Troisième conjugaison régulière. . . . . 45.
Observations générales sur la construction des verbes. id.
Première remarque sur l'infinitif. . . . . id.
Seconde remarque sur le gérondif. . . . . 46.
Troisième remarque sur les participes. . . . . . . id.
Quatrième remarque sur la différence d'employer quelques tems en français et en espagnol . . . . . 47.
Cinquième remarque sur les pronoms personnels. . . 50.
Sixième remarque sur le mot USTED . . . . . . 54.
Thémes à conjuguer verbalement. . . . . 55.
Conjugaisons irrégulières. . . . . 57.
Remarque 1.re sur les verbes irréguliers par raison d'orthographe . . . . id.
Remarque 2.e contenant des règles simples pour faciliter la conjugaison de tous les verbes irréguliers. . . . 58.
Tableau des verbes irréguliers. . . . . id.
Verbes irréguliers de la 1.re conjugaison . . . . . 59.
Verbes irréguliers de la 2.e conjugaison. . . . . . 63.
Verbes irréguliers de la 3.e conjugaison. . . . . . 69.
Remarque sur l'irrégularité de quelques participes. . 74.

(334)

Verbes impersonnels. . . . . 76.
Verbes défectueux. . . . . 78.
Adverbes. Adverbes de tems. . . . . 79.
Adverbes de lieu. . . . . 81.
Adverbes de quantité. . . . . 83.
Adverbes d'affirmation, etc. . . . . 84.
Adverbes de comparaison. . . . . 85.
Adverbes de manière. . . . . 87.
Prépositions. . . . . 90.
Conjonctions. . . . . 92.
Interjections . . . . 95.
Construction. . . . . 98.
Construction figurée . . . . 100.
Article premier, de l'Hiperbate. . . . . 102.
Article second, de l'Ellipse. . . . . 106.
Article troisième, du Pléonasme . . . . 109.
Article quatrième, de la Sillepse . . . . 110.
*Liste de quelques phrases dont le régime diffère dans
   les deux langues.* . . . . 111.
Orthographe. . . . . 130.
*Liste alphabétique des abréviations qu'on emploie fré-
   quemment dans les manuscrits* . . . . 132.

TABLE DU SUPPLÉMENT.

Remarque sur l'analogie des mots français et espagnols. 139.
Recueil des noms adjectifs les plus nécessaires à savoir 142.
Noms substantifs abstraits de ces adjectifs. . . . . . 145.
Recueil des noms substantifs les plus nécessaires à savoir 148.
Du ciel et des élémens. . . . . id.
Du tems et des saisons. . . . . 149.
Dignités, etc. . . . . 150.
Arts, métiers, etc. . . . . 151.
Outils. Degrés de parenté. . . . . 152.
Parties du corps, etc. . . . . 153.
Habits, etc. . . . . 156.
Parties d'une maison, etc. . . . . 157.
Meubles d'une chambre. . . . . 158.
Pour étudier. Instrumens de musique. . . . . 159.
On trouve dans la cave. La batterie de cuisine. . . 160.
L'appareil de la table. Pour assaisonner. . . . . . . 161.
Herbes potagères. Quelques grains et légumes, etc. 162.
Plusieurs sortes de fruit. On voit au jardin. . . . . 163.
On voit à l'écurie . . . . 164.
On voit dans une ville. . . . . 165.
On voit à la campagne. . . . . 166.
L'armée. . . . . 167.
Les armes. La mer et les navires, etc. . . . . 169.
Draps et toiles. . . . . 170.

(335)

Métaux. Pierres précieuses. Quelques marchandises. . 171.
Quelques drogues. . . . . 172.
Couleurs. . . . . 173.
Poids et mesures. Monnoies. Nations. . . . . . 174.
Villes principales. Noms de personnes. . . . . 176.
Ordres religieux , etc. . . . . 177.
Jeux , etc. . . . . 178.
Animaux quadrupèdes. . . . . 179.
Animaux volatiles. . . . . 180.
Animaux aquatiques. . . . . 181.
Amphibies , vermines, reptiles , insectes , etc. . . . 182.
Recueil des verbes les plus nécessaires à savoir. . . id.
De l'étude. . . . . id.
Pour parler. . . . . 183.
Pour manger et pour boire: Actions de la vie. . . 184.
Pour s'habiller. Actions naturelles . . , . . . 185.
Actions de la mémoire et de l'imagination. . . . 186.
Actions d'amour, et de haine. . . . . 187.
Actions de divertissement , etc. Pour les maladies . . 188.
Actions de mouvement. Actions des mains . . . . 189.
Pour acheter et pour vendre. . . . . 191.
Actions du culte. Pour le logement. . . . . . 192.
Châtimens et supplices. Actions militaires . . . . 193.
Recueil de quelques phrases , qui, par la différence des
    idées et du régime , présentent des difficultés aux
    commençans. . . . . 195.
Phrases métaphoriques. . . . . 230.
Proverbes . . . . 233.
Phrases familières mises en forme de dialogues , pour
    commencer à parler l'espagnol. . . . . . . 239.
 1. Pour demander , remercier , affirmer , nier , etc. id.
 2. Pour souhaiter le bon jour. . . . . 241.
 3. Pour prendre congé . . . . 243.
 4. Aller et venir . . . . 244.
 5. Pour prendre leçon et parler . . . . 246.
 6. Pour se lever matin. . . . . 254.
 7. Pour savoir , connaître , entendre , etc. . . . 255.
 8. Pour manger et pour boire. . . . . 256.
 9. De la promenade. . . . . 258.
10. Du tems. . . . . 260.
11. De l'heure. . . . . 262.
12. Pour remettre une lettre. . . . . 264.
13. Pour faire un troc. . . . . 266.
14. Du jeu en général. . . . . 268.
15. Du jeu de billard. . . . . 270.
16. De la comédie . . . . 272.
17. Pour parler avec un tailleur. . . . . 275.
18. Avec le cordonnier . . . . 276.
19. Au perruquier. . . . . 277.
20. Au médecin et au chirurgien. . . . . 278.

21. *Du voyage.* . . . . 279.
22. *Pour souhaiter du bien.* . . . . 281.
23. *De la colère* . . . : . . . . *id.*
24. *Plusieurs choses dont on parle dans une société.* 282.
Lettres de civilité. . . . . 292.
   Pour annoncer un mariage, et sa réponse . . . . *id.*
   Pour annoncer la naissance d'un fils, et sa réponse . 294.
   Pour annoncer la mort d'un parent, et sa réponse. . 296.
Lettres de commerce. . . . . 298.
Pour faire des offres de service, et sa réponse. . . *id.*
Autre sur le même sujet, et sa réponse . . . . . . 300.
Autre sur le même sujet . . . . 304.
Au commencement de l'année, et sa réponse. . . . 308.
Autres sur différens sujets de commerce. . . . . 310.
Formule d'un connaissement . . . . 330.
D'un billet à ordre. . . . . 331.
Sous seing privé. D'une lettre de change, 1.re et 2.e . 332.

ERRATA.

On est prié de vouloir bien corriger, comme il suit, les fautes typographiques et d'inadvertance, qui se sont glissées dans cet ouvrage pendant son impression.

Pag.	ligne	Dit	Lisez	Pag.	ligne	Dit	Lisez
XIII	42	un	ou.	149	10	el-	el
7	36	Jerusalem	Jerusalen.	149	28	ó á ultimos, á.	, á ultimos ó á
10	25	ennemigos	enemigos.	150	18	Pentecôte	Pentecôte, Épiphanie.
11	3	scuela	escuela.	150	18	Pentecôstes ó.	Pentecôstes,
11	15	masculin	féminin.	151	1	virrey	virey.
15	1	exepté	excepté.	151	1	virreyna	vireyna.
21	23	vostros	vosotros.	151	28	cerragero	cerrajero.
25	15	hommes	livres.	151	37	bolatin	volatin.
25	15	femmes	plumes.	154	10	berruga	verruga.
28	33	accusatif,on.	accusatif. On	159	14	tohalla	toalla.
29	4	dont le	dont les.	160	16	cerbeza	cerveza.
35	12	conste	est composée.	162	21	zanahoria	remolacha; zanahoria.
36	35	conste	est composée.	173	37	verducho	verdacho.
43	2	hija	hijo.	173	37	parducho	pardusco.
66	19	ENDO	IENDO.	176	31	Aléxos	Alexo.
70	17	envestir	embestir.	177	26	Pascual	Pasqual.
72	24	ENDO	IENDO.	182	9	vívora	víbora.
79	34	ettres	lettres.	182	27	abispa	avispa.
85	4	poinr de	point du.	184	16	couper de	couper du.
88	36	coz	cox.	188	28	bendar	vendar.
91	32	Pasqua	Pascua.	195	12	passr	passer.
97	14	paîte	paître.	219	10	signifa	significa.
120	4	esforzarte	esforzarse.	281	36	coqain	coquin.
120	29	esta	estar.	307	17	mas mas	mas.
127	22	compaña	campaña.				
147	28	immodestia	immodestia.				
149	9	uracan	huracan.